新型城市化和城乡一体化丛书

农民荒

北京市农村劳动力老龄化问题研究

FARMER SHORTAGE

A STUDY ON THE AGING OF RURAL LABOR FORCE
IN BEIJING

张英洪　刘妮娜　等　著

社会科学文献出版社
SOCIAL SCIENCES ACADEMIC PRESS (CHINA)

前　言

　　中国是一个农业大国，农民占人口的绝大多数。这是长期以来人们对我国国情的基本认识。时至今日，在一个农业大国里，难道还会出现农民荒？这看似不可能的事实，却正在成为我国可持续发展的重大隐患。

　　早在 2004 年，我国珠三角地区已开始出现民工荒。现在，我国农村地区已较普遍地出现了令人担忧的农民荒现象。所谓农民荒，就是从事农业生产的劳动力严重老龄化以及农业生产劳动力后继无人的现象。在中国农村，日益突出的人口老龄化现象正在考问着我们这个时代：谁来种地，如何种地？谁来养老，如何养老？谁来治理，如何治理？

　　在几千年的农业文明长河中，人类社会并不存在人口老龄化现象，这是因为农业文明更能体现和接近大自然的生命规律。人口老龄化是与工业文明相伴而生的人口结构畸形现象。随着工业化、城市化的发展，人类提高了医疗卫生水平，发明和掌握了避孕等技术。工业文明在提升人均寿命的同时，也能够借助技术手段节制生育，从而使人口老龄化、少子化现象开始出现。在发达国家和地区，几乎都出现了人口老龄化现象。

　　中国农村人口的老龄化现象，既有世界工业文明发展的共性，又有中国自身发展的特性。中国自身发展的特性主要体现在两个基本方面。一方面是中国特殊的城镇化发展模式。改革开放以来，我国的城镇化是在城乡二元结构中启动和推进的。在城乡二元结构未能破除的情况下，城镇允许并吸纳农村青壮年劳动力进城打工谋生，但又限制农民工市民化，限制农民工家庭迁入城镇定居生活。这就造成了两大世界奇观，一个是城镇出现了两亿多的农民工群体，另一个是农村出现了一亿多的留守儿童、留守妇女、留守老人群体。这种将农村青壮年人口吸入城镇却将老年人留在农村的城镇化模式，使我国农村普遍出现了老年化、空心化。

　　另一方面是中国特有的计划生育政策。自 20 世纪 70 年代以来，我国开始逐步实施严格的计划生育政策。2010年第六次全国人口普查数据显示，我国育龄妇女总和生育率下降到了1.18，低于2.1的世代更替水平。中国人口的正常再生产面临严重危机。由于北京是全国执行计划生育最严格的地区之一，因此北京市的户籍人口老龄化程度也远高于全国平均水平。人口老龄化危机正在与生态环境危机、食品安全危机一起，构成当代中国最为突出的社会问题，其严重危及中华民族的永续发展。

从2013年底开始，我们就着手组织研究团队开展北京市农村劳动力老龄化问题的调查研究。在历时两年的时间里，我们按照"谁来种地，如何种地？谁来养老，如何养老？谁来治理，如何治理？"的基本框架，对北京市农村劳动力老龄化问题进行了系列调查和深入访谈，并以多学科的视野为应对农村劳动力老龄化提出了对策和建议。

中国社会科学院社会学研究所的杨团研究员、孙炳耀副研究员以及北京农禾之家咨询服务中心的同人组织参与了北京外来务农人员的调研访谈，中国农业大学人文与发展学院朱启臻教授组织博士生、硕士生参加了京郊农村调研访谈，中共中央党校科社部向春玲教授支持其博士生、硕士生参加相关调研访谈，知名人口问题研究学者黄文政、何亚福先生参与了北京市人口老龄化与生育政策研究，华北科技学院刘伟教授对台湾地区人口老龄化问题进行了专题研究，曾跟着笔者挂职锻炼的中国人民大学社会与人口学院博士生刘妮娜，具有扎实的研究基础、较高的研究悟性、很强的研究潜能，为本研究做了大量基础性工作，付出了很多艰辛劳动。参与本课题调研和访谈的许多硕士、博士研究生，笔者在本研究的相关成果上都注明了相应的姓名。本研究是我们研究团队共同的成果。在此，我向参与本课题调查研究的所有成员表示由衷感谢。

我们通过调查研究，得出一个最基本的启示是，凡是违背人们意愿、忽视乃至损害公民基本权利的发展模式，必将破坏社会机能，扭曲社会的正常发展。当前，我国迫切需要将积极应对农村人口老龄化作为重大国家战略进行谋划与实施。

由于水平有限，本研究的不足和错误之处在所难免，敬请读者批评指正。

张英洪

2015年10月19日

目　录

总 报 告

专题报告

访 谈 篇

·总报告·

第一篇　北京市农村劳动力老龄化问题研究

第一篇　北京市农村劳动力老龄化问题研究

　　我国人口老龄化速度不断加快，老年人口数量日益增加，进入人口老龄化社会后可能出现的多种经济社会问题引发广泛讨论。国家统计局发布的《2014 年国民经济和社会发展统计公报》数据显示，2014 年末中国 60 岁以上老年人口数量达到 2.12 亿人，占总人口比重为 15.5%。预计到 2053 年中国老年人口将增长到 4.87 亿人，在总人口中所占比重达 35%。而伴随着农村青壮年人口向城镇转移，农村人口老龄化速度和老年人口数量又要高于城镇。2010 年，第六次全国人口普查数据显示，中国农村 60 岁以上老年人口数量为 9928 万人，是城镇 60 岁以上老年人口数量的 1.3 倍，在农村人口中所占比重为 15.0%，比城镇高 3.3 个百分点。据预测，在 2050 年以前，农村人口老龄化程度将始终高于城镇。因此也有学者提出"从现在到 21 世纪中叶，中国人口老龄化的中心在农村"的观点（党俊武，2014）。

　　与人口老龄化相伴随的劳动力老龄化问题也是社会的关注焦点之一。农村劳动力老龄化关系着新农村建设和解决"三农"问题的战略全局。全国第一次农业普查结果显示，1996 年底，我国农村住户从业人员一共有 56147 万人，其中年龄为 51~60 周岁的有 5873 万人，占农村劳动力的 10.46%；年龄为 61 岁及以上的有 3916 万人，占农村劳动力的 6.97%。而根据全国第二次农业普查结果汇总，2006 年底，我国农村劳动力资源总量为 53100 万人，其中 51~60 周岁的占农村劳动力的 20.7%，60 岁及以上的所占比例为 25.0%。对比二组数据，我们不难发现，10 年间我国农村老年劳动力增长迅速，这充分说明我国农村劳动力人口不仅进入了老龄化阶段，同时也进入了高龄化阶段。

　　北京市作为国家首都、北方最发达的城市以及主要人口流入地，农村劳动力老龄化问题和特点兼具全国的普遍性和自身的特殊性，也代表了很多大城市未来的发展方向，深具研究之必要。本报告将系统梳理北京市农村和农业劳动力老龄化的现状及引发的问题，以及目前北京市在应对农村和农业劳动力老龄化方面所进行的探索性实践，并针对面临的现实问题提出相应对策建议。

一 北京市农村劳动力老龄化基本情况

（一）基本概念的厘清

1. 人口老龄化

人口老龄化，又称社会老龄化，指的是总人口中因年轻人口数量减少和年长人口数量增加而导致的老年人口比例相应增长的动态过程，是随着死亡水平和生育水平下降而必然出现的人口年龄结构的变动趋势（邬沧萍，1999）。根据1956年联合国《人口老龄化及其社会经济后果》确定的划分标准，当一个国家或地区65岁及以上老年人口数量占总人口比例超过7%时，这个国家或地区便进入老龄化社会。1982年维也纳老龄问题世界大会就老龄化的标准进行了重新划分，会议界定60岁及以上老年人口占总人口比例超过10%，则表明这个国家或地区进入老龄化社会。

2. 劳动力老龄化

劳动力老龄化指的是伴随人口老龄化，劳动年龄人口中老年劳动力人口所占比例不断增长的动态过程。国际劳工组织将老年劳动力人口界定为劳动年龄人口中45岁及以上的劳动力人口。劳动年龄人口一般指法律规定的成年人口减去法定退休年龄的人员以后的人口总数。我国根据退休年龄划分，规定男子为16～60周岁，女子为16～55周岁，这部分人口被视为劳动年龄人口。但就我国而言，这种劳动年龄人口的划分实际上仅是针对城市的。在以农业生产为主的农村地区，几乎没有退休之说，人们往往会一直从事农业劳动生产直至实在无法胜任或死亡之际。据此，本报告将农村劳动年龄人口界定为年龄在16周岁以上的人口。相应地，农村劳动力老龄化比重指45岁及以上农村老年劳动力在农村劳动年龄人口中所占的比重，农业劳动力老龄化比重指45岁及以上从事农业劳动人口占从事农业劳动的人口总数的比重。

（二）北京市人口老龄化基本情况

1. 北京市户籍人口老龄化趋势明显

1990年，北京市60岁以上老年人口数量已经超过109万人，老年人口比例超过10.1%，进入人口老龄化社会。近年来北京市户籍老年人口数量及其在户籍人口中所占比例都呈现快速增长的趋势。如表1所示，2006年，北京市户籍老年人口为202.4万人，户籍人口为1197.6万人，老年人口在户籍人口中所占比例为16.9%；到2013年，北京市户籍老年人口为279.3万人，户籍人口为1316.3万人，老年人口在户籍人口中所占比例达到21.2%。2006～2013年，北京市户籍老年人口数量增加了76.9万人，在户籍人口中所占比例增加了4.3个百分点。

虽然北京市户籍人口老龄化趋势明显，但受外省市大量青壮年人口流入的影响，北京市常住人口老龄化程度变化不大。60岁以上老年人口所占比例从2006年的12.6%增长到2013年的13.2%，仅增加了0.6个百分点。

表1　2006～2013年北京市人口老龄化发展情况

单位：万人，%

年份	户籍老年人口	户籍人口	常住人口	老年人口占户籍人口比例	老年人口占常住人口比例
2006	202.4	1197.6	1601.0	16.9	12.6
2007	210.2	1213.3	1676.0	17.3	12.5
2008	218.0	1229.8	1771.0	17.7	12.3
2009	226.6	1245.8	1860.0	18.2	12.2
2010	235.0	1257.8	1961.9	18.7	12.0
2011	247.9	1277.9	2018.6	19.4	12.3
2012	262.9	1297.5	2069.3	20.3	12.7
2013	279.3	1316.3	2114.8	21.2	13.2

资料来源：北京市统计局、国家统计局北京调查总队编《北京统计年鉴2014》，中国统计出版社，2014；北京市老龄工作委员会办公室：《北京市2013年老年人口信息和老龄事业发展状况报告》。

分区县来看，如表2所示，户籍人口方面，2013年北京市户籍人口老龄化情况最严重的是丰台区，户籍老年人口所占比例达到25.0%，也就是说丰台区每4个户籍人口中就有1位老年人。另外，东城区、西城区、朝阳区、石景山区、通州区、门头沟区等区县的户籍老年人口比例均超过20.0%。常住人口方面，2013年北京市常住人口老龄化情况最严重的是东城区和西城区，常住老年人口所占比例分别达到26.0%和25.9%。门头沟区、怀柔区、平谷区、密云县、延庆县的常住老年人口比例也均超过15.0%。另外，城市功能拓展区和城市发展新区的户籍人口老龄化和常住人口老龄化的差别是最大的，丰台区、昌平区、朝阳区、大兴区的户籍老年人口占比均比常住老年人口占比高出 10 个百分点以上，这主要与这几个地区的流动人口集聚有关。而东城区和西城区的常住老年人口占比反而超过户籍老年人口，这可能与这两个地区流动人口少、老年人口异地养老有关。

表2 2013 年北京市各区县人口老龄化情况

单位：万人，%

区域	户籍老年人口	户籍人口	常住人口	老年人口占户籍人口比例	老年人口占常住人口比例
北京市	279.3	1316.3	2114.8	21.2	13.2
首都功能核心区	57.3	238.2	221.2	24.1	25.9
东城区	23.6	97.4	90.9	24.2	26.0
西城区	33.7	140.8	130.3	23.9	25.9
城市功能拓展区	127.7	585.4	1032.2	21.8	12.4
朝阳区	48.3	201.2	384.1	24.0	12.6
丰台区	27.8	111.4	226.1	25.0	12.3
石景山区	9.1	37.6	64.4	24.2	14.1
海淀区	42.5	235.3	357.6	18.1	11.9
城市发展新区	62.7	328.8	671.5	19.1	9.3
房山区	14.9	78.6	101.0	19.0	14.8
通州区	14.3	69.3	132.6	20.6	10.8
顺义区	11.6	60.1	98.3	19.3	11.8
昌平区	10.4	57.3	188.9	18.2	5.5
大兴区	11.5	63.6	150.7	18.1	7.6
生态涵养发展区	31.6	163.9	189.9	19.3	16.6
门头沟区	5.6	24.9	30.3	22.5	18.5
怀柔区	5.1	27.9	38.2	18.3	13.4
平谷区	7.8	39.9	42.2	19.5	18.5
密云县	7.9	43.1	47.6	18.3	16.6
延庆县	5.2	28.1	31.6	18.5	16.5

资料来源：北京市统计局、国家统计局北京调查总队编《北京统计年鉴 2014》，中国统计出版社，2014；北京市老龄工作委员会办公室：《北京市 2013 年老年人口信息和老龄事业发展状况报告》。

2. 北京市农村人口老龄化程度不断加深

2000 年北京市人口普查数据、2010 年北京市人口普查数据显示，2010 年北京市 60 岁以上农村老年人口数量达到 40.4 万人，比 2000 年增加 3.6 万人，在农村常住人口中所占比例为 14.7%，比 2000 年增加 2.6 个百分点。与 2010 年全国农村人口老龄化水平（15.0%）相比，北京市农村老年人口在农村常住人口中所占比例比全国农村老年人口在农村常住人口中所占比例低 0.3 个百分点，在全国农村人口老龄化程度中排名第 11 位（见表 3）。

表 3　2000～2010 年全国农村人口老龄化情况

单位：万人，%

排序	地区	2010 年			2000 年		
		60 岁以上农村老年人口数量	农村人口数量	农村老年人口占比	60 岁以上农村老年人口数量	农村人口数量	农村老年人口占比
	全国	9930.3	66280.5	15.0	8556.8	78384.1	10.9
1	重庆	290.7	1355	21.5	248.7	2041.7	12.2
2	江苏	615.9	3128.9	19.7	584.7	4218.1	13.9
3	浙江	394.3	2087.7	18.9	341.6	2357.4	14.5
4	四川	874.3	4807.3	18.2	705.3	6003.8	11.7
5	上海	43.2	246.4	17.5	32.5	191.8	17
6	山东	824	4817.2	17.1	705.8	5564.6	12.7
7	安徽	572.2	3392.3	16.9	492.7	4323.4	11.4
8	辽宁	268.5	1655.8	16.2	211.7	1885.8	11.2
9	湖南	602.6	3724.8	16.2	542.9	4587.6	11.8
10	湖北	453.4	2879.3	15.7	358.6	3542	10.1
11	北京	40.4	275.4	14.7	36.8	304.7	12.1
12	广西	401	2760.6	14.5	354.2	3150.4	11.2
13	天津	38.1	266.1	14.3	31	275.9	11.2
14	陕西	286.6	2026.8	14.1	233.3	2399.7	9.7
15	福建	223.6	1583.2	14.1	202.5	1979.1	10.2
16	贵州	321.9	2301.1	14.0	256.1	2680.2	9.6
17	河北	561.1	4027.9	13.9	524.9	4912.4	10.7
18	河南	801.9	5781	13.9	735.8	6985.1	10.5
19	甘肃	217.5	1638.4	13.3	165.9	1910.6	8.7

续表

排序	地区	2010 年			2000 年		
		60 岁以上农村老年人口数量	农村人口数量	农村老年人口占比	60 岁以上农村老年人口数量	农村人口数量	农村老年人口占比
20	山西	245	1855.2	13.2	210.3	2103.9	10
21	广东	452.6	3529	12.8	404.1	3779.3	10.7
22	吉林	163.8	1280.5	12.8	121.3	1349.2	9
23	内蒙古	140.5	1098.6	12.8	123	1336.5	9.2
24	海南	55.7	436.3	12.8	48.6	448.4	10.8
25	江西	304.8	2506.8	12.2	280.9	2921.3	9.6
26	黑龙江	205.2	1699	12.1	141.1	1756.6	8
27	云南	340.6	3000.8	11.4	303.2	3245.7	9.3
28	宁夏	32.4	327.9	9.9	25.9	370.6	7
29	青海	28.8	311	9.3	23.6	326.3	7.2
30	新疆	110.6	1248	8.9	93.2	1221.2	7.6
31	西藏	19.3	232.2	8.3	16.9	210.8	8

注：按照 2010 年全国 31 个省（自治区、直辖市）（台湾、香港、澳门除外）农村人口老龄化水平高低排序。

资料来源：全国 31 个省（自治区、直辖市）2000 年和 2010 年人口普查资料。

分区县来看，如表 4 所示，2010 年北京市农村人口老龄化程度最高的区县门头沟区、怀柔区、平谷区、密云县、延庆县，60 岁以上农村老年人口所占比例均在 18% 及以上。而 2000 年这五个区县的 60 岁以上农村老年人口所占比例均在 15% 以下。其中，门头沟区农村的人口老龄化速度最快，2000～2010 年 60 岁以上农村老年人口所占比例增加 8.8 个百分点。这些地区之所以人口老龄化的程度高、速度快，与青壮年劳动力到市区务工密切相关。城市发展新区（房山区、通州区、顺义区、昌平区、大兴区）虽然农村人口数量最多，但人口老龄化程度并不高，只有房山区 60 岁以上老年人口所占比例超过 15%。这可能与该类地区以农业为主，外出务工劳动力较少，外来务农人员集中有关。而城市功能拓展区中的海淀区、朝阳区、丰台区受征地拆迁影响，过去大部分农村都已经通过"村改居"等形式转变为城市社区，农村地区的土地面积和人口数量均大幅减少，2010 年这三个区县的农村人口数量均不足 10 万人，另外由于该类区县的农村位于城乡接合部，离城市近且生活成本低，是外来务工人员的聚居地，故人口老龄化程度相对较低。

表4　2000～2010 年北京市农村人口老龄化情况

单位：人，%

排序	地区	2010 年			2000 年		
		60 岁以上农村老年人口数量	农村人口数量	农村老年人口占比	60 岁以上农村老年人口数量	农村人口数量	农村老年人口占比
	北京市	403902	2753676	14.7	368146	3046730	12.1
1	门头沟区	8986	41929	21.4	9959	78975	12.6
2	怀柔区	24460	119799	20.4	25994	179102	14.5
3	平谷区	38107	196108	19.4	37564	277648	13.5
4	密云县	40679	210231	19.3	41021	291020	14.1
5	延庆县	29344	163040	18.0	26726	182691	14.6
6	房山区	47806	309550	15.4	44631	434485	10.3
7	顺义区	56335	405161	13.9	52955	429138	12.3
8	通州区	62844	460028	13.7	42693	327307	13.0
9	海淀区	9591	72107	13.3	—	—	—
10	丰台区	1791	13530	13.2	—	—	—
11	大兴区	45065	399429	11.3	47623	483335	9.9
12	昌平区	37921	349884	10.8	38980	363029	10.7
13	朝阳区	973	12880	7.6	—	—	—

注：按照 2010 年北京市各区县农村人口老龄化水平高低排序。

资料来源：北京市统计局编《2010 年人口普查资料》，中国统计出版社，2012。

（三）北京市农村劳动力老龄化基本情况

1. 北京市农村劳动力老龄化水平不断提高

如图 1 所示，2000 年北京市农村劳动力主要集中在 30～34 岁、35～39 岁以及 40～44 岁三个年龄组，所占比例分别为 12%、12.7% 和 10.7%，而 65 岁及以上劳动力占全体农村劳动人口的 10.4%，超过 16～19 岁、20～24 岁以及 25～29 岁组占全体农村劳动力人口的比例。到 2010 年，北京市农村劳动力主要集中在 20～24 岁、45～49 岁以及 65 岁及以上三个年龄组，占比分别为 13.4%、10.7% 和 10.7%。对比 2000～2010 年北京市农村劳动力的年龄构成状况可以看出，16～44岁的各组除了20～24岁组外，其余组的农村劳动力所占比例均有下降，而45岁以上各组所占比例均有上升。

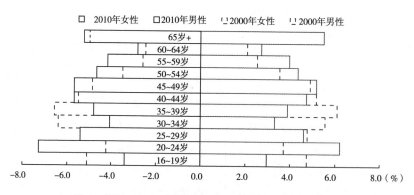

图1 2000～2010年北京市农村劳动力老龄化金字塔

注：坐标轴左侧代表男性，右侧代表女性。

资料来源：2000年、2010年中国人口普查资料；2000年、2010年北京市人口普查资料。

从全国来看，如图2所示，2000年全国农村各年龄组劳动力占总体劳动力比例最大的三组分别是是30～34岁组（13.3%）、25～29岁组（11.8%）、35～39岁组（11.1%），与北京市农村地区劳动力年龄分布状况略有不同，其中，65岁及以上劳动力占全体劳动力的10.1%。到2010年，全国农村劳动力所占比例最高的三组分别是65岁以上组（12.4%）、40～44岁组（11.4%）以及20～24岁组（10.5%）。

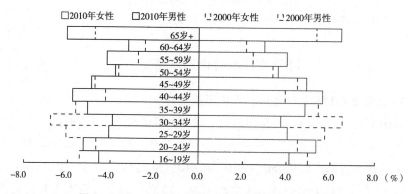

图2 2000～2010年全国农村劳动力老龄化金字塔

注：坐标轴左侧代表男性，右侧代表女性。

资料来源：2000年、2010年中国人口普查资料。

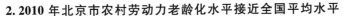

2. 2010 年北京市农村劳动力老龄化水平接近全国平均水平

据表 5 可知，北京市 45 岁及以上农村劳动力占农村劳动力的比例（44.0%）在全国排名 12，高于全国平均水平（43.8%）0.2 个百分点，而 60 岁及以上农村劳动力占农村整体劳动力的比例（16.1%），低于全国平均水平（18.5%）2.4 个百分点。从全国劳动力中位年龄看，年龄较大的三个省、市分别是重庆（46.4 岁）、江苏（45.1 岁）和浙江（45.1 岁），北京市农村地区劳动力中位年龄为 41.7 岁，略低于全国农村地区平均水平（41.8 岁）。根据这三个指标，我们可以看到北京市农村地区老龄化程度在全国各省市中虽然不是最高的，但仍处于中等偏上水平，作为极具示范和指导作用的特大城市，北京市农村劳动力老龄化现象亟须重视。

表 5　2010 年全国农村劳动力老龄化情况

排序	地区	农村劳动力数量（万人）	45 岁 + 农村老年劳动力所占比例（%）	60 岁 + 农村老年劳动力所占比例（%）	中位年龄（岁）
	全国	53579.2	43.8	18.5	41.8
1	重庆	1081.6	53.3	26.9	46.4
2	江苏	2686.8	50.2	22.9	45.1
3	浙江	1798.8	50.2	21.9	45.1
4	辽宁	1428.8	49.9	18.8	44.0
5	山东	4016.0	48.9	20.5	43.6
6	四川	3893.7	47.2	22.5	43.0
7	湖北	2446.8	45.2	18.5	42.3
8	天津	225.7	44.8	16.9	42.1
9	湖南	3013.1	44.7	20.0	42.2
10	安徽	2728.1	44.3	21.0	42.2
11	上海	225.0	44.1	19.2	41.7
12	北京	250.2	44.0	16.1	41.7
13	河北	3300.4	43.8	17.0	41.7

续表

排序	地区	农村劳动力数量（万人）	45 岁 + 农村老年劳动力所占比例（%）	60 岁 + 农村老年劳动力所占比例（%）	中位年龄（岁）
14	内蒙古	945.0	43.8	14.9	41.8
15	吉林	1106.2	43.1	14.8	41.8
16	陕西	1714.0	42.9	16.7	41.4
17	河南	4446.9	42.8	18.0	41.4
18	贵州	1663.1	42.4	19.4	41.3
19	广西	2091.0	42.2	19.4	41.0
20	山西	1529.0	42.0	16.0	41.0
21	福建	1317.2	41.8	17.0	41.0
22	黑龙江	1464.5	41.6	14.0	41.2
23	甘肃	1311.9	39.6	16.6	40.8
24	广东	2721.5	39.1	16.6	38.6
25	江西	1908.6	39.0	16.0	38.9
26	海南	340.2	38.7	16.4	38.6
27	云南	2320.4	36.0	14.7	43.1
28	宁夏	247.4	34.6	13.1	37.5
29	青海	236.1	31.7	12.2	36.9
30	新疆	951.9	30.7	11.6	36.1
31	西藏	169.6	29.2	11.4	33.4

注：按照 2010 年全国各省份农村 45 岁以上老年劳动力所占比例高低排序。

资料来源：2010 年全国 31 个省（自治区、直辖市）人口普查资料。

二　加速北京市农村劳动力老龄化的主要因素

劳动力老龄化是人口老龄化的一种表现，影响人口老龄化的因素也就是引起劳动力老龄化的因素，这些因素包括出生、死亡和迁移。出生和死亡是导致我国人口老龄化和劳动力老龄化的共同主导因素。出生率的下降会使少儿人口比例降低，老年人口比例增加，引发人口的底部老龄化，减少潜在的劳动力数量；死亡率的下降虽然首先表现为婴儿死亡率的降低，但随后其他年龄阶段人口的死亡率也会逐步降低，即由开始的全部人口和劳动力年轻化，至最终的全部人口和劳动力的顶部老龄化。迁移则是导致我国农村人口老龄化和劳动力老龄化的主要因素。2013 年，我国农民工总量达到了 2.69 亿，其中外出农民工1.66 亿。下面，我们就从出生、死亡和迁移三个方面具体分析加速北京市农村劳动力老龄化的主要因素。

（一）严格的计划生育政策

计划生育政策是造成我国育龄妇女生育率和婴儿出生率急剧下降的最主要原因。20 世纪 70 年代以来，我国实施了严格的计划生育政策。1971 年 7 月，国务院批转《关于做好计划生育工作的报告》，把控制人口增长的指标首次纳入国民经济发展计划。1980 年 9 月，党中央发表《中共中央关于控制我国人口增长问题致全体共产党员共青团员的公开信》，提倡一对夫妇只生育一个孩子。1982 年 9 月，党的十二大把计划生育确定为基本国策，同年 12 月写入宪法。1991 年 5 月，中共中央、国务院做出《关于加强计划生育工作严格控制人口增长的决定》，进一步明确贯彻现行生育政策，严格控制人口增长。

在计划生育政策的影响下，我国育龄妇女生育率出现明显下降。如图 3 所示，我国育龄妇女总和生育率在 20 世纪 70 年代以前曾长期保持在 6 个左右的高水平上（1959 ~ 1961 年困难时期生育率异常除外），但 1970 ~ 1980 年我国育龄妇女总和生育率呈急剧下降趋势。1968 年中国总和生育率为 6.45 个，仅8 年后到 1976 年便急速减半为 3.25 个，如此快速的下降在世界范围内实属罕见。这一下降速度远远快于欧美发达国家的生育率下降速度，与第二次世界大战后世界范围内生育率下降速度最快的日本相近。1976 年后中国总和生育率在较低水平上继续下降，从 1976 年的 3.25 个下降到 1985 年的 2.20 个。在 20多年的时间内，我国的生育率已从高水平下降到接近更替水平。2010 年第六次全国人口普查数据显示，我国育龄妇女总和生育率下降到 1.18 个。①

计划生育政策的影响作用通过我国人口出生率的变化也可以得到反映。1966 ~ 1969 年我国人口出生率保持在 35‰左右，到 1976 年下降到 20‰，后受第二次人口出生高峰影响，我国人口出生率保持在 20‰以上，20 世纪 90 年代以后继续缓慢下降，2006 年下降到 12‰，随后一直维持在该水平（见图 4）。

北京市则是全国生育水平最低的地区之一。如图 4 所示，北京市人口出生

---

① 受新生儿瞒报、漏报等因素影响，根据全国人口普查数据计算的育龄妇女总和生育率可能存在偏低的情况。多数学者认为，2010 年的育龄妇女总和生育率在 1.4 ~ 1.6 个。

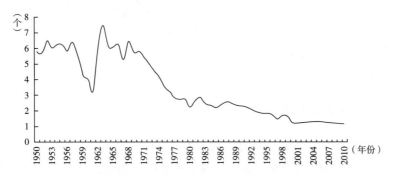

图 3　1950～2010 年我国育龄妇女总和生育率变化情况

资料来源：1988～2012 年《中国人口和就业统计年鉴》。

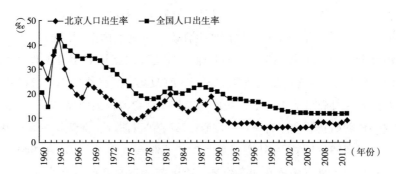

图 4　1960～2011 年北京市及全国人口出生率变化情况

资料来源：1988～2012 年《北京统计年鉴》；1988～2012 年《中国统计年鉴》。

率的升降趋势虽然基本与全国保持一致，但人口生育率要低于全国平均水平。除 3 年自然灾害之后的补偿生育使北京市的人口出生率超过 30‰以外，1970年之前北京市的人口出生率已经在 20‰以下，到 1976 年进一步下降到 9.0‰，20 世纪 90 年代以后稳定在 8‰以内。生育率方面，北京市 2000 年人口普查、2005 年 1%抽样调查、2010 年人口普查数据显示，2000～2010 年北京市育龄妇女总和生育率维持在 0.6～0.7，北京市农村育龄妇女总和生育率维持在0.9～1.1，也就是说北京市不论城市、农村，平均每个妇女在其一生中生育孩子数量不超过 1 个。① 图 5 为 2010 年全国各省、区、市育龄妇女总和生育率情况，北京、上海、天津以及东北三省的生育率均低于 1 个。

---

① 受新生儿瞒报、漏报等因素影响，根据北京市人口普查数据计算得到的育龄妇女总和生育率可能存在偏低的情况。

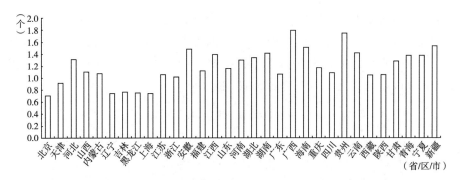

图5　2010年我国各省份育龄妇女总和生育率统计情况

资料来源：国务院人口普查办公室编《2010年第六次全国人口普查主要数据》，中国统计出版社，2011。

2013年是我国计划生育政策的一个转折年，为保持合理的劳动力规模，延缓人口老龄化速度，2013年11月15日，十八届中央委员会第三次全体会议讨论通过了《中共中央关于全面深化改革若干重大问题的决定》，该决定提出"启动实施一方是独生子女的夫妇可生育两个孩子的政策"。2013年12月21日，中共中央、国务院印发《关于调整完善生育政策的意见》；12月28日，全国人大常委会审议通过了《关于调整完善生育政策的决议》；2014年1月8日，国家卫生计生委下发《关于贯彻落实〈中共中央国务院关于调整完善生育政策的意见的通知〉》。在"单独二孩"政策的影响下，我国育龄妇女的总和生育率2014年提高至1.58，预计2015年将达1.7。北京市第十四届人大常委会第九次会议审议通过了《北京市人口与计划生育条例修正案（表决稿）》，将《北京市人口与计划生育条例》第十七条第二款第（二）项修改为"夫妻一方为独生子女，并且只有一个子女的"，这标志着自2014年2月21日起北京市正式实施"单独二孩"政策。

（二）医疗保健水平的提高

新中国成立后，伴随医疗技术的发展以及居民生活水平的提高，急性病和流行病以及育龄妇女生育子女带来的死亡风险降低，人口死亡率下降，人口平均预期寿命延长。人口死亡率的下降和人口平均预期寿命的延长使老年人口在总人口中所占比重上升，该现象即老龄化中的老年人口老龄化，是人口绝对老龄化的表现。如图6所示，20世纪70年代以后我国人口死亡率一直保持在7‰左右的低水平上，人口死亡原因由流行病、传染病为主向衰老、老年慢性病和非自然因素等为主转变，2000 年以后我国人口死亡率因老年人口比例的增加而略微上升。受医疗条件和居民生活水平影响，北京市的人口死亡率要低于全国平均水平，20 世纪 70 年代维持在 6‰～7‰，20 世纪 80 年代以后下降到 5‰～6‰，2006 年以后下降到 5‰以下。

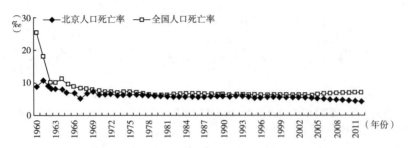

图 6　1960～2011 年北京市及全国人口死亡率

资料来源：1988～2012 年《北京统计年鉴》；1988～2012 年《中国统计年鉴》。

与死亡率相对应，中国人口的平均预期寿命一直呈现上升趋势。如图 7 所示，20 世纪 60 年代中国人口平均预期寿命增加最快，年增长速度超过 1 岁，20 世纪六七十年代后中国人口平均预期寿命增长速度逐渐放缓。到 1995 年，中国人口平均预期寿命达到了 70 岁。2000 年第五次人口普查时中国人口平均预期寿命是 71.4 岁，到 2010 年第六次人口普查时又增加了 3.4 岁，到达 74.8 岁，比 2010 年世界人口平均预期寿命（69.6 岁）高 5.2 岁。中国人口平均预期寿命的进一步增加有赖于对心血管病、恶性肿瘤等慢性病和老年性疾病以及非自然因素死亡的预防和控制。

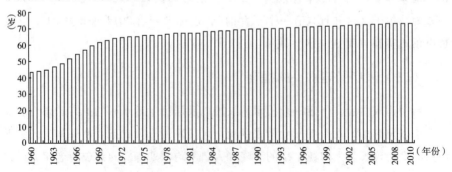

图 7　1960～2010 年中国人口平均预期寿命

资料来源：世界银行 2010 年数据，http：//data. worldbank. org/indicator/SP. DYN. LEOO. IN/countries? display = default。

北京市人口平均预期寿命一直高于全国平均水平，并且差距逐渐拉大，如图 8 所示。1990 年北京市人口平均预期寿命为 72.9 岁，比全国平均水平高 4.3 岁；到 2000 年，北京市人口平均预期寿命增加 3.2 岁，达到 76.1 岁，比全国平均水平高 4.7 岁；到 2010 年，北京市人口平均预期寿命增加 4.1 岁，达到 80.2 岁，比全国平均水平高 5.4 岁。2015 年最新数据显示，2014 年北京市户籍居民的平均预期寿命达到 81.8 岁，与全国其他省（自治区、直辖市）相比，仅略低于上海市户籍居民的平均预期寿命（82.3 岁）。

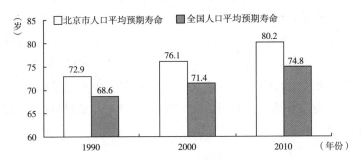

图 8　北京市及全国人口平均预期寿命变化情况

资料来源：1990 年、2000 年、2010 年中国人口普查资料；1990 年、2000 年、2010 年北京市人口普查资料。

（三）传统的城镇化发展模式

迁移是导致农村人口老龄化的重要因素之一，而我国传统的城镇化发展模式又加剧了农村人口的老龄化。传统的城镇化发展模式是建立在城乡二元结构基础上的"化地不化人"的发展模式，也即将大量的农村集体土地征收，变性为城市国有土地，但大量流入城市的农村人口，不能正常市民化，没有享受到与城市户籍人口相同的资源、利益和公共服务，他们在城市中融不进、留不下，只是奉献青春和血汗，年老后还要回归农村。这种城镇化发展模式对农村劳动力老龄化的影响主要体现在三个方面。

一是青壮年劳动力大量进城打工。在我国现代化和工业化的发展进程中，由于城镇发展的需要以及青中年劳动力选择的双向作用机制，越来越多的青中年劳动力进入城镇务工或者接受教育。但是相对于城市青中年劳动年龄人口来讲，农村的劳动年龄人口文化程度较低，劳动技能素质不高，再加上城市对户籍居民的就业保护等，导致从事体力劳动的人口中农村人口多于城市人口。面对这样的就业局势，老年农村人口的体能状况不具备天然优势，因此，在工业化的发展过程中农村的迁移人口以青壮年劳动力为主，而留在农村中的多是老年人口。

如表6和图9所示，1978年全国城市人口数量约为1.7亿，在总人口中所占比重为17.9%，而全国农村人口数量约为7.9亿，在总人口中所占比重为82.1%。到2012年，全国城市人口数量约为7.1亿，在总人口中所占比重为52.6%，而全国农村人口数量约减少到6.4亿，在总人口中所占比重为47.4%。北京市受本地户籍农村人口进城和农转非的影响，农村人口数量和农村人口所占比例下降明显。2012年，北京市农村人口从1978年的393万减少到286万，农村人口所占比例从1978年的45.1%下降到13.8%。农村流入城市的这些人口又以青壮年人口为主，如2013年，我国农民工总量达到2.69亿，其中外出农民工1.66亿，本地农民工1.03亿。1980年及以后出生的新生代农民工1.25亿，占农民工总量的46.5%，占1980年及以后出生的农村劳动力的比重为65.5%。

表6　1978～2012年北京市及全国城乡人口数量变化

单位：万人

年份	北　京		全　国	
	北京城市人口	北京农村人口	全国城市人口	全国农村人口
1978	479	393	17245	79014
1979	510	387	18495	79047
1980	521	383	19140	79565
1981	533	386	20171	79901
1982	544	391	21480	80174
1983	557	393	22274	80734
1984	570	395	24017	80340
1985	586	395	25094	80757
1986	621	407	26366	81141
1987	637	410	27674	81626
1988	650	411	28661	82365
1989	664	411	29540	83164
1990	798	288	30195	84138

续表

年份	北京		全国	
	北京城市人口	北京农村人口	全国城市人口	全国农村人口
1991	808	286	31203	84620
1992	819	283	32175	84996
1993	831	281	33173	85344
1994	846	279	34169	85681
1995	946	305	35174	85947
1996	958	302	37304	85085
1997	948	292	39449	84177
1998	958	288	41608	83153
1999	972	286	43748	82038
2000	1057	306	45906	80837
2001	1081	304	48064	79563
2002	1118	305	50212	78241
2003	1151	305	52376	76851
2004	1187	306	54283	75705
2005	1286	252	56212	74544
2006	1350	251	58288	73160
2007	1416	260	60633	71496
2008	1504	267	62403	70399
2009	1581	279	64512	68938
2010	1686	276	66978	67113
2011	1741	278	69079	65656
2012	1784	286	71182	64222

资料来源：1988～2012年《北京统计年鉴》；1988～2012年《中国统计年鉴》。

　　二是老年劳动力返乡或退守农业。这部分人曾经实现过转移就业，但因为在城市就业市场中处于劣势地位、难以融入城市生活和实现家庭团聚等原因而重返农村，出于家庭理性和经济利益考虑继续从事农业生产或农村其他第二产业、第三产业，维持生计。北京市农村受地理位置、经济发展水平等影响，情况较为特殊，农村劳动力中仅有28.6%的人从事农业生产，其余在当地从事第二产业、第三产业。也就是说，这部分老年劳动力虽然返乡退守农村，但仍

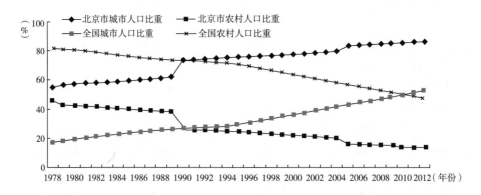

图9　1978～2012年北京市及全国城乡人口比例变化

资料来源：1988～2012年《北京统计年鉴》；1988～2012年《中国统计年鉴》。

然脱离了农业生产。

三是难以实现家庭式的迁移。由于城镇生存成本高，并且流动人口的子女入学资格受到城镇相关政策或户籍壁垒的制约，因此流入城镇打工的农村青壮年劳动人口多以男性为主，父母子女则被留在农村家中，而妇女作为一家老小的主要照料者很多也不得不留在农村，流动人口举家迁移所占比例虽然日渐增多，但仍面临很多问题。

三　北京市农村劳动力老龄化的后果与挑战

北京市农村劳动力老龄化问题加剧，已经造成严重的社会问题，集中体现在"谁来种地，如何种地？谁来养老，如何养老？谁来治理，如何治理？"这三个方面。

（一）谁来种地，如何种地？

农业劳动力减少和老龄化与农村劳动力老龄化相伴而生，最直接地引发了"谁来种地，如何种地？"的问题。2012年，中央农村工作领导小组办公室、中央政策研究室、全国人大农业与农村委员会等6部门专题研究"谁来种地"的战略问题，2013年中央一号文件以及中央农村工作会议均提出应如何解决"谁来种地"问题。北京市农业虽然在三次产业中所占比例很低，但农业是根本、是基础，特别是发展都市农业有生产、生活、生态等多种功能，具有不可替代的重要作用。

从北京市农业劳动力这一重要的人力资源来看，情况不容乐观。如图10所示，北京市农业劳动力老龄化程度不断加深，45岁以下年轻劳动力锐减，45~60岁老年劳动力成了北京市农业生产的主力。2000~2010年，北京市除55~59岁年龄组的农业劳动力增加外，其他年龄组的农业劳动力均有不同程度的减少，其中45岁以下农业劳动力减幅均超过50%。同时，25岁以下青年人代表着新进入农业行业的劳动力群体，这部分人在农业劳动力中所占比例也从2000年的8.6%下降到2010年的4.3%。具体到农业劳动力老龄化指标上，2010年北京市45岁以上农业老年劳动力所占比例达到60.1%，比2000年提高13.5个百分点；60岁以上农业老年劳动力所占比例为11.1%，比2000年提高3.9个百分点；中位年龄为47.6岁，比2000年增加了7岁。依此态势，北京市农业劳动力老龄化程度将进一步加深，速度可能更快。

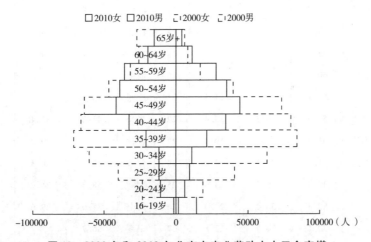

图10　2000年和2010年北京市农业劳动力人口金字塔

注：坐标轴左侧代表男性，右侧代表女性。

资料来源：国务院人口普查办公室编《北京市2010年人口普查资料》，中国统计出版社，2012；国务院人口普查办公室编《北京市2000年人口普查资料》，中国统计出版社，2002。

与全国其他地区相比，北京市农业劳动力老龄化程度较高，且速度较快。如表7所示，2010年全国有12个省份45岁及以上老年农业劳动力所占比例等于或超过50%，分别是浙江（71.8%）、江苏（69.5%）、上海（65.2%）、重庆（60.9%）、北京（60.1%）、湖北（53.5%）、福建（51.4%）安徽（51.0%）、四川（50.7%）、山东（50.3%）、天津（50.1%）、辽宁

（50.0%）。农业劳动力中 45 岁及以上人口所占比例最大的浙江省（71.8%）比最小的西藏（25.2%）高出了 46.6 个百分点，其中，北京市 45 岁及以上农业劳动力占总体农业劳动力人口的比例居于全国第 5 位，高于全国平均水平 13 个百分点。除去 1990 年数据缺失的 5 个省份，1990~2010 年，45 岁及以上老年农业劳动力所占比例增长最小的是青海、海南、云南，分别增长了 9.2 个百分点、11.8 个百分点以及 12.9 个百分点，比例增长最大的是福建、北京、浙江，分别增长了 32.2 个百分点、35.7 个百分点和 45.3 个百分点。

表 7 1990~2010 年全国 45 岁 + 农业劳动力所占比例排序

单位：%

名次	省份	45 岁 + 农业劳动力所占比例			名次	省份	45 岁 + 农业劳动力所占比例		
		2010 年	2000 年	1990 年			2010 年	2000 年	1990 年
	全国	47.1	35.0	22.7	16	山西	47.0	33.1	21.8
1	浙江	71.8	49.5	26.5	17	江西	46.8	32.8	18.9
2	江苏	69.5	42.5	—	18	河北	45.2	34.3	21.3
3	上海	65.2	51.8	44.9	19	内蒙古	45.1	29.7	19.9
4	重庆	60.9	45.7	—	20	河南	43.7	28.8	22.5
5	北京	60.1	35.3	24.4	21	广西	43.6	33.2	—
6	湖北	53.5	36.3	22.4	22	贵州	43.2	32.4	24.0
7	福建	51.4	32.1	19.2	23	吉林	41.1	29.2	27.9
8	安徽	51.0	36.1	24.3	24	甘肃	39.1	30.3	22.4
9	四川	50.7	40.2	23.6	25	黑龙江	38.3	26.9	15.2
10	山东	50.3	36.4	23.0	26	海南	37.0	29.6	25.2
11	天津	50.1	34.4	22.8	27	宁夏	36.7	—	19.4
12	辽宁	50.0	33.8	19.5	28	云南	35.9	27.1	23.0
13	湖南	49.2	36.2	24.3	29	青海	29.1	23.2	19.9
14	陕西	48.5	34.2	20.9	30	新疆	28.6	27.5	—
15	广东	48.2	35.7	24.5	31	西藏	25.2	23.1	—

资料来源：1990~2010 年全国 31 个省（自治区、直辖市）人口普查资料。

如表 8 所示，2010 年 60 岁及以上农业劳动力所占比例超过 20% 的共有 3 个省（直辖市），分别是江苏（27.0%）、浙江（26.2%）以及重庆（24.0%），农业劳动力中 60 岁及以上人口所占比例最大的江苏省（27.0%）

比最小的西藏（4.7%）高出了22.3个百分点，其中，北京市农业劳动力中60岁及以上人口所占比例为10.5%，低于全国平均水平（13.4%）2.9个百分点，居全国第21位。9个省（自治区、直辖市）的60岁及以上农业劳动力所占比例超过全国水平（13.4%）。另外，除去1990年数据缺失的3个省份，在1990～2010年20年间，北京市60岁以上农业劳动力所占比例增长幅度（4.5个百分点）相对较低。

表8　1990～2010年全国60岁+农业劳动力所占比例排序

单位：%

名次	省份	60岁+农业劳动力所占比例			名次	省份	60岁+农业劳动力所占比例		
		2010年	2000年	1990年			2010年	2000年	1990年
	全国	13.4	9.0	5.4	16	河北	11.6	8.0	5.6
1	江苏	27.0	11.6	—	17	广东	11.4	9.3	5.3
2	浙江	26.2	14.9	7.8	18	山西	11.3	8.6	5.7
3	重庆	24.0	13.1	—	19	天津	11.3	6.4	6.1
4	安徽	18.8	10.0	6.2	20	江西	11.3	7.1	4.1
5	四川	17.7	10.7	5.1	21	北京	10.5	6.9	6.0
6	上海	17.7	12.4	12.7	22	甘肃	9.5	7.1	3.6
7	湖北	15.4	8.9	5.1	23	内蒙古	9.2	7.1	4.3
8	山东	14.6	9.0	5.8	24	海南	8.5	9.7	7.1
9	湖南	14.4	9.7	(4.6)	25	吉林	8.4	5.8	(3.1)
10	河南	13.1	9.1	6.4	26	云南	8.4	7.3	5.1
11	贵州	12.2	8.7	4.6	27	宁夏	8.1	—	3.2
12	福建	12.2	7.0	3.9	28	新疆	7.1	8.0	—
13	广西	12.2	10.3	(5.3)	29	黑龙江	6.6	4.4	2.9
14	陕西	12.0	8.3	4.5	30	青海	5.6	4.2	2.6
15	辽宁	11.7	6.7	5.2	31	西藏	4.7	5.7	(8.3)

资料来源：1990～2010年全国31个省（自治区、直辖市）人口普查资料。

　　如表9所示，2010年全国各省（自治区、直辖市）劳动力年龄的中位值有2个省份超过了50岁，分别是江苏（52.5岁）和浙江（52.2岁），有16个省份的年龄中位值超过了全国平均水平（43.2岁），有3个自治区年龄中位值低于40岁，分别是宁夏（39.3岁）、青海（37.3岁）和新疆（36.9岁）。北京市农业劳动力的中位年龄为 47.1 岁，居全国第 5 位，比全国平均水平高 3.9 岁，低于农业劳动力中位年龄值最大的江苏省 5.4 岁。1990～2010 年，除去 1990 年个别省份数值缺失，所有省（自治区、直辖市）农村劳动力的中位年龄都出现了明显提高，增长幅度最大的是浙江（18.4 岁）、福建（14.7 岁）和湖北（14.1 岁），最小的是上海（7.0 岁）、海南（7.5 岁）和宁夏（8.9 岁）。北京市在 20 年间农业劳动力中位年龄增长了 11.9 岁，增长幅度高于全国平均水平。

表 9 1990～2010 年全国农业劳动力中位年龄排序

单位：岁

名次	省份	中位年龄			名次	省份	中位年龄		
		2010 年	2000 年	1990 年			2010 年	2000 年	1990 年
	全国	43.2	37.5	32.4	16	西藏	43.4	32.2	(33.2)
1	江苏	52.5	41.2	—	17	河北	43.2	37.8	32.4
2	浙江	52.2	43.9	33.8	18	山西	43.1	37.5	32.0
3	上海	49.0	45.4	42.0	19	江西	43.1	37.4	30.1
4	重庆	48.8	41.9	—	20	河南	42.7	36.8	31.7
5	北京	47.1	41.2	35.2	21	内蒙古	42.6	36.7	31.3
6	湖北	46.0	38.4	31.9	22	贵州	42.1	35.6	31.3
7	福建	45.4	37.4	30.7	23	广西	41.9	36.7	(31.1)
8	安徽	45.3	36.9	31.4	24	吉林	41.6	36.4	(27.9)
9	四川	45.2	38.5	32.0	25	甘肃	41.4	35.8	30.7
10	天津	45.0	38.4	33.5	26	黑龙江	40.8	35.7	30.1
11	山东	44.1	38.2	32.9	27	海南	40.2	36.0	32.7
12	辽宁	44.0	38.1	32.1	28	云南	40.0	33.5	30.6
13	湖南	43.8	37.9	(31.1)	29	宁夏	39.3	—	30.4
14	陕西	43.6	38.0	31.6	30	青海	37.3	32.2	28.4
15	广东	43.5	38.4	32.6	31	新疆	36.9	33.5	—

资料来源：1990～2010 年全国 31 个省（自治区、直辖市）人口普查资料。

（二）谁来养老，如何养老？

伴随农村人口老龄化和高龄化，以及青壮年人口外出务工，全国 60% 以上的偏远农村出现了"空心村"现象，这是指大量的农村青壮年涌入城市打工，农民工除去回乡过年短短十几天的时间外，其他时间均在城镇地区生活、工作，农村的常住人口大都是老弱妇孺。这一现象导致了农村传统的家庭养老模式受到严重冲击，主要表现为传统的家庭代际养老日趋弱化。原因包括农村劳动力人口外流导致代际居住距离增加，传统大家庭制度解体引发老年父母资源控制力丧失，传统"孝"文化约束力下降等。农村老年人可能面临家庭经济保障和照料保障的双重弱化。因此，"谁来养老，如何养老？"的问题成为"十三五"及之后"人的新农村"建设需要面对的重大社会问题之一。

1. 农村老年人经济收入低且内部差异大

根据 2010 年北京市第六次人口普查数据，家庭其他成员供养、劳动收入和离退休养老金收入是目前北京市农村老年人的主要收入来源（见图 11）。其中，52.70% 的老年人收入主要来自家庭其他成员，17.00% 的老年人收入主要来自劳动收入，14.90% 的老年人收入主要来自离退休养老金收入。中国健康与养老追踪调查 2011 年数据则显示，北京市农村老年人的平均收入为 19481.0 元（见表 10）。同年北京市农村居民家庭年平均收入为 4.5 万元左右，是北京市农村老年人平均收入的 2.3 倍。

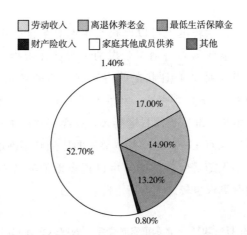

图 11　2010 年北京市农村老年人主要收入来源

资料来源：北京市统计局编《2010 年北京市人口普查资料》，中国统计出版社，2012。

虽然北京市农村老年人平均收入相对于农村居民家庭平均收入来说较低，但老年人内部也存在极大的异质性。如表 10 所示，北京市农村高收入老年人平均年收入达到 60844.7 元，而低收入老年人的平均年收入仅为 2055.3

元，二者相差 58789.4 元。从收入类型来看，高收入组老年人的财产性收入数量极为可观，高达 48862.2 元，养老金收入（5419.4 元）也远高于其他组老年人。

表 10　2011 年北京市农村地区不同收入水平老年人的收入来源

单位：元

分组 来源	劳动收入	家庭其他成员供养	养老金	补贴救助	财产性收入	总收入
全部	1092.2	535.4	2094.7	2489.2	13269.5	19481.0
低收入	19.8	25.2	299.4	1710.9	0.0	2055.3
中低收入	70.7	99.1	248.8	2475.0	19.6	2913.2
中等收入	308.7	456.8	480.2	2461.2	0.0	3706.9
中高收入	1180.4	1119.4	814.8	2790.5	168.1	6073.2
高收入	2832.7	823.1	5419.4	2907.3	48862.2	60844.7

资料来源：根据中国健康与养老追踪调查（China Health and Retirement Longitudinal Study，简称 CHARLS）2011~2012 年全国基线调查的数据计算得到。

收入自评状况在较大程度上可以反映老年人对于自己物质水平的满足程度，是综合体现当前老年人自身消费状况的主观性评价指标。如表 11 所示，北京市农村地区老年人收入自评状况所占比例最高的是基本够用（56.2%）和比较困难（28.3%）。分性别来看，女性老年人的收入自评状况要差于男性老年人。伴随年龄增长，北京市农村老年人自评经济状况很富裕、比较困难的老年人所占比例降低，而比较富裕和基本够用的比例则不断增加。这可能是因为，北京市农村老年人随着年龄的增长可以更多地依靠儿女或其他亲属的供养，同时他们的消费需求也较之前有所下降。

表 11　2011 年北京市农村老年人的收入自评状况

单位：%

分组 自评	很富裕	比较富裕	基本够用	比较困难	很困难
合计	1.2	7	56.2	28.3	7.4
男性	0.45	8.56	57.7	26.6	6.8
女性	1.9	5.3	54.6	30.1	8.1

续表

自评 分组	很富裕	比较富裕	基本够用	比较困难	很困难
60~69岁	1.4	5.2	56.3	31.5	5.6
70~79岁	1.3	8.1	52.5	28.1	10
80岁以上	0	10.3	65.5	17.2	6.9

资料来源：根据中国健康与养老追踪调查（China Health and Retirement Longitudinal Study，简称 CHARLS）2011~2012年全国基线调查的数据计算得到。

2. 部分农村老年人面临丧偶、空巢、无人照料的局面

从生活照料方面来看，如表12所示，当农村老年人在完成日常生活自理能力（ADL）和器具性日常生活自理能力（IADL）① 面临困难、需要帮助时，主要生活照料者依次是配偶（44.9%）、子女及其配偶（31.1%）、其他亲属（7.1%）、其他非亲属（1.8%），其中无人帮助的占到了15.1%。在被调查的北京市农村老年人中，配偶是农村老年人生活上最重要的陪伴者和照料者。这与不少研究的结论一致，即朋友、邻居等非亲属很少可以充当老年人的日常家务料理者和生病时的照料者（Cicirelli，1981；Stoller and Pugliesi，1988）。有研究认为这是老年人基于互惠原则，在自己可能没有机会偿还帮助时，不愿给邻居和朋友增加负担（Jonas and Wellin，1980）。从婚姻状况来看，有配偶的北京市农村老年人的比例（70.6%）远高于无配偶（29.4%）的老年人。随着老年人年龄的增加，有配偶的老年人所占比例不断减少，而没有配偶的老年人所占比例不断提高。

在年龄差异方面，60~69岁和70~79岁两个中低年龄组中农村老年人的配偶是其主要的生活照料者，尤其60~69岁的农村老年人的配偶照料占到56.4%，这在一定程度上体现了伴随农村传统文化和家庭结构变迁，农村老年人对基于孝道伦理的子女照料要求的降低，对基于爱情语义的配偶照料依赖性的增强。也可能是在子女外出务工情况下，农村老年人"被动地自我照料"的一种表现。但80岁以上高龄组农村老年人的主要生活照料者则由配偶转向了子女，其中90岁及以上农村老年人的子女及其配偶照料比例达到了63.6%，这主要与高龄老年人丧偶率高有关。在没有配偶照料的情况下，子女充当了照料者的角色。

---

① 日常生活自理能力（ADL）包括洗澡、穿衣、吃饭、上下床、如厕以及控制大小便六项，器具性日常生活自理能力（IADL）包括做家务活、做饭、购物、管理财务、吃药五项。

表 12　2011 年北京市农村老年人的主要生活照料者

单位：%

类别 分组	配偶	子女及其配偶	其他亲属	邻居、朋友、志愿者等	无人帮助	合计
60～69 岁	56.4	19.6	5.7	2.1	16.2	100.0
70～79 岁	41.9	33.5	6.5	1.4	16.7	100.0
80～89 岁	25.3	51.0	11.3	2.1	10.3	100.0
90 岁及以上	18.2	63.6	13.6	0.0	4.5	100.0
合　计	44.9	31.1	7.1	1.8	15.1	100.0

资料来源：根据中国健康与养老追踪调查（China Health and Retirement Longitudinal Study，简称 CHARLS）2011～2012 年全国基线调查的数据计算得到。

3. 农村老年人精神空虚，孤独感较强

老年人的生活质量绝不仅仅取决于物质资源的丰厚程度，更多的是取决于精神需要的满足程度，"知足常乐"充分描述了人的认知观念、物质能力和心情之间的关系，尤其是来自亲人和朋友的关怀和问候更能够满足老年人渴望温暖的心理需求。陪老人聊天，多跟老年人沟通是使老年人心情愉快的重要方式，将"'常回家看看'入法"这一举措也说明，在我国，子女亲朋对老年人的关怀不仅重要，更是十分必要。

如表 13 所示，从性别看老年人社交的平均人数，女性的交往数量都多于男性，这和不同性别老年人群体的性格特征有着密不可分的关系，女性善于沟通，而男性则更含蓄刚毅，因此北京市农村老年人中女性联系、见面、聊天或谈心的亲朋平均数量都略高于男性。同时，农村老年人与亲属联系和谈心的平均数量也高于朋友，这和我国农村地区浓厚的血缘亲情有着很大的相关性。从年龄看老年人的社交状况，在与亲属的联系中，平均数量最多的是 70～79 岁组，而在与朋友联系中平均数量最多的则是 60～69 岁组的老年人。而 80 岁以上组的老年群体与朋友相交的平均数量都低于 60～79 岁的老年人，这可能与和朋友交往需要花费老年人更多的精力有关系。

农村人口老龄化使老年人的交流对象与以往相比发生了很大的改变，他们与子女交流的机会和次数大大减少，转而只能与自己的配偶或其他亲属、朋友交流，这可能违背了老年人的意愿，也不利于老年人的心理健康。

表 13　2011 年北京市农村老年人的社交状况

单位：人

社交状况 分组	每个月至少见一面 或能联系的亲属	能放心的谈论 心里话的亲属	每个月至少见一面或 能联系的朋友	能放心的谈论 心里话的朋友
合计	3.96	3.22	1.81	1.32
男性	3.73	3.19	1.8	1.27
女性	4.19	3.27	1.82	1.38
60 ~ 69 岁	3.11	2.65	2.24	1.62
70 ~ 79 岁	4.86	3.96	1.51	1.09
80 岁以上	4.6	3.34	1.04	0.86

资料来源：根据中国健康与养老追踪调查（China Health and Retirement Longitudinal Study，简称 CHARLS）2011 ~ 2012 年全国基线调查的数据计算得到。

（三）谁来治理，如何治理？

乡村治理是指通过对村落布局、生态环境、基础设施、公共服务等资源进行合理配置和管理，促进当地经济、政治、社会发展以及生态环境状况改善。我国目前已有的乡村治理模式在推动农村进步、农业发展、农民富裕方面取得了一定成效。然而伴随经济社会发展和城镇化的快速推进，农村青壮年人口外出打工，农村人口老龄化程度加深，很多农村变成了空心村、老人村，这就给村庄的村民自治、治安环境、公共服务供给等方面带来了严重影响。"谁来治理，如何治理？"成了我国农村进一步深化改革、激发发展活力的重要课题。农村人口老龄化对乡村治理的影响主要体现在以下三个方面。

1. 制约农村村民自治的有效运行

目前，农民主要以村民自治的方式参与村级公共事务管理，村民自治在保障农民民主权利、组织乡村经济社会建设等方面都发挥了积极作用。但城镇化、工业化进程导致农村中青年人口大量外流，使村民自治的效果大打折扣。首先，大量农村青壮年劳动力向城市转移，且常年在外，使得村民自治缺乏群众基础，同时这部分外出人群也成为难以触及的治理对象；其次，留守农村的人员群体主要是儿童、妇女和老人，他们往往缺乏能力或精力来参与村庄民主管理和村庄建设，同时，留守儿童、留守妇女、留守老人这三类群体也难以有效监督村干部的权力运行；最后，向城镇转移的年轻人往往能力和学历相对较高，导致农村人力资本的大量流失和村庄治理人才的严重短缺，这给村庄治理人才的培育和发展带来严重困难，一些村庄甚至找不到合适的年轻村干部人选。许多村庄的干部需要大学生村干部队伍来补给，或依靠城里的年轻干部到村里挂职担任村干部。

2. 影响村庄的社会治安和道德水准

农村青壮年劳动力的大量外流，导致农村人口年龄结构和性别结构严重失衡，其社会治安环境也面临新的挑战。首先，盗窃、诈骗、伤害等侵权案件频发，甚至强奸、杀人、纵火等暴力恶性案件也时有发生。由于农村家庭成员中大多只剩下小孩、妇女和老人，即使在正面遇到类似情况时，家中成员出于对自身安全的考虑，也只能眼睁睁看着悲剧事件发生。其次，村民矛盾纠纷日益升级，群体性事件不断增多。在快速城镇化进程中，征地、拆迁、道路建设、耕地权属等引起的纠纷较多。农村中的留守儿童、留守妇女、留守老人往往处于更加弱势的地位，他们的权益更容易受到侵害。一些村庄时常发生留守儿童、留守妇女遭到性侵等事件，有的老人去世后数天都没有人发现，有的村庄老人去世后找不到年轻人帮忙料理后事。一个没有年轻人的村庄，是畸形的村庄，正常的社会道德秩序无法在畸形的村庄中有效建立和维持。

3. 妨碍基本公共服务的有效供给

随着青壮年劳动力外流，农村留守儿童、妇女、老人占据大多数，基本公共服务的供求严重失衡。首先，老年人照料服务面临供求失衡。老年人数量增加意味着需要照料人口数量的增加，不少农村地区也开始修建老年人日间照料中心、老年活动站等硬件设施，但棘手的问题是没人愿意留在农村当服务员，况且城市目前的老年护理员也严重缺乏，具有专业服务技能的服务员更是纷纷流向城市。其次，医疗卫生服务发展更加困难。医疗服务是农民迫切需要的公共服务项目，但大多数农村地理位置偏僻、经济发展落后，本身医疗服务发展滞后，人口外流导致人口减少、购买力降低，医疗服务机构无法盈利制约了机构发展，在此恶性循环中，农村医疗卫生服务的发展更加困难。最后，不少乡村正在开展农技服务，但服务的推广也是阻力重重，问题在于服务对象往往是50岁以上的老年劳动力，而他们对新事物的习得能力、接受能力、学习意愿都已经明显下降。

四 北京市应对农村劳动力老龄化的实践探索

面对农村人口老龄化带来的"谁来种地，如何种地？谁来养老，如何养老？

谁来治理，如何治理?"等一系列问题，北京市不断探索解决办法。有些办法是在政府主导下推动的，有些办法是在市场选择下产生的，有些办法是在社会参与中形成的。

（一）在"谁来种地，如何种地"上的探索

农业劳动力数量减少、老龄化程度加深已成为不可逆转的客观现实，北京市也在不断从土地制度改革、农业规模化和机械化经营、培养新型职业农民、吸纳外来人口务农等方面寻找突破口，以促进农业的可持续发展。

1. 推进土地流转，发展农业适度规模经营

建立切实惠及农民的生产和经营体制，保护农民的财产权利是推进农业生产规模化经营的根本动力。一方面，农民可以获得与从事农业劳动大体相当的土地流转收入，另一方面他们可以自由选择继续从事农业劳动或离开土地到第二产业、第三产业就业以获得工资收入。北京市密云县穆家峪镇碱厂村的谢彤华表示："我是很乐意把土地租给集体的，省事呀，自己不用想着买种、施肥等等，也不管买卖，一切都归集体管了，我们还可以拿补钱，一亩地大概几百块钱吧，很合适。而且那两年我还在养鸭子，种地的事基本忙不过来。给集体对我来说还是很合适的。我们还可以去葡萄地里出工，赚取工资。"集体葡萄园的出工是一天 60 元，一年一结，年底统一结算，发放工资，出工很自由，"有时间就去，没时间拉倒"。

土地流转涉及两类群体，一类是上述将土地流转出去的人或组织，还有一类就是获得流转土地的人或组织。只有这两类群体均有流转意愿并进行交换，土地流转才能真正实现。

北京市顺义区兴农天力农机服务专业合作社就是获得流转土地的组织之一。兴农天力农机服务专业合作社成立于 2008 年，截至 2015 年已从十几个村的 1500 余户农民手中获得流转土地 1.2 万余亩，是目前北京市获得流转土地最多的一家专业合作社。流转的土地分为两个部分，一是集中经营的土地，约有 1 万亩，流转合同期为 10 年，流转价格为每亩每年 1200 元，每四年递增 5%。土地集中后，合作社依照"统一良种、统一播种、统一管理、统一防控、统一收获、统一销售、统一品牌"的原则，种植高产新品种并实施大规模机械化作业，充分发挥了大型农机装备的先进作用。一方面降低了种植成本，提高了亩效益。2014 年通过采取引进小麦节水抗旱抗倒伏品种、农机农艺融合进行播种等科学化管理措施，冬小麦亩产量达到 480 公斤、玉米亩产量

达到 620 公斤，亩效益达到 1400 元。另一方面降低了劳动力需求，节约了劳动力成本。原本经营这些土地需要 1500 个农户兼营，流转给该合作社后仅需 60 个社员负责。而解放出来的劳动力既可以转移到第二产业、第三产业就业，也可以到合作社工作。如 2013 年和 2014 年合作社就为 100 多位农民安排了就业岗位，人均工资 3000 元，并按照国家规定缴纳五项社会保险。二是以入股形式加入合作社的土地，这部分土地仍是农户自己耕种，但合作社为他们提供农机作业服务和其他技术服务。合作社的有机肥深松施肥机和太阳能自动追光装置等获得六项国家专利，此外，还有自行研制的玉米谷穗剥皮机、宽窄行播种机、小麦翻晒机、粮食装载机等多种实用性农机具，这些农机具大大降低了农户的劳动强度，提高了农业劳动效率。

2. 重视培养新型职业农民

2012 年中央一号文件正式提出要培养"新型职业农民"。新型职业农民指的是具有科学文化素质、掌握现代农业生产技能、具备一定经营管理能力，以农业收入作为主要生活来源，居住在农村或集镇的农业从业人员。而掌握现代农业生产技能是新型职业农民的核心特征，这不仅有益于农民增加收入，而且对我国农业现代化的实现有着巨大的推动作用。

顺义区北务镇北务村香逸葡萄园技术员董志军就是这类群体中的一员，她有 20 多年的葡萄种植经验，目前在葡萄园从事的主要是技术和部分管理工作，"虽然一年到头没有闲的时候，但是技术和管理工作不需要费很多体力，收入相对来说不算低（夫妇俩每个月的收入加起来 1 万多元），去年还获得国家农业项目补贴、技术培训补贴共 5 万元"。但谈及未来的打算时，董志军还是觉得在北京留不下，"我和爱人现在还没到 50 岁，对葡萄种植也已经有几十年经验了，再干个十年八年的不成问题，但你要说什么实现当农场主的梦想什么的我觉得不现实，现在不年轻了，没有时间做年轻时候的美梦，还是多挣点钱吧。因为想在北京留下几乎不可能，我们不属于单位，算是自己交五险一金的农民工或者个体户吧，当农民这辈子不可能拿到北京户口"。

除像董志军这样超过 40 岁的为生计努力的职业农民，北京市的新型职业农民里还包括一部分具有"新跨界、新思维、新技术、新流通"的"80 后"农民，他们称自己为"新农人"。这些人大多具有本科及以上学历，专业各不相同，来自五湖四海，因为对农业的兴趣、对食品安全的关注或者有当农场主的梦想而选择了这个行业。北京分享收获 CSA 农场里的 20 余位"80 后"农民就是这样的一群"新农人"，他们中 90% 以上有本科及以上学历，本科专业包括机械、建筑、土木工程等，家乡有河北、福建、江苏、宁夏、陕西等。而该农场的创办者石嫣是中国人民大学农业与农村发展学院博士毕业，清华大学人文与社会科学学院博士后，创办该农场的目的在于研究和推广社区食品安全项目，他们理念的特殊性在于，一是不单纯以营利为目的，二是推动学术实践，三是输出理念和孵化人才，四是重建消费者与生产者之间的信任。从 2012 年创办至今，已经拥有位于通州（西集镇马坊村 45 亩）和顺义（龙湾屯镇柳庄户村 40 亩）的两个基地农场，发展了 510 户会员家庭，会员可以通过微信、客服电话、淘宝、农夫市场等形式进行订货。

这 20 余位"新农人"主要负责生产环节的种植技术指导和培训、产品销售环节和售后服务环节，具体的种植、除草、饲养等生产环节则主要由从当地雇用的农民来做。另外，北京分享收获 CSA 农场的"新农人"们还创造性地开辟了公平贸易平台，帮助可信任的本地农户销售农产品；公开基地地址，让市民来基地包一块地，周末或闲时体验"半农半 X"的生活；到中小学校给 4～12 岁的中小学生进行农业科普知识讲座，给他们讲解植物的生长和种类等。总之，他们运用自己崭新的理想理念、思维方式和产销方式，为我国农业生产开拓了更广阔的天地，也为农民群体注入了新的生命力。

3. 吸纳外来人口务农

据北京市流动人口管理信息平台统计，截至 2012 年 7 月，全市共登记来京务农流动人口 12 万人。这一数值与上海市的情况近似。北京市农村经济收益分配统计年报显示，2014 年北京郊区农村经济 6 个经营层次外雇农民工人数 130048 人，比 2013 年的 136097 人减少 4.4%，比 2012 年的 163430 人减少 20.4%。在北京 14 个涉农区县中，2014 年外雇农民工最多的是顺义区，为 27852 人，占全市总数的 21.4%；最少的是延庆县，为 1604 人，占全市总数的 1.2%。另据北京市统计局数据，2013 年北京乡村居住半年以上常住外来人口 226.8 万人，其中从事第一产业者 5.7 万人。

根据北京市流动人口管理信息平台的数据，北京外来务农人员来源地区排在前 10 位的省份分别是：河北省（3.0 万人）、河南省（2.5 万人）、山东省（1.1 万人）、四川省（0.8 万人）、安徽省（0.6 万人）、黑龙江省（0.5 万人）、湖北省（0.4 万人）、内蒙古自治区（0.4 万人）、山西省（0.3 万人）、江苏省（0.3 万人）。这 10 个省份在京务农流动人口合计 9.9 万人，占来京务农流动人口数量的 82.5%。外来人员在京务农，成为北京农业发展的重要现象，也是北京应对农业人口老龄化的重要渠道。当然，这个渠道是自发产生和形成的，是市场化选择的结果。

（二）在"谁来养老，如何养老？"上的探索

针对子女外出务工后，农村老年人面临的"无人照看、无人做饭、无人关心"的难题，北京市根据"农村要依托行政村、较大自然村，充分利用农家大院等，建设日间照料中心、托老所、老年活动站等互助性养老服务设施"的要求（《国务院关于加快发展养老服务业的若干意见》（国发〔2013〕35号）），进行了诸多有益探索，具有代表性且较为成熟的包括福利型村级居家养老服务模式和镇级居家养老服务体系。

1. 福利型村级居家养老服务模式

福利型村级居家养老服务模式指村集体为本村老年人提供免费午餐、晚餐，休闲娱乐场所和设施，并根据老年人的需要提供简单的日间照料的养老服务模式。村级养老服务中心的运营经费主要来自各级政府补贴、专项老年经费补贴以及村集体自筹等。这种纯福利型村级集中养老模式具有一定的创新性和示范性，可以在情况相似的地区加以推广。但此类村级居家养老服务模式对村社区具有一定的要求，只有经济条件好、村集体经济收入高且村社区人口少、居民团结、凝聚力强的村社区，才有资金支持和被广泛接受认可的基础。村级居家养老服务也要求市县、乡镇等各级政府和村社区重视养老服务业的发展，并给予政策和资金方面的支持。

（1）延庆县井庄镇北地村居家养老服务情况。北地村地处延庆山区，位置偏僻，四面环山，110 国道从村东穿过，区域面积约 7.3 平方千米，山场面积约 660.7 公顷，耕地面积约 1.9 公顷。有农户 56 户，人口 130 人左右。有60 岁以上的老人 26 人，其中，90 岁以上的老人有 2 人，80 岁以上的老人有7 人。

过去，村民以种植玉米、高粱、蔬菜等作物为主，草药采集业为辅，2003年全村总经济收入为 55.1 万元，人均收入约 4140 元。2009 年，村内借助 110国道穿村而过、车流量比较大的优势，先后投入 160 万元在国道两边建立两大三小共五处停车场，并于当年实现了租赁经营，2013 年实现租金收入 102 万元。2013 年北地村经济总收入达到 217.7 万元，人均收入 16270 元。

由于北地村地处山区，农林牧渔业等第一产业发展条件不利，很多年轻人选择外出打工，村里的耕地基本上由村里有劳动能力的老年人耕种，用村支书的话说，就是"年轻人不屑于这点收入，很多一家子都出去了，就保留户口

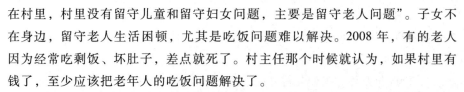

在村里，村里没有留守儿童和留守妇女问题，主要是留守老人问题"。子女不在身边，留守老人生活困顿，尤其是吃饭问题难以解决。2008 年，有的老人因为经常吃剩饭、坏肚子，差点就死了。村主任那个时候就认为，如果村里有钱了，至少应该把老年人的吃饭问题解决了。

因此，在村财政收入大幅增加后，2010 年 3 月北地村村委会通过决议，决定每年投入 20 万元资金，利用闲旧库房为 60 岁以上老人开办免费餐桌，取名为"颐年餐园"。村里雇用了三位本村妇女，常年为老年人做饭，从每年 4 月到 11 月，每日三餐，冬季（农闲时候）一日两餐。三位妇女的月工资是 2200 元左右。老人吃饭是完全免费的。吃饭、供暖、人工等各种为老人提供的服务所需的费用每年大约 17 万元。此外村内还为村老人提供托老服务，并设置了棋牌室、聊天室，以此消除老年人的孤独寂寞，让老年人享受天伦之乐；每月 5 日、15 日、25 日定期为老人进行免费体检，并建立健康档案，密切关注老年人的身体健康，让老人的身心都达到愉悦健康的状态。颐老餐园在 2013 年 10 月初已搬迁上楼，硬件设施更加完善。

在介绍本村经验时，村主任说："这种老人餐桌必须有足够的资金支持。"北地村老年人收入主要包括三个部分，一是山区生态效益补偿，每人每年 2000 元左右；二是村里集体分红，每人每年 3500 元左右；三是新农保养老金，每人每月 350 元。总的来说，老年人生活费每个月 1000 元左右。虽然生活费不低，但如果让老人自己拿钱，由社会来提供养老服务，大多数老年人还是难以接受。只有集体出资为老人提供一些免费的福利项目，老年人才能接受。

另外，村支书介绍说，村里曾经在村西头建立过托老所。但村里 26 名老人中，不能自理的只有一人，85 岁，有糖尿病、心脏病、骨质疏松等疾病，不能走路，需要自己的孩子以及老伴照顾（主要是老伴照顾）。其他的老年人生活都能自理。因此老年人都不去住托老所，后来就撤掉了。农村老年人更希望在自己家养老，尤其是生活不能自理的老人，因此村里实行家庭养老和集体养老相结合模式，即在家里住，到集体老年餐桌吃饭、娱乐。

村内的敬老爱老服务不仅为村中的老人提供了更舒适的晚年生活，也让在外打工的年轻人消除了后顾之忧。2013 年，北地村成为延庆县首个被评为"全国敬老文明号"的村级敬老单位。

（2）延庆县井庄镇王仲营村养老服务中心情况。王仲营村位于延庆县城东南 8 千米处，辖域面积 1.58 平方千米，共有 79 户，176 人，姓氏以王、霍、张、闻为主。据史料记载，王仲营村是清朝摄政王多尔衮率领清兵入关时旗人跑马圈地时所形成的村落。村中大部分满族人口为清朝时满族正黄旗后裔，村中王姓满族村民大部分为努尔哈赤的奶娘所遗后人，努尔哈赤创立八旗制度时将其编入正黄旗，享受特殊待遇。

自 2008 年开始，王仲营村开始发展五味子等中草药特色种植业和肉鸡养殖业。到 2014 年经济总收入达 500 万元左右，人均劳动所得超过 1.6 万元。

据王仲营村养老服务中心负责人介绍，村里的年轻人一般都在外打工，留守村里的老年人白天没人提供照料，吃饭饥一顿、饱一顿，在家待着无聊，而且有个磕磕碰碰也没人知道。根据这一现实情况，在井庄镇政府的引导下，王仲营村建立了村级养老服务中心，并于 2013 年 10 月投入运营，为全村 32 名 60 岁以上的老年人提供免费午餐、晚餐，休闲娱乐场所和设施，以及简单的日间照料（根据老年人的需要）。中心目前共有 2 名工作人员，兼顾做饭和保洁工作，均为享受"4050"待遇的人员，每月工资 1400 元。

养老服务中心的建设和运营经费主要由村里承担，除此以外，北京市老龄委给予养老服务中心建设补贴 9 万元，北京市民政局每年发放养老餐桌奖励 2 万元。据养老服务中心负责人介绍，仅为老年人提供午晚餐一项，每年花费已在 15 万元以上，除去自给自足的蔬菜部分，仍需要 10 万元左右。

我们调研时正是中午饭点，村里好几位老人早早就在养老服务中心门口转悠了，还有几位坐在门口凳子上聊天。饭和菜刚做好，养老服务中心的负责人王秀平就张罗他们进去吃饭了。老人们陆续跟着进了餐厅，井然有序地从柜子里取出餐盒，排队打完饭后就各自找位置吃饭了。调研这天的三菜分别是土豆红烧肉、西红柿鸡蛋和豆角炒肉，主食是米饭和馒头。老人们吃得津津有味，对于村里提供的这些养老服务，老人们也是赞不绝口。如霍恩富老人就说："有了这个食堂，我们吃饭方便多了，拿个筷子就行，没想到好时候被我们这拨人赶上了。"

2. 镇级居家养老服务体系

北京市目前有多个乡镇在积极建设镇级居家养老服务体系，其中大兴区魏善庄镇已经基本建设完成。

魏善庄镇位于大兴区黄村卫星城南 8 千米，距市区 25 千米，总面积 81.5 平方千米，总人口 3.25 万人，下辖 39 个行政村，全镇绿化面积占耕地面积的 50%，镇域内的"半壁店森林公园"是北京市唯一的人造森林公园，园内建有北京星明湖度假村、绿茵花园别墅，占地 200 余公顷。全镇共有 60 岁以上老年人 6857 位，其中 90 岁以上老年人 39 位，60 岁以上老年人在全镇总人口

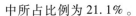

中所占比例为 21.1%。

魏善庄镇目前已初步建成由镇级养老服务中心、片级社区卫生服务站和村级农村幸福院组成的"三位一体、医养结合、分级服务"式的网格化居家养老服务体系。

2009 年，魏善庄镇就成立了以镇内民营的颐乐养老院为培训和管理平台的镇级居家养老服务中心。最具特色的是居家养老服务中心为全镇 75 岁以上老年人及 60 岁以上生活部分或全部不能自理老年人安装和开通的"一键通"智能呼叫系统，利用高科技的数字平台保证了老年人及时准确地获得相应的服务和救助。该呼叫系统有工作人员 24 小时在线，老年人在遇到问题或有服务需要时按动呼叫按钮，他们的信息就会出现在服务中心的平台上，服务中心的工作人员则会第一时间回拨电话联系老人、了解情况和需求，若联系不上，则通知所在村养老服务人员上门查看，同时通知家属。根据居家养老服务中心徐主任介绍，"一键通"呼叫系统自开通以来已经为 50 余位老人提供了便利帮助，具体服务以紧急就医为主，其他还包括家庭保洁、餐饮配送等。就在我们调研的前两天，有位高龄老人独自在家，儿子儿媳带孙子出去和朋友聚会，晚上 7 点该老人突发心脏病，幸亏呼叫了养老服务中心，工作人员及时帮其拨打了 120 急救中心，才得以保住性命。接下来该镇计划加大力度培训镇级居家养老服务中心的专业人员队伍，通过针对不同老年人的个人完全购买、政府部分购买或政府全部购买社会服务的方式，为老年人提供生活起居、家务帮助、疾病照料等方面的专业性服务。

魏善庄镇社区卫生服务中心下设 8 个社区卫生服务站，目前已经实现片区内老年人病例全部保留，健康管理 100% 覆盖。同时魏善庄镇社区卫生服务中心工作人员每年到各片区卫生服务站或入村为村里老人提供免费体检。2015 年的老年人免费体检工作于 2015 年 4 月 24 日至 6 月 4 日展开，体检对象是魏善庄镇 39 个村的 60 岁以上无保障老年人及 65 岁以上老人，体检项目包括体温、脉搏、呼吸、血压、身高、体重、腰围、皮肤、浅表淋巴结、心脏、肺部、腹部等常规体格检查，并对口腔、视力、听力和运动功能、血常规、尿常规、肝功能（血清谷草转氨酶、血清谷丙转氨酶和总胆红素）、肾功能（血清肌酐和血尿素氮）、空腹血糖、血脂进行检测，同时做心电图。[①] 同时，魏善

---

① 《魏善庄镇社区卫生服务中心开展"老年人免费体检"工作的通知》，http：//service. bjchs. org. cn/fugg/165250. jhtml? 1516。

庄镇计划在各片区的社区卫生服务站建立老年人日间照料中心，为有需求的老年人提供日间照料。

为达到老年人居家养老、互助养老的目的，目前魏善庄镇已经有16个行政村建立了农村幸福院。就现有实施情况来看，主要满足的是老年人有地吃饭、守望相助的生活照料和精神慰藉需求。从老年人有地吃饭角度来看，魏善庄镇以行政村为单位成立了便民早餐（目前有6个村开始正常运营），由经过筛选的有资质企业或可信赖的本村居民经营，区商委给予成立补贴、村集体给予一定的运营补贴，保证早餐价格公道、质量过关。另外，每位户籍老年人有一张就餐卡，可以将与养老券等面值的金额充入就餐卡，村集体同时给予每位户籍老年人每天5元补贴。从老年人守望相助角度来看，一般农村幸福院与老年活动站、文化大院共用一个大场地，村里的老年人基本都在这个场地里活动。"他们在家里闲着没事做，大家都是几十年的老邻居了，只要能动基本每天都会到活动站去，一起聊聊天、活动活动，彼此之间仿佛形成了一种无声的默契，如果有天哪位老人没来，大家就会互相问看他去哪了，如果不知道就派个住得近的去家里看看。"这种互助养老的方式实际上无形中也给老年人传递着一种集体、归属、温暖、安全的力量。

（三）在"谁来治理，如何治理"上的探索

中国乡村治理正处于从传统的权力支配型村居管理模式转向现代的自治服务型乡村治理模式的转型期。2015年中央一号文件提出要创新和完善乡村治理机制。在农村青壮年劳动力外出务工、农村人口年龄结构不断老龄化的现实情况下，北京市一些村庄在"谁来治理，如何治理？"上进行了积极探索。我们以北京市怀柔区渤海镇北沟村为例，展示村庄民主治理的路子。

怀柔区渤海镇北沟村是怀柔区长城国际文化村所辖的四个行政村（田仙峪村、北沟村、慕田峪村和辛营村）之一，占地3.22平方千米，全村138户，户籍人口350人，该村有党员32名，村干部5名，居住有外国国籍人员17人。2004年以前，北沟村是渤海镇远近闻名的贫困村，村集体外欠80余万元贷款，人均年纯收入不足5000元。2004年北沟村成立新的领导班子，到2014年该村人均年纯收入达1.9万元。经过10年的建设和治理，该村探索出了一条"以法治村、以文化人、以业兴村"的村庄治理之路。

2003年冬，在外地经营琉璃厂的王全回到村里，于2004年4月经全村党员大会民主选举当选为北沟村党支部书记。2013年王全当选为第十二届全国

人大代表。在王全的带领下，北沟村探索出了一条村庄治理的新路子，比较合理有效地解决了农民增收难、农产品销售难、乡村环境整治难、乡村公共服务提供难、乡村矛盾调处难等问题，取得了较好的村庄治理绩效。2004～2014年，北沟村已先后获得全国民主法治示范村（2009 年）、全国先进基层党组织（2011 年）、全国文明村镇（2011 年）、中国最有魅力休闲乡村（2012 年）等几十项国家级、北京市级荣誉称号。北沟村治理的主要做法和特点有以下几个方面。

一是树正气，重塑村庄精英政治生态。孔子说："政者，正也。子帅以正，孰敢不正？"立身以正，执政以正，言行以正，这是中国政治思想的黄金定律。唯有立身正、为政正，才能聚人心、合众力，开拓施政新局面。王全作为一名中国最基层的村庄政治精英，明白正义、正气、正直对一个村庄政治生态和治理的价值和意义。首先，村支书带头放弃企业经营。一段时期以来，我国不少地方鼓励和倡导能人治村，一些善于经商投资的所谓能人纷纷当上了村干部。能人治村有一定的积极意义，但也不能忽视其严重的消极影响。善于经商投资的能人当上村干部后，一手掌握村庄公共权力，一手谋划个人经商发财，这种权钱不分、官商不分的体制极易造成村庄治理腐败，败坏村庄政治生态。王全担任北沟村党支部书记后，主动放弃自己经营多年的琉璃瓦厂，并规定北沟村"两委"干部的家属不能参与村内工程的施工。一个村庄的草根书记能有这种认识和境界，确实令我们这些调研人员感叹。其次，村党员干部带头做好服务。为民服务是执政党的宗旨，本应是党员干部的职责所系，但在实际工作中，一些党员干部宗旨观念淡薄，言行官僚化。老子说："天下大事，必作于细。"针对这些问题，该村在村党支部书记的带领下，坚持从小事做起，告别官僚习气，强化服务意识。该村党员干部每人"认领"了一片卫生区，32 名党员分成 6 个小组，每 1 名党员帮带 10 位村民，每月 5 日早晨村里党员带领本小组成员打扫村庄卫生。村党员干部用实际行动在村民心目中树立起"能干事、干实事"的形象，同时激发了村民参与村庄公共事务的积极性。最后，村党员干部带头强化责任。2004 年之前不少党员干部利用权力和地位在自家宅基地或村里闲置土地上乱堆乱建，或因侵犯其他村民利益而产生民事纠纷。为避免党员干部滥用职权谋取私利，北沟村"两委班子"讨论决定，凡党员干部提出的纠纷均不予解决。久而久之，党员干部的不当利益不再得到保护，他们同时身兼帮扶帮带的责任，权力在他们手里逐渐转变成帮助村民的工具，而非谋取私利的手段。

二是定规矩，培育村庄内生规则意识。无规矩不成方圆。不管是国家，还是村庄，要有好的治理，都必须定规矩，按规矩办事。国家层面按规矩办事，就是依法治国、依法执政、依法行政；村庄层面按规矩办事，一个重要方面就是要将国家法律法规与当地民情习俗实际结合起来，制定村规民约、遵守村规民约、执行村规民约。只有走依法依规治村的路子，让村干部和村民都具有规则意识，村干部和村民的文明素质才会逐步提高，村庄的文明秩序才能内生性地建立起来，村庄治理才能稳定有序地运行。我们在调研中发现，该村村规民约有四个鲜明特点。其一是决不照搬照抄外村经验，完全立足本村实际。与一些村照搬照抄外村的村规民约不同，北沟村村规民约完全是结合该村实际情况一条一条讨论研究制定出来的，充分体现了当地的实际情况，符合全体村民的基本诉求。其二是经过严格的民主讨论和通过程序。北沟村村规民约经过村支部提议、村"两委"商议、党员大会和村民代表会讨论，村民代表大会同意通过，村民代表签字，同时印制成册，每户一本。其三是村规民约涉及村干部和村民生产生活的各个方面，非常具体详细。北沟村现行的村规民约涵盖 25 个大的方面，共 260 余项具体规定，内容非常详尽、切合实际，体现了该村治理上的精细化水平。其四是保持了村规民约的连续性、长期性。现行村规民约于 2007 年 12 月 29 日经全体村民代表会议讨论通过，2008 年 1 月 1 日起实行。2009 年 7 月 15 日，该村又制定和通过了补充条款。2010 年 8 月 16 日，该村第八届村民代表会议通过决议，明确第八届村委会今后 3 年继续执行《北沟村村规民约》。

三是明责任，强化村庄干部责任担当。2012 年习近平总书记在首都各界纪念现行宪法公布施行三十周年大会的讲话中指出："有权必有责，用权受监督，失职要问责，违法要追究，保证人民赋予的权力始终用来为人民谋利益。"大到中央领导，小到村庄干部，拥有权力就意味着担当责任，就要为人民谋福利，就要接受群众监督。北沟村本着"村庄政务公平公正透明"的原则，实行村干部责任制，将村庄事务明确落实到了每名村干部身上。其一是实行工作目标管理，强化村干部责任。北沟村每年都将本村年度评星晋级争创措施落实到党支部和村委会班子的责任人，并贴在村委宣传栏里进行公示；村里各家各户的居家动态、村委会服务项目、负责村干部名单，都通过张贴、开会等形式让村民知晓，做到按制度办事，有据可依、有章可循、有人可问。其二是进行自我监督和群众监督。坚持每季度开展一次述职述廉，领导班子和"两委"干部及时向群众公开决策事项、资金使用、履职情况等。其三是扩大村民自治与多方参与。挑选村里老书记、老干部、党员代表及能力突出、口碑较好的村民，组建村级事务顾问组，参与村里重大事项决策。村"两委"每年为村民解决一次纠纷，村级事务顾问组成员与村干部共同为纠纷做出裁断。

四是强服务，推动村庄权力转型。党的十八大报告明确提出，要"以服务群众、做群众工作为主要任务，加强基层服务型党组织建设"。这是党在基层组织执政方式和工作方法上的重大改变。2014年5月中共中央办公厅发布《关于加强基层服务型党组织建设的意见》，进一步明确了农村服务型党组织的服务内容，即要围绕推动科学发展、带领农民致富、密切联系群众、维护农村稳定搞好服务，引导农民进行合作经营、联户经营，开展逐户走访、包户帮扶，及时办理、反馈群众诉求，帮助群众和困难党员解决生产生活、增收致富中的实际问题。近年来北沟村不断推动村庄权力转型，从村庄权力管治型转向服务型，加强服务型党组织建设，力求为村庄经济社会发展服务，为村民增收致富和安居乐业服务。该村从一件件惠及经济民生的实事、好事抓起，树立服务意识，推动服务兴村。2005~2015年，北沟村竭力为外国人投资兴业服务，克服了许多困难，终于陆续将几块闲置宅基地租给外来居住和投资的外国人，这些外国人最多的投资了2700万元建设农家乐，不仅提高了北沟村的知名度，还解决了村里约30人的就业。这些投资在租赁到期后也将无偿赠予北沟村。为保护板栗销售价格，降低销售成本，解决农户与市场的对接难题，北沟村成立了村级板栗种植合作社，2015年以市场价收购社员板栗，再统一以5元/斤的价格卖给板栗大户，刨除开支后将剩余收益以分红的形式返还社员。为解决留守老人"无处娱乐、无人照料"的问题，2015年北沟村在上级有关部门的支持下，投入100多万元建设村老年活动站，并于2015年12月建成使用。该老年活动站为村庄老年人提供免费洗澡、用餐、体检和日常娱乐活动等服务项目。

五是讲道德，夯实村庄价值认同。对一个国家、一个民族、一个集体来说，最持久、最深层的力量是拥有共同认可的价值观。随着农村经济市场化和工业化、城镇化的快速推进，北沟村也面临传统农耕文明消失、家庭组织形式和功能转变、乡村社会价值淡化等问题，邻里纠纷、婆媳矛盾等时有发生，人心不齐，凝聚力不强。为此，北沟村"两委"决定重拾中华优秀传统文化和传统美德，夯实乡村建设的基石，为乡村道德文化建设提供一套结构化和符号化的学习标准。首先，该村定期组织村民学习《弟子规》《三字经》《论语》《庄子》等传统经典，并不定期开展村民演讲、村干部宣讲、儿童表演等文化活动，形成了

"周一听（村级广播）、周中看（宣传橱窗）、周末围着屏幕转（数字影院）"的立体式学习模式。其次，村集体以传统文化建设为主题，修缮乡村基础设施，在村里主要街道两边安装了美德壁画60余块，建设以"二十四孝""三字经""弟子规"等传统文化经典故事为主题的千米浮雕文化长廊，设计文化雕塑4尊，在村务办公室、民俗餐厅、农家院悬挂字画200余幅，营造了浓厚的文化氛围。最后，北沟村还围绕文明创建的主题，坚持开展"十星级文明户""好公婆""好儿媳"评选活动，树典型、勤宣传，引领村民文明向善，尊老爱幼让家庭更和美，守望相助让邻里更和谐，天下归仁让乡风更文明。

六是兴产业，打造国际文化新村。发展产业是村庄兴盛的物质基础，也是村庄治理的重要环节。北沟村依托慕田峪长城这一景观优势，重点打造了以传统文化与国际文化相融合为特色的休闲旅游产业，成功探索出了一条产业兴村之路。2005年，美籍华人唐亮女士在北沟村投资建设了商务会所——"小庐面"，揭开了外国居民入住北沟村的序幕。通过唐亮女士牵线搭桥，陆续有12户来自美国、加拿大、荷兰等国家的外国朋友在北沟村安家置业。受外来元素的刺激和影响，一批展示京郊民俗、健康时尚的农家院也开始出现在北沟村。其中，由村集体出资建设、由扎根农村创业的大学生村干部经营管理的"北旮旯乡情驿栈"尤为突出。这个集绿色蔬菜种植、虹鳟鱼养殖、民俗餐饮住宿以及土特产品销售于一体的农家院，开业一年半，已接待旅游观光者6万多人次，创旅游综合收入200万元，纯利润达60余万元。目前，怀柔区渤海镇已基本形成了"吃在田仙峪、住在北沟村、游在慕田峪、购在西营村"的连片国际文化乡村旅游带。

五 应对农村劳动力老龄化的对策建议

农村劳动力老龄化是影响农村改革发展和社会可持续发展的重大战略问题，需要政府引起高度重视并制定相应的公共政策加以积极应对。我们主要围绕"谁来种地，如何种地？谁来养老，如何养老？谁来治理，如何治理？"这三个方面，提出如下对策建议。

（一）加快引导农村土地经营权有序流转

引导农村土地经营权有序流转，可以将分散的土地集中起来，开展适度规模经营，这有利于农业从劳动密集型向资金技术密集型转变，将老年农业劳动力从农业劳动中解放出来，是有效应对农村人口老龄化的重要举措。从本研究调查结果可以看出，北京市农村居民在已完成流转土地效果的示范和带动效应下，具有较强的土地流转意愿。2014 年 11 月，中共中央办公厅、国务院办公厅印发的《关于引导农村土地经营权有序流转发展农业适度规模经营的意见》对农村土地经营权流转做了一系列非常具体的规定。农业部部长韩长赋认为《意见》是今后 10～20 年农村土地制度和农业经营制度改革创新的指南。在此，我们特别强调以下几点。一是不能将农村土地流转与地方政府政绩以及村干部工作业绩挂钩。历史经验表明，再好的公共政策一旦与干部的政绩挂上钩，一切都可能被扭曲，最后常常带来事与愿违的结果。各级干部一旦有了某种工作的政绩压力，就会利用手中不受制约的权力迫使农民就范，最后变成权力主导下的土地流转运动。这样的教训非常多，不可不加以防范。二是要把土地流转的自主权交给农民。农村承包土地流不流转，关键看农民的意愿。农民可以流转土地，也可以不流转土地，这完全是农民的基本权利。任何强迫农民流转或强制农民不流转的行为，都是对农民权利的剥夺，必须受到法律制裁。政府的主要职责是建立农村土地流转的政策制度体系，农民在土地制度体系中，可以做出自己的独立判断和自由选择。政府可以制定优惠政策引导和鼓励农村承包土地经营权流转。在农村承包土地的承包农民和经营农民之间，政府应当保持中立，并且公平维护承包方和经营方各自的权利，不得因为强调推动土地流转就压制承包方而偏袒经营方。在农村承包土地的承包权与经营权分离的情况下，承包方与经营方都是中国的农民，都需要得到公平的法律保护。三是要培育和规范土地流转市场，健全农业社会化服务体系。政府重在制定农村土地流转政策制度，为土地流转的流出方和流入方提供制度平台，充分发挥市场的决定性作用。同时，要突出加强农业社会化服务体系建设，拓展农业社会化服务领域，提高农业社会化服务水平，加快实现农业社会化服务的规模化、精细化和现代化。

（二）加快培育新型职业农民

促进农业科技创新，培育新型职业农民，是转变传统农民与农业形象、吸引新兴劳动力参与到农业生产中来的重要途径。2012 年中央一号文件即提出要"大力培育新型职业农民"，2014 年又提出要"加大对新型职业农民和新型农业经营主体领办人的教育培训力度"，2015 年中央一号文件《关于加大改革创新力度加快农业现代化建设的若干意见》明确提出，要健全农业科技创新激励机制，完善科研院所、高校科研人员与企业人才流动和兼职制度，推进科研成果使用、处置、收益管理和科技人员股权激励改革试点，激发科技人员创新创业的积极性。北京市作为我国首都和人口超过 2000 万的超级大城市，培养新型职业农民的着力点主要有以下几点。一是要保护和提升一大批传统农民。对于已经长期从事农业生产的传统农民，既要保护他们的农业生产积极性，又要与时俱进地提升传统农民的综合素质。二是要培养和造就一大批新型农民。鼓励和引导城镇年轻人返乡从事现代农业生产，着力吸引一批拥有农业学科背景、立志促进农村经济发展的青年农业接班人加入到北京农业行业中来，大力培育"现代农业创客"，为他们加快成长为京郊现代农业的"新农人"创造条件、提供服务，推动新时期"互联网 + 农业"的发展。三是吸纳和保护一大批外来农民。非京籍外来务农人员已逐渐成为北京市农业劳动力的重要组成部分，是应对北京农业劳动力老龄化最直接的重要力量源泉。各级各部门要从现代农业发展的战略高度，妥善解决外来务农人员的农地经营权和基本公共服务等诸多现实问题，切实维护外来务农人员的基本权益，使外来农民与本地农民一样享有平等的权益。四是切实加大农业从业者的培训力度。要把农业从业者的全面培训作为重中之重，切实加大农业人力资本投入，特别是加大对专业大户、家庭农场经营者、农民合作社带头人、农业企业经营管理人员、农业社会化服务人员、返乡农民工的培训力度，不断提高农业从业者的思想文化水平、专业技术水准、市场竞争与合作能力。五是要推动农业科技创新，加快农业科技成果转化，减轻农业劳动强度，提高农业生产率。六是要大力促进三次产业融合发展，延长农业产业链条，大力发展休闲农业和乡村旅游业这一郊区农村经济新的增长点，鼓励和帮扶农业劳动力开展多种形式的休闲旅游观光采摘营销活动，切实提高农业就业者的实际收入，全面开放农业全产业链的就业空间，让更多的人从事农业全产业链服务。

（三）加快实现城乡基本公共服务均等化

破除城乡二元体制，推进城乡一体化，加快实现城乡基本公共服务均等化，是有效应对农村和农业劳动力老龄化的重要制度保障。2015 年 4 月 30 日，习近平总书记在主持中共中央政治局第 22 次集体学习时强调，推进城乡发展一体化的着力点是通过建立城乡融合的体制机制，形成以工促农、以城带乡、工农互惠、城乡一体的新型工农城乡关系，目标是逐步实现城乡居民基本权益平等化、城乡公共服务均等化、城乡居民收入均衡化、城乡要素配置合理化，以及城乡产业发展融合化。加快推进城乡发展一体化的核心，就是要改革城乡二元体制，废除城乡不平等的制度安排，建立城乡平等的公共政策，实现城乡居民权利平等。一是要通过城乡一体化改革，废除农业户籍制度，建立农民职业制度，从体制机制上保障农业成为体面的职业：一方面使农民不再是一种不平等的户籍身份，而是一种平等的职业身份；另一方面使农业这种职业与其他所有职业一样，平等向全体人员开放，农业不再是传统户籍农民才能从事的封闭性产业，而是所有人都可以选择的现代开放性产业。通过改革，使农业成为有希望的体面产业，使农民成为有尊严的现代劳动者，使农村成为休闲宜居的乐园。二是要按照以人为核心的新型城镇化的要求，加快推进农民工市民化，鼓励和帮助农村居民带着财产和家庭进城定居生活，特别是要重点保护家庭的价值，使农民家庭不为城镇化所分割，切实让城乡居民在城乡之间自主选择职业和居所，自由追求幸福生活。三是要健全农村公共服务体系建设，实现城乡基本公共服务远行化，不断提高农村劳动力的社会保障水平，使职业农民与其他行业就业人员一样享受均等的医疗、养老、救助等社会保障待遇，特别是要建立普惠型的农村老人福利制度和家庭福利制度，不断提高老人福利和家庭福利保障水平。

（四）加快提高农村老年人生活质量

随着农村老年人口的迅速增加，农村养老已成为最现实、最迫切的经济社会问题。保障老年农民安度晚年，过上幸福的晚年生活，提高农村老年人生活质量，实现老有所养、老有所医、老有所为、老有所学、老有所依、老有所乐，是时代赋予我们的重大使命。一是要在尊重农民意愿的前提下，有序推进承包土地流转，培养农业接班人，将老年农民，特别是高龄农民从繁重的农业劳动中解放出来，使他们过上农业退休后的生活。二是要着重解决农村留守老人，尤其是失能、高龄、丧偶的留守老人群体的孤独和缺乏照料等问题。政府应明确和强化对农村老人生活照料和精神慰藉的职责，重点加强发挥对高龄、丧偶、失能、留守等特殊困难老年人的生活托底保障作用。在政策支持上，应通过减免税收、购买服务等优惠政策和扶持措施鼓励农村富余劳动力开办小型家政护理公司，培育发展农村老年人自治组织（老年协会）、非营利性老年服务组织和志愿服务组织；同时政府应从保障、救济的目标出发，通过政府购买服务的方式，缓解农村高龄、丧偶、失能的留守老年群体的无人照料难题。在财政投入上，应增加对农村养老照料服务中心的财政转移支付力度，尽快建立市、区（县）、乡（镇）三级财政养老服务补贴专项拨款的长效财政保障机制。三是要加快试点建立覆盖城乡的老年人长期照护保险制度。在建立和完善农村老人医疗、养老保障的基础上，积极推进与农村当地相适应的养老服务体系建设，加快建立老人长期照护保险制度，建成全面覆盖城乡的养老服务体系。四是针对农村老年人内部分层明显的特点，要充分发挥市场和社会在养老服务上的积极作用，促使不同层次、多样化的社会养老服务业发展，更好地满足不同层次农村老年人的养老服务需求。

（五）加快传承和弘扬中华优秀传统文化

习近平总书记多次强调要传承和弘扬中华优秀传统文化。他指出："优秀传统文化可以说是中华民族永远不能离别的精神家园。"中华民族之所以几千年屹立于世界民族之林，就在于"中华文明源远流长，孕育了中华民族的宝贵精神品格，培育了中国人民的崇高价值追求。自强不息、厚德载物的思想，支撑着中华民族生生不息、薪火相传"。我国不正常的人口老龄化，在很大程度上就是因为背离了中华优秀传统文化。积极应对农村人口老龄化问题，必须从中华文明中汲取智慧与营养。一是要传承和弘扬中华民族的农本文化。中国是著名的农业大国，创造了世界史上惊人的农耕文明，有着悠久深厚的农本思想和农本文化。宋代陈敷的《农书》、元代司农司的《农桑辑要》、明代马一龙的《农说》、清代包世臣的《齐民四术》等是我国历史上著名的农本思想专著。历朝历代的当政者都非常重视农业，汉文帝开创了天子扶犁亲耕的仪式，公元前178年正月丁亥日，汉文帝下诏，称"夫农，天下之本也"。皇帝躬耕以劝百姓。众所周知的口头禅"一亩三分地"，就是皇帝亲耕的耤田。从"农为天下之本"，到后来的"农业是国民经济的基础"，再到近些年来中央强调要把解决"三农"问题作为全党工作的"重中之重"，可以看出当政者头脑中始终存在的重农理念。但在市场化、工业化、城镇化进程中，农业被削弱、农村被掠夺、农民被歧视的问题相当突出。我们亟须从中华传统农本文化中吸取经验，重新认识现代化进程中的农业、农村和农民的巨大价值。二是要传承和弘扬中华民族的孝道文化。儒家强调"百善孝为先"，"罪莫大于不孝"。《孝经》说："夫孝，德之本也，教之所由生也。"孔子说："夫孝，天之经也，地之义也，民之行也。"中国传统文化特别重视敬老、重视孝道，儒家士大夫甚至皇帝都强调以孝治天下。所谓孝，就是子女赡养父母的责任和担当。孟子所说的"老吾老以及人之老"，就是将子女对父母的感恩之情与赡养之责推而广之，由家庭延及全社会。尊老爱幼是中国家庭文化的重要基因。我们当前面临的老龄化社会，迫切需要传承和弘扬中华民族的孝道文化，倡导尊老爱幼的优良传统，让每一个老人都能安度晚年。三是要传承和弘扬中华民族的乡村自治文化。中国历史上有"皇权不下县，县下靠自治"的传统。20世纪以来，连续不断的革命，完全摧毁了乡村自治传统，国家权力全面深入和控制乡村。特别是在城乡二元体制下，乡村的精英单向地向城镇流动，造成乡村治理人才的严重欠缺。我们要将中华传统自治文化与现代民主文化有机结合起来，形成适应乡村需要、体现时代特征的现代乡村民主自治。一方面，要打破城乡二元体制，实现城乡人才的双向流动，特别是创造有利于城镇人才进入乡村参与治理的体制机制。另一方面，要培育新的乡贤人才，形成新的乡贤文化。浙江省绍兴市上虞的乡贤文化建设值得借鉴。要为有志于乡村治理的精英提供开放的参与治理平台。四是要传承和弘扬中华民族"守望相助"的传统乡村习俗。积极加强农村社区建设，鼓励老年人放大交往圈子，积极调节身边其他可以提供帮助和交往的资源，充分发挥与其他非正式支持资源之间的互惠互助。主要途径是建立农村社区服务中心和老年人活动中心，将其发展成为农村老年人生活、人际交往等各方面活动的主要场所，建立农村老年人对村委会、社区工作人员和邻里伙伴的感情，在此基础上充分挖掘社区成员之间互助的潜力，鼓励邻里之间相互帮助，提高其互助能力。

（六）加快调整计划生育政策

长期以来，北京是执行计划生育政策最严格的地区之一。现在，北京也是人口老龄化最严重的城市之一。任何一项公共政策经过长期的严格执行后，都可能产生新的问题，需要与时俱进地进行改革与完善。实行了30多年的计划生育政策，加速了人口老龄化，已经使人口结构发生了历史性的重大变化。我们需要实事求是地正视农村人口老龄化严重问题，加快调整计划生育政策。1980年9月，《中共中央关于控制我国人口增长问题致全体共产党员共青团员的公开信》在提出"每对夫妇只生育一个孩子"的同时也明确指出："到三十年以后，目前特别紧张的人口增长问题就可以缓和，也就可以采取不同的人口政策了。"已推行30多年的计划生育政策，现在到了必须加快调整步伐的时候了。2013年12月，中共中央、国务院印发《关于调整完善生育政策的意见》，开始实施"单独二孩"政策。这是对长期铁板一块的计划生育政策的首次重要调整。但这种调整的力度和效果还不足以改变长期计划生育政策所造成的严重人口老龄化等诸多危机。生育权是人的基本权利，尊重和保障生育权，既事关亿万家庭的生活幸福，又事关国家和民族的持续繁荣发展。在一些地方，强制计划生育政策已严重扭曲到了与老百姓生育和生命为敌的可怕地步。在建设法治中国的进程中，我们必须摒弃长期的计划思维和计划方式，树立全新的法治思维和法治方式，尊重和保障公民的基本权利，传承和弘扬中华民族的生育文化。当前，要尽快实施全面放开二孩生育政策，同时要以全新的法治思维和权利观念，保障公民的自主生育权，鼓励生育，保护家庭，做到民之所好好之，民之所恶恶之。在改革计划生育政策制度上，我们需要迈出新的一大步，即尊重和保障公民的生育自主权，加快计生政策改革，将计划生育机构全面转型为家庭健康护理机构。建议制定《家庭保护法》，从立法上全面保护家庭。基层计划生育部门要与时俱进地全面转型为家庭保健和养老服务机构，一部分划归卫生部门管理，一部分划归民政部门管理。鼓励和奖励家庭生育，保障公民自主生育权，建立家庭健康制度和家庭福利制度，重建中华家庭文明，重塑中华家庭幸福，实现人口的正常繁衍和可持续发展。

（七）加快老龄化社会法治建设

我国人口老龄化加速发展，但有关老龄化方面的法治建设明显滞后。在全面推进依法治国、建设法治中国的进程中，要加快建设有关人口老龄化方面的法治建设。特别是有关立法部门，要承担起应有的立法责任，不能"为官不为"。一是要加快建立敬老、养老、助老法律法规体系。新修订的《中华人民共和国老年人权益保障法》是我国最重要的老年人权益保障专项法律，但相关法律体系建设明显不足。要参照国际经验，加快敬老方面的系列立法，建立系统的敬老、养老法律体系。建议专门制定《老年人福利法》，全面建立和保障老年人社会福利。要建立普惠型的老年人年金制度，每月给全体老年人发放老人年金或敬老津贴。2008年北京市建立福利养老金政策，凡具有本市户籍、年满60周岁，且没有享受到社会养老保障待遇的城乡老年人均可以申领。当年福利养老金每人每月200元。到2015年，北京市福利养老金每人每月增加到350元。建议将福利养老金政策上升为法律法规，同时提高福利养老金的标准。二是要修订或制定与《老年人权益保障法》相配套的养老、敬老行政法规和地方规章。比如该法第十八条规定："与老年人分开居住的家庭成员，应当经常看望或者问候老年人。用人单位应当按照国家有关规定保障赡养人探亲休假的权利。"但现行《国务院关于职工探亲待遇的规定》规定："已婚职工探望父母的，每四年给假一次，假期为 20 天。"建议重新制定有关探亲待遇条例，不管未婚或已婚，均规定一年一次探亲假，并报销往返路费，以鼓励子女经常看望不在一起居住的老年人。同时，建议每年农历九月初九"敬老日"放假一天，国家领导人应在敬老日发表敬老、养老、助老讲话，有关部门要开展相关敬老、养老、助老活动，举办敬老、养老、助老相关仪式，表彰敬老、养老、助老优秀人物。三是要改革住房和税收制度。要着眼于鼓励家庭成员与老年人共同居住生活，全面改革相关住房制度、税收制度、社会福利制度，凡是与老人共同居住生活的家庭，在住房面积、住房贷款等方面给予全面的政策优惠与支持，在个人所得税等方面给予减免，在家庭福利保障上给予实质性生活补贴，等等，切实为家庭的团聚、和睦、幸福提供政策法律保障。此外，要建立健全其他有关涉及老年人权益和生活水准问题的法律，以体现中华传统敬老、养老美德与现代福利国家精神。

参考文献

费孝通：《乡土中国》，生活·读书·新知三联书店，1985。

易富贤：《大国空巢》，中国发展出版社，2013。

党俊武：《老龄社会的革命——人类的风险和前景》，人民出版社，2014。

查瑞传：《查瑞传文集》，中国人口出版社，2001。

朱启臻、赵晨鸣主编《农民为什么离开土地》，人民日报出版社，2011。

姜向群、杜鹏主编《中国人口老龄化和老龄事业发展报告》，中国人民大学出版社，2013。

焦必方、孙彬彬：《日本现代农村建设研究》，复旦大学出版社，2009。

曹东勃编著《职业农民的兴起——对长三角地区"农民荒"现象的研究》，中国政法大学出版社，2013。

宋健：《中国农村人口的收入与养老》，中国人民大学出版社，2006。

叶敬忠、贺聪志：《静默夕阳——中国农村留守老人》，社会科学文献出版社，2008。

〔法〕H. 孟德拉斯：《农民的终结》，李培林译，社会科学文献出版社，2010。

宋金文：《日本农村社会保障》，中国社会科学出版社，2007。

养老服务体系建设领导小组办公室编《全国养老服务基本情况汇编》，中国社会出版社，2010。

胡必亮：《雁田新治理》，中国社会科学出版社，2012。

王习明：《城乡统筹进程中的乡村治理变革研究》，人民出版社，2012。

徐勇、赵永茂主编《土地流转与乡村治理》，社会科学文献出版社，2010。

秦谱德、谭克俭、王进龙、丁润萍主编《应对人口老龄化战略研究》，社会科学文献出版社，2012。

马小红、胡玉萍、尹德挺：《当代北京人口》（上、下），中国人民大学出版社，2014。

北京人口发展研究中心编《北京人口发展报告2013》，社会科学文献出版社，2014。

李澜、李阳：《我国农业劳动力老龄化问题研究——基于全国第二次农业普查数据的分析》，《农业经济问题》2009年第6期。

李宗才：《农村劳动力老龄化研究及对策》，《科学社会主义》2007年第6期。

李昱、赵连阁：《农业劳动力"老龄化"现象及其对农业生产的影响——基于辽宁省的实证分析》，《农业经济问题》2009年第10期。

杜鹏、丁志宏、李全棉等：《农村子女外出务工对留守老人的影响》，《人口研究》2004年第6期。

白南生、李靖、陈晨：《子女外出务工、转移收入与农村老人农业劳动供给——基于安徽省劳动力输出集中地三个村的研究》，《中国农村经济》2007年第10期。

周春芳：《发达地区农村老年人农业劳动供给影响因素研究》，《人口与经济》2012年第5期。

姜向群、刘妮娜：《我国农村老年人过度劳动参与问题研究》，《中州学刊》2013年第12期。

宋斌文：《农村劳动力转移对农村老龄化的影响及其对策建议》，《公共管理学报》2004年第1期。

肖云、崔永亮：《我国空心村的形成机理及对策研究》，《时代经济论坛》2008年第9期。

夏莉艳：《后农村劳动力转移时期的农业政策取向——基于日韩的经验研究》，《经济问题探索》2010年第3期。

何福平：《农村劳动力老龄化对我国粮食安全的影响》，《求索》2010年第11期。

谢培秀：《农村劳动力的产业转移对农业发展的影响》，《江淮论坛》2009年第5期。

陈锡文、陈昱阳、张建军：《中国农村人口老龄化对农业产出影响的量化研究》，《中国人口科学》2011年第2期。

朱启臻：《谁在种地——对农业劳动力的调查与思考》，《中国农业大学学报》（社会科学版）2011年第3期。

纪志耿：《中国粮食安全问题反思——农村劳动力老龄化与粮食持续增产的悖论》，《厦门大学学报》（哲学社会科学版）2013年第2期。

何小勤：《农业劳动力老龄化研究——基于浙江省农村的调查》，《人口与经济》2013年第2期。

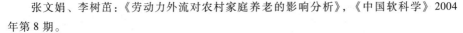

张文娟、李树茁：《劳动力外流对农村家庭养老的影响分析》，《中国软科学》2004年第8期。

周祝平：《中国农村人口空心化及其挑战》，《人口研究》2008年第2期。

凌文豪：《从一元到多元：中国农村养老模式的变迁逻辑——以生产社会化为分析视角》，《社会主义研究》2012年第6期。

陈芳、方长春：《家庭养老功能的弱化与出路：欠发达地区农村养老模式研究》，《人口与发展》2014年第1期。

李迎生：《论我国农民养老保障制度改革的基本目标与现阶段的政策选择》，《社会学研究》2001年第5期。

何文炯、尹海鹏：《农村社会养老保险：进与退》，《浙江大学学报》（人文社会科学版）2001年第3期。

赵立新：《社区服务型居家养老：当前我国农村养老的理性选择》，《广西社会科学》2007年第11期。

赵立新：《社区服务型居家养老的社会支持系统研究》，《人口学刊》2009年第6期。

张乃仁：《农村居家养老中的双向耦合机制》，《郑州大学学报》（哲学社会科学版）2013年第3期。

王晓亚、孙世芳、许月明：《农村居家养老服务的SWOT分析及其发展战略选择》，《河北学刊》2014年第2期。

胡强强：《城镇化过程中的农村"留守老人"照料》，《南京人口管理干部学院学报》2006年第2期。

善立法促进孝亲敬老课题组：《中国老龄化困局的法治对策》，《战略与管理》2015年4期。

Clawson, Marion, "Aging Farmers and Agricultural Policy", *Journal of Farm Economics*, 1963 (45): 13 – 30.

Cicirelli, V. G., *Helping Elderly Parents: The Role of Adult Children*, Boston: Auburn House, 1981.

Stoller, E., K. Pugliesi, "Informal Networks of Community Based Elderly: Changes in Composition Over Time", *Research on Aging*, 1988 (10): 499 – 516.

Jonas, K., E. Wellin, "Dependency and Reciprocity: Home Health Aid in an Elderly Population", *Aging in Culture and Society*, edited by C. Fry, New York: Praeger, 1980.

Glasgow, N., "Poverty Among Rural Elders: Trends, Context, and Directions for Policy", *Journal of Applied Gerontology*, 1993, 12 (3): 302 – 319.

Coward, R. T., "Research-based Programs for the Rural Elderly", Research and Public Service with the Rural Elderly: Proceedings of a Conference, edited by William R. Lassey, 1980: 39 – 56.

Hugo, G., "Effects of International Migration on the Family in Indonesia", *Asian and*

Pacific Migration Journal，2002，11（1）：13 – 46.

课 题 组 组 长：张英洪

课题组主要成员：刘妮娜　刘　伟　朱启臻　杨　团

　　　　　　　　孙炳耀　向春玲　黄文政　何亚福

　　　　　　　　孙裴佩　刘　雯　杜树雷

执　　　　笔：张英洪　刘妮娜

2015 年 10 月 18 日

·专题报告·

第二篇　北京市农村老年劳动力
生活状况问卷分析报告

农业是人类的衣食之源、生存之本，中国十多亿人的吃饭问题靠的就是农业，可以说农业是社会主义现代化建设的基础。我国接近半数人口生活在农村，超过六成人口拥有农业户籍，农业生产的发展关系到农民生活水平和城市居民生活质量的提高，关系到社会的稳定，关系到全社会共同富裕目标的实现。然而，伴随着城镇化进程的加快和城乡人口政策的放宽，大量农村青壮年劳动力由农村流向城市，进入第二、第三产业就业，使留在农村坚持农业生产的人口数量不断减少，同时加之中国整体人口的快速老龄化，农村和农业劳动力老龄化程度不断加深，速度不断加快。

农村劳动力数量减少和农村劳动力老龄化使老年劳动力成为农村建设和农业生产的主力。而农业生产对体能要求较高，老年人继续从事体力劳动很可能导致其身体受到损伤，增加引发各种健康问题的可能性，从而会显著降低老年人晚年的福利状况（姜向群、刘妮娜，2013）。而国际上也往往将上年纪的人退出农业劳动供给视为其福利状况改善的一个显示性指标。因此，了解农村老年劳动力，尤其是农业老年劳动力的工作、生活、收入以及福利状况具有重要的现实意义。

北京作为我国的首都，其周边农村的意义更为重要，它们不仅为首都提供各种赖以生存的生活资源，而且作为与北京城区互动性较高的地区，其劳动力会更倾向于流向城市地区。2010年北京市第六次人口普查数据显示，北京市农村劳动力数量为246.1万人，其中45岁以上农村老年劳动力数量为90.5万人，所占比例达到36.8%。据此，本课题组依托北京市农村经济研究中心农村改革与发展观察点，对北京市农村地区老年劳动力进行了问卷调查。这里说的老年劳动力为年龄在45岁以上且仍在工作（或从事农业劳动）的北京市农村户籍人口（不包括仍在就学或已完全退出劳动市场的人口）。本次调查对这部分老年劳动力采用 PPS 抽样（分阶段抽样）方法，从城市功能拓展区、城市发展新区和生态涵养发展区中各随机抽取 2 个区，再从所抽取的 6 个区中各随机抽取 5 个村，从所抽取的 30 个村中随机抽取 770 名农村老年劳动力作为调查对象。本报告基于调查问卷对北京农村老年劳动力从社会人口属性，到工作与经济状况，再到生活情况进行了详细的分析。

一　社会人口属性

此部分主要从性别、年龄、户籍状况、受教育程度、婚姻状况、子女数量、居住方式、健康状况等方面来考察北京市农村老年劳动力的人口学特征。

（一）性别与年龄

从性别比例统计数据来看，男性多于女性，其中，男性占 65.3%，女性占 34.7%。北京市农村老年劳动力中男性居多，这源于中国"男主外，女主内"的传统思想，女人主要从事家务劳动，特别是本次调查的劳动力年龄相对较大，较大年龄的女性在外充当劳动力的比例要少于男性。

从年龄结构来看，被访者的平均年龄为 57.72 岁，年龄最小的 41 岁，最大的 85 岁，年龄中位数为 56 岁，众数为 51 岁，被访者年龄主要集中于 51～60 岁（见图 1）。其中，50 岁以下的占 8.5%，51～60 岁的占 63.6%，61～70 岁的占 23.3%，70 岁以上的占 4.6%。

另外，被访者以农业户口为主，有 89.3% 的人为农业户籍，10.7% 的人为非农业户籍。

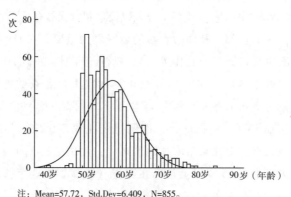

注：Mean=57.72, Std.Dev=6.409, N=855。

图 1　北京市农村老年劳动力年龄分布情况

（二）受教育程度

长期以来，由于农村地区经济社会发展水平远远落后于城市地区，人们对教育的重视程度远远不够，这使得农村地区劳动力的文化水平普遍较低，很多农村人，特别是年龄较大的农村人，只接受过小学或初中教育，接受高等教育的人占比相对较低。在本次调查中，我们将教育程度选项分为5类，分别为不识字、小学/私塾、初中、中专/高中、大专及以上。从受教育程度统计数据来看（见图2），在769个有效样本中，不识字的有23人，占3%，学历为小学/私塾的有188人，占24.4%，初中学历的人最多，有407人，占52.9%，中专/高中学历的有129人，占16.8%，大专及以上学历的人最少，有22人，占2.9%。可见，农村老年劳动力学历水平普遍较低，绝大多数人只接受过基础教育，且在基础教育中，以中学教育为主体，其中初中学历者占一半以上。受过大专及以上高等教育的人占比极低，仅为2.9%。总体来看，农村老年劳动力的受教育水平仍然偏低，一方面，他们的工资水平和职业选择较多地受到其较低教育水平的限制，另一方面，他们不能运用先进技术来提高农业生产效率，不利于现代农业的发展。

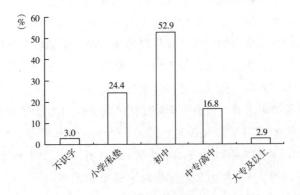

图2　农村老年劳动力受教育程度分布情况

（三）婚姻状况

老年人的婚姻状况对其健康水平、经济收入、社会支持、生活方式等方面有很大影响。表1的婚姻状况统计显示，在被访的北京市农村老年劳动力中，91.5%的受访者婚姻状况为有配偶同住，6.6%的受访者婚姻状况为离婚、丧偶或未婚。而 2010 年第六次全国人口普查数据显示，我国农村未婚、丧偶、离婚老年人比例达到 21.7%，与北京市农村老年劳动力中的比例相差 15.1 个百分点。这一方面与北京市农村老年劳动力的年龄相对较小、健康状况相对较好有关，另一方面也反映了北京市农村老年劳动力相对于全国其他地区的婚姻优势。

表 1 农村老年劳动力婚姻状况

分类	农村老年劳动力人数（人）	占比（%）
未婚	2	0.3
有配偶同住	704	91.5
有配偶不同住	15	2.0
离婚	9	1.2
丧偶	39	5.1
合计	769	100

（四）子女数量

本次调查中，我们分别统计了每位受访者的子女数量，以及儿子数量、女儿数量。在中国传统家庭观念中，儿女的意义差别很大。儿子是香火的延续，需要给他安家立业，虽然父母的经济压力更大，但他们会认为老年生活有更多保障。而女儿是要嫁出去的，虽然父母经济压力小，但他们会认为老年生活没有着落。因此有儿子和有女儿会给人们的生活观念、工作动力等带来差异。同时，中国也有多子多福、养儿防老的传统观念。

从表 2 统计结果来看，仅有 0.7% 的农村老年劳动力没有子女，绝大部分人都有子女，其中 42.1% 的人有 1 个子女，45.6% 的人有 2 个子女，9% 的人有 3 个子女，1.7% 的人有 4 个子女，0.9% 的人有 5 个及以上的子女。可见，接近 90% 的人只有 1～2 个子女，这些人一般集中于 50～60 岁，深受我国 20 世纪 70 年代开始实施的计划生育政策的影响。

分子女性别来看，在受访者中，超过一半的农村老年劳动力有 1 个儿子，这部分人占 53.3%，有 2 个以上儿子的占 17.5%，没有儿子的仅占 29.1%。相比较而言，女儿数量要稍少一些。有 38.1% 的农村老年劳动力没有女儿，有 1 个女儿的占比最高，为 44.2%，有 2 个女儿的占 14.8%，另外，还有少数人有 3 个或 4 个女儿。儿子数量多主要与农村计划生育政策（第一胎为女儿的可以生二胎）有关。

表2　农村老年劳动力拥有子女数量状况

子女数量（个）	农村老年劳动力人数（人）	占比（%）
0	5	0.7
1	324	42.1
2	351	45.6
3	69	9.0
4	13	1.7
5	6	0.8
6	1	0.1
合计	769	100

（五）居住方式

本次调查对农村老年劳动力的居住方式也进行了相关统计，共分为4类，分别用1、2、3、4代表，其中1代表独居，2代表仅与配偶同住，3代表与子女同住（二代户），4代表与子女及孙子女同住（三代户）。如图3所示，农村老年劳动力主要与配偶同住，占比为41.5%，另有28.0%的人与子女同住，21.6%的人与子女及孙子女同住，仅有8.9%的农村老年劳动力独自居住。由此可以看出，北京市大部分的农村老年劳动力出于自愿或非自愿，已经摆脱了过去的以多代同堂、联合家庭为主的居住方式，转向以老年夫妇相互扶持照料为主的空巢家庭形态。而老年人与子女或孙子女同住，往往与年轻人要外出打工干活，老年人需要承担照看孙子女或照看房子的任务有关。另外，占比将近9%的独居老年劳动力的收入、生活、精神、安全保障需要村集体和村干部给予着重关注和支持。

（六）健康状况

身体是生活和工作的本钱，人人都希望自己健康、长寿，拥有高质量的生活。因为只有拥有健康的身体，才能挑起劳动和生活的重担，才能自食其力，积极参与社会，享受生活带来的幸福。

我们将健康状况进行5分类，分别用5个数字代表，其中1代表非常不好，2代表不太好，3代表一般，4代表还不错，5代表很好，从图4可以看

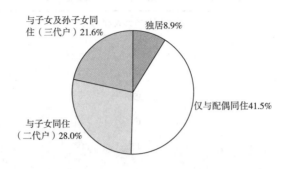

图3　农村老年劳动力居住方式

出，健康状况还不错的占比最高，为 41.4%，其次为健康状况一般的，占35.7%，健康状况很好和不太好的占比相当，分别为 10.2% 和 10.4%，占比最低的为健康状况非常不好的，仅为 2.3%。在健康自评打分中，所有受访者的平均分为 7.37 分，自评分数为 8 分的占比最高，为 33.1%，其次为 7 分的，占 21.6%，另外，也有 6.3% 的人给自己的健康状况打了 10 分，与此同时，少数人打分为 0 分，占 0.7%（见图5）。

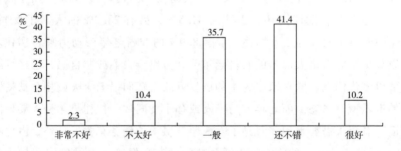

图4　农村老年劳动力健康状况

总体来看，大约 90% 的农村老年劳动力健康状况在一般以上，健康自评分在 6 分以上，但也有接近 10% 的农村老年劳动力虽然健康状况不好，但是仍要参与劳动，这部分人是需要得到关注的。

从慢性病患病情况来看，所调查农村劳动力中有 35.4% 的人患有高血压，33.9% 的人患有肝脏、胆囊或膀胱类疾病，14.0% 的人患有关节炎或风湿病，7.9% 的人患有骨质疏松症，7.4% 的人患有心脏病，5.9% 的人患有糖尿病，5.6% 的人患有支气管炎或其他呼吸道疾病，4.8% 的人患有胃病如胃溃疡。

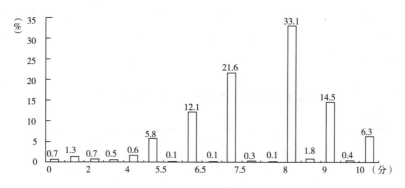

图5　农村老年劳动力健康自评状况

二　工作与经济状况

（一）从事行业

伴随着社会经济的高速发展，北京郊区依托和承接市区的经济、企业转移，农民有了更多的职业选择和择业机会，农村老年劳动力不再只是单纯从事农业生产，其从事的行业已经呈现多元化特征，且兼业化和副业化趋势愈加明显。为了更好地了解北京地区农村老年劳动力从事的职业情况，本调查用1、2、3、4分别代表全职农民；以农业为主、兼营他业；制造业等第二产业；服务业等第三产业四类职业状态。从图6的行业分布的统计结果可以看出，所占比例最高的职业仍然是全职农民，达到43.7%，其次是从事服务业等第三产业的，占34.6%，因为农村很多人会做一些小生意，比如开个小饭馆，做一些维修类的服务业等。另外，以农业为主、兼营他业的占19.3%，从事

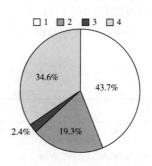

**图6　农村老年劳动力
所从事行业分布**

制造业等第二产业的占比最低，仅为2.4%，这主要与农村地区制造业企业相对较少，且制造业对体力要求比较高，老年劳动力难以胜任有关。

分性别来看，如表3所示，男性中有43.2%的人为全职农民，33.1%的人从事服务业等第三产业，21.2%的人以农业为主、兼营他业，2.4%的人

从事制造业等第二产业；女性中有44.7%的人为全职农民，37.1%的人从事服务业等第三产业，15.9%的人以农业为主、兼营他业；2.3%的人从事制造业等第二产业，男性与女性在各个行业的分配比例基本相同。

表3　农村老年劳动力从事职业性别分布

单位：%

	全职农民	农业为主、兼营他业	第二产业	第三产业
男性	43.2	21.2	2.4	33.1
女性	44.7	15.9	2.3	37.1

受教育程度是影响就业的关键因素，一般情况下，受教育程度高的人，从事的多为科技含量高、专业知识需求量大的行业，即知识密集型行业；而受教育程度低的人从事的多为劳动密集型行业，这些行业需要较强的体力，对专业知识要求不高。从本次调查来看，随着受教育程度提高，从事全职农民行业的人口所占比例不断减少。从表4可以看出，全职农民中，不识字的人占63.6%，小学/私塾学历的人占54.5%，初中学历的人占43.0%，中专/高中学历的人占31.7%，而大专及以上学历的人占13.6%。随着受教育程度的提高，从事服务业等第三产业的人数占比在不断增加。不识字的人占22.7%，小学/私塾学历的人占26.2%，初中学历的人占35.6%，中专/高中学历的人占42.9%，而大专及以上学历的人占54.5%。

表4　农村老年劳动力从事职业教育程度分布

单位：%

	全职农民	农业为主、兼营他业	第二产业	第三产业
文盲	63.6	13.6	0	22.7
小学/私塾	54.5	17.6	1.6	26.2
初中	43.0	19.2	2.2	35.6
中专/高中	31.7	23	2.4	42.9
大专及以上	13.6	18.2	13.6	54.5

（二）土地情况

"三农"问题一直是中央政府关注的重点，而土地正是"三农"问题的核心所在。土地可以说是农民的命根子，它既具有经济保障功能，也具有精神支持作用，过去几千年里农民都是靠着土地获取生产生活资料，世代繁衍下来。但伴随着现代化和城镇化进程不断加快，农村土地有了更丰富的用途，如被征用为城市建设用地、流转给农业合作组织获取收入等。北京市农村作为特大城市郊区，土地征用比例更高、流转范围更广。本次调查结果显示，63.6%的受访者家里有土地，土地拥有量的平均值为4.63亩。拥有土地者自己经营的比例为65.6%，也有14.6%的人将土地转包给农民专业合作组织，6.4%的人将土地转包给其他农户，4.9%的人转包给企业，除此之外，家里其他成员经营的占3.8%，其他占4.4%（见图7）。当被问及是否愿意将土地承包出去时，69.1%的人表示愿意，也有30.9%的人表示不愿意。不愿意将土地承包出去的原因有很多且比较分散，有的说民以食为天，家里有地过得踏实，有的说自己经营可以获得更大利润，有的说土地太少没必要承包出去，也有的说年龄问题，打工没人要，等等。

关于继续工作的原因，受访者给出的答案也是五花八门，有的说再为村里多做点事，有的说帮子女减轻负担，有的说调节生活，也有的说发挥余热、让生活变得更有意思，等等。22.39%的人预计在5年后不再工作，13.50%的人预计在10年后不再工作，超过一半的人预计一直工作到不能干了，这部分人的占比为56.29%。另外7.82%的人选择了其他（见图8），选择其他的人预计不再工作的时间不太统一，有的说想干就干，不想干就不干，没有确定时间，有的说如果有人承包土地就不再干了，有的说视情况而定，等等。

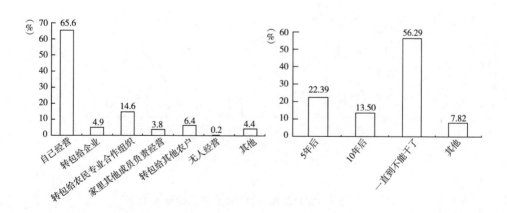

图7　农村老年劳动力土地使用情况　　图8　农村老年劳动力不再工作的时间

（三）打工经历

城市地区具有发达的经济水平、便利的交通条件、丰富的社会资源、良好的发展机会，很多农村人，特别是农村的年轻人都选择到城市打工。在本次调查的老年劳动力群体中，有18.3%的人有城市打工经历，81.7%的人没有城市打工经历。这可能是由于受访者都在50岁以上，年轻时没有机会到城市务工，年老后学习能力差，难以掌握城市工作所需技能，大部分人一方面可能自己不愿再到城市去打拼，另一方面他们在城市也较难找到合适的工作。在有打工经历的受访者中，他们打工的原因因人而异，但原因集中为如下几条：①出去增长见识；②随大流，因为别人都外出打工；③城市的生活条件更好；④城市有更多的发展机会，可获得更大的发展空间；⑤不愿过农民的生活；⑥在家没事可干；⑦城市工资高，为了挣钱；⑧务农太辛苦；⑨其他原因。在以上提到的这9条原因中，大部分外出打工是为了挣钱，这部分人占59.1%，原因排名第二的是为了获得更大的发展空间，占9.5%，排名第三的原因是在家没事可干，占8.6%，其余依次为务农太辛苦、出去增长见识、城市的生活条件更好、其他原因、不愿过农民的生活、别人都外出打工，占比依次为7.3%、6.4%、3.2%、2.3%、1.8%、1.8%（见图9）。

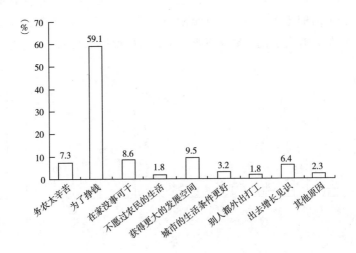

图9　农村老年劳动力外出打工的原因

通过对农村老年劳动力外出打工的行业进行统计，可以看到36.88%的外出打工者从事的是建筑业，这主要与农村老年劳动力学历水平低、年龄大，只能从事一些对知识技能要求不高的纯体力劳动有关，排在第二位的是制造业，占13.13%，其余外出打工从事较多的行业还有住宿餐饮业，占11.88%；交通运输业，占8.13%；公共事业，占6.25%；租赁和商务服务业，占5.63%；批发零售业和其他居民生活服务业（如理发、修理、清洁等）占比均为4.38%（见图10）。

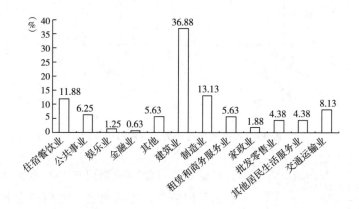

图10　农村老年劳动力外出打工者的行业分布

当调查员问起这些外出打工者返村原因时，打工者众说纷纭，具体原因如图11所示，其中40%的人表示回到农村是为了家庭团聚，这是最主要的原因。37%的人表示城市生活成本太高，城市地区房价太高，各种生活品的价格也比农村高，在农村地区可以通过自己种植粮食及蔬菜来满足日常生活需要，大大节约了生活成本，在城市什么都需要用钱买。32%的人表示没有找到合适的工作，农村劳动力特别是老年劳动力知识技能较差，难以在城市找到合适的工作。20%的人表示城市工作压力太大，19%的人表示回到农村是为了照顾父母，还有3%的人表示子女在城市上学不方便，打工者的子女在城市入学受到户籍限制，很多城市打工者的孩子在城市难以找到合适的学校入学。

关于如果有机会，是否还会到城市打工，3.5%的人表示一定会，49.8%的人表示一定不会，21%的人表示依工作机会而定，22.8%的人表示依家庭情况而定，另外，2.8%的人选择了其他（见图12）。可见，接近一半的人在外出打工回到农村后表示不会再到城市打工，这部分人大多是不适应城市的生活，在城市也找不到适合他们的工作。另外也有少数人表示如果有机会一定会再到城市打工，说明这部分人比较适应城市的打工生活，对在城市找到的工作

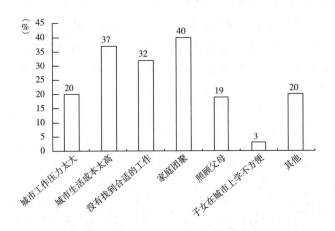

图 11　农村老年劳动力回到农村的原因

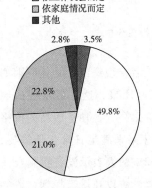

**图 12　农村老年劳动力是否
还到城市打工**

比较满意，可能短时期由于某些原因才回到农村，但如果有合适的机会，他们还会再到城市打工。

调查显示，在所有受访者的定居意愿中，39.1%的人表示愿意到城市定居，60.9%的人表示不愿意到城市定居。不愿意到城市定居的理由主要有如下几个：①城市生活成本太高；②城市交通、空气等问题；③房价太高；④留恋农村生活；⑤不愿放弃土地；⑥其他原因。在以上原因中，30.7%的人选择了城市生活成本太高这一项，可见由于城市物价相比于农村要高，且农村老年劳动力在城市的工资水平较低，农村人到城里后承担不起过高的生活成本，致使农村人不愿到城市定居。21.4%的人表示留恋农村生活，大多数人都有一种恋旧情结，尤其是农村的老年人，他们在农村生活了很多年，不愿意离开自己居住多年的地方，并且农村生活相对自由，生活节奏较为缓慢。19.5%的人表示不愿意到城市定居，因为城市的交通、空气等状况堪忧。尽管随着经济社会的发展，人民的物质生活水平在提高，但与此同时，城市过快的经济增长也带来交通拥堵、空气污染等问题，相比城市，农村的环境质量要好很多（见图13）。

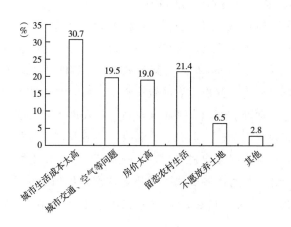

图13　农村老年劳动力不愿意到城市定居的原因

（四）收入情况

随着经济社会的发展，农民的收入水平在不断提高，但相比城市居民，农民的收入水平仍然偏低。在本次调查中，18.6％的受访者表示2013年自己的个人总收入在5000元及以下，而个人总收入在5001～15000元的占比最高，为43.7％，接近总受访者的一半，29.2％的受访者表示2013年自己的总收入在15001～30000元，也有少数的受访者收入较高，2013年个人全年总收入在30000元以上，占8.4％，可见大部分受访者的收入处于中等水平（见图14）。

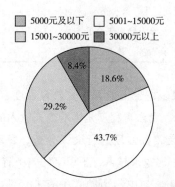

图14　受访者2013年个人收入情况

由于各类收入因人而异，我们用所有受访者每类收入的平均值作为农村老年劳动力的该类收入，在此原则下农林牧渔收入为5815.25元，非农职业收入为 15721.93 元，非农兼业收入为 1104.80 元，出租房子或转包土地收入为 4499.35 元，从集体或农民专业合作组织得到的利息、股息、红利收入为 5310.32 元，社会救济、救灾、抚恤金为 226.65 元，退休金收入为 2736.38 元，亲友赠送或给予为 578.46 元，其他收入为 2271.71 元。在所有收入中，最高的是非农职业收入，其次为农林牧渔收入，因为农林牧渔业相对非农职业利润低、收入少，而非农职业大多收入较高。收入排在第三位的是从集体或农民专业合作组织得到的利息、股息、红利收入，随着农村的发展和国家出台的一些惠农政策，社会主义新农村出现了一些农民专业合作组织，很多农民可以从中获取一些收益。另外，各类收入按排名依次是出租房子或转包土地收入、退休金收入、其他收入、非农兼业收入、亲友赠送或给予、社会各类救济（见表5）。

表5 农村老年劳动力各类收入排名

单位：元

排名	收入类别	金额
1	非农职业收入	15721.93
2	农林牧渔收入	5815.25
3	利息、股息、红利收入	5310.32
4	出租房子或转包土地收入	4499.35
5	退休金收入	2736.38
6	其他收入	2271.71
7	非农兼业收入	1104.80
8	亲友赠送或给予	578.46
9	社会救济、救灾、抚恤金	226.65

影响收入的因素有很多，个人能力、受教育程度、所从事行业类型都是影响收入的重要因素，其中，受教育程度是影响个人收入的关键因素。本文将被访者个人 2013 年总收入与受教育程度进行交叉分析，发现随着教育程度的提高，收入在 5000 元及以下的占比越来越低，不识字的人中有 65.2%，接近2/3，小学/私塾学历的人中有 29.6%，初中学历的人中有 13.5%，中专/高中学历的人中有 11.7%，而大专及以上学历的人中仅有 9.1%。而收入在 30000 元以上的高收入人群，随着学历水平提高，所占比例不断增加，不识字的人中没有收入在 30000 元以上的，小学/私塾学历的人中有 4.5%，初中学历的人中有 7.9%，

中专/高中学历的人中有 13.3%，而大专及以上学历的人中有 31.8%。可见，随着受教育程度的提高，其获得高收入的可能性也有所增加（见表 6）。

表 6　农村老年劳动力收入状况与教育程度分布交叉分析

单位：%

教育程度 ＼ 收入水平	5000 元及以下	5001～15000 元	15001～30000 元	30000 元以上
文盲	65.2	34.8	0	0
小学/私塾	29.6	49.2	16.8	4.5
初中	13.5	44.3	34.4	7.9
中专/高中	11.7	41.4	33.6	13.3
大专及以上	9.1	13.6	45.5	31.8
合计	18.5	43.8	39.3	8.5

除受教育程度外，从事行业的类型也是影响收入的重要因素，同样将个人 2013 年总收入与从事行业类型进行交叉分析，我们发现全职农民在低收入群体中占比最高；以农业为主、兼营他业的行业类型收入在 5001～15000 元的占比最高；从事制造业等第二产业的收入在 15001～30000 元的占比最高；从事服务业等第三产业的收入在 30000 元以上的占比最高（见表 7）。也就是说，全职农民、以农业为主兼营他业、从事第二产业、从事第三产业的老年劳动力收入依次增加。

表 7　农村老年劳动力年收入状况与职业分布交叉分析

单位：%

职业 ＼ 收入	5000 元及以下	5001～15000 元	15001～30000 元	30000 元以上
全职农民	29.3	49.2	19.9	1.5
农业兼营他业	13.8	50.3	25.5	10.3
第二产业	0	41.2	47.1	11.8
第三产业	8.6	30.7	43.9	16.8
合计	18.7	43.1	29.6	8.5

在自评收入水平方面，39.3%的人表示自己的收入水平还可以，27.3%的人表示不太够用，15.6%的人表示收支相抵，12.7%的人表示完全够用，5%的人表示完全不够。收支相抵、不太够用和完全不够这三类共占47.9%，接近一半，说明农村老年劳动力收入仍然较低，大部分人的生活并不宽裕（见图15）。

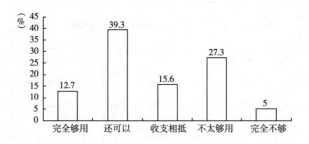

图15 农村老年劳动力收入是否够用

（五）养老保障

伴随着农村人口老龄化程度加深和土地保障的弱化，农村养老保障需求不断增长，但现有的农村社会养老保障方式已越来越难以满足农民的养老需求。从未来养老方式来看，大部分的农村老年劳动力仍倾向于由家庭成员（子女或配偶）照顾养老，这部分人占71.3%，但也有28.7%的老年劳动力希望通过社会化养老的方式解决自己的养老问题，其中18.8%的人倾向于通过社区提供相关养老服务，也有9.9%的人倾向于住养老院（见图16）。

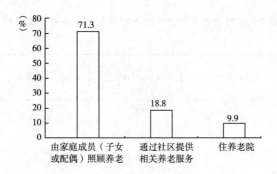

图16 农村老年劳动力养老方式选择

就机构养老来看，22.5%的人表示愿意到养老机构养老，77.5%的人表示不愿意到养老机构养老。愿意到养老机构养老的原因主要有以下几个：①无子女照料或子女无力照料；②不想麻烦子女；③无独立房屋但又不想和子女住在一起；④可以与其他老人交往。在以上4条原因中，75%的受访者表示之所以愿意到养老机构养老，是因为不想麻烦子女，中国大部分的父母都是时时刻刻为子女着想，哪怕自己累点，也不想让子女受累。12%的受访者表示愿意到养老机构养老的原因是可以与其他老人交往，随着现代社会生活和工作节奏的加快，大部分年轻人工作都很忙，大多没有时间陪老人，很多老年人感觉比较孤独，住在养老机构，他们可以认识其他老年人，互相成为朋友，平时大家一起，可以排解寂寞，让生活更有乐趣。9%的受访者是因为无子女照料或子女无力照料，这种情况比较特殊。另外，4%的受访者表示之所以想住到养老机构，是因为自己无独立房屋又不想和子女住在一起，因为老年人和年轻人在生活习惯、作息规律等各个方面有很大的差异，长时间住在一起会感觉不方便（见图17）。

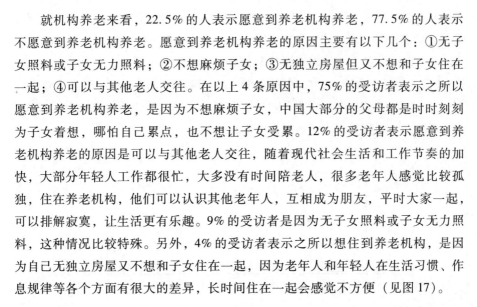

图 17　农村老年劳动力愿意到养老机构养老的原因

如果到养老机构中养老的话，总的来看，农村老年劳动力的经济承担能力不足，平均每年只能承担1055.6元的费用。

三　生活情况

（一）生活满意度

随着社会的发展，人们的生活水平在提高，但物质水平的提高不代表人们对生活的满意度在提高，本调查将满意度分为 5 类，分别为：①很不满意；②不太满意；③一般；④比较满意；⑤非常满意。据统计，12.2% 的人表示非常满意，55.3% 的人表示对生活比较满意，28.8% 的人表示生活满意度一般，2.5% 的人表示不太满意，1.1% 的人表示很不满意（见图18）。综合来看，大部分的人对生活的满意度较高，对生活满意的农村老年劳动力占比为 67.5%，但也有大约 1/3 的人对生活的满意度不高。

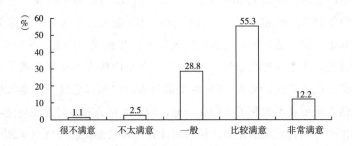

图18　农村老年劳动力生活满意度情况

现代社会中，很多人在忙着赚钱，那是否有钱了，老年人生活的满意度就高了呢？在本次调查中，我们将收入与生活满意度进行交叉分析，发现收入在5000 元及以下的人群中，选择很不满意和不太满意的比例共为 7.6%，收入在5001~15000 元的，选择很不满意和不太满意的比例共为 3.9%，收入在 15001~30000 元的，选择很不满意和不太满意的比例为 1.9%，收入在 30000 元以上的，选择很不满意和不太满意的比例为 0，也就是说高收入人群中没有人的生活满意度为很不满意和不太满意，这部分人的生活满意度较高（见表8）。综合来看，收入给农村老年劳动力带来的幸福边际效益很大。

表8　农村老年劳动力生活满意度与收入状况分布交叉分析

单位：%

收入水平＼生活满意度	很不满意	不太满意	一般	比较满意	非常满意
5000 元及以下	3.8	3.8	41.7	38.6	12.1
5001~15000 元	1.0	2.9	30.6	55.4	10.1

续表

生活满意度 收入水平	很不满意	不太满意	一般	比较满意	非常满意
15001~30000元	0	1.9	23.1	61.5	13.5
30000元以上	0	0	14.5	64.5	21
合　计	1.1	2.5	29.1	54.9	12.4

（二）生活幸福度

什么是幸福？不同的人有不同的体验。幸福与金钱无关，幸福是一种主观感受，是一种积极向上的生活态度。为了调查幸福度，本调查将幸福度分为5类，分别为：①很不幸福；②不太幸福；③一般；④比较幸福；⑤非常幸福。从调查可见，所有受访者都没有选择很不幸福，大部分人表示比较幸福，占比56.8%，另外，23.7%的受访者表示幸福度一般，表示非常幸福的人占17.0%，也有2.5%的人表示不太幸福。从数据来看，绝大部分的受访者幸福度较高。

那么幸福与金钱有没有关系呢？为了探讨这一问题，如表9所示，我们将个人收入与幸福度做一交叉分析，发现在选择不太幸福的被访者中，收入在5000元及以下的，选择该项的比例最高，为3.9%，而收入在30000元以上的，没有人选择不太幸福。在比较幸福和非常幸福这两项上，总体来看大致是随着收入提升，选择的比例在增加。在选择比较幸福的人群中，收入在5000元及以下的，占48.3%，收入在5001~15000元的，占56.4%，收入在15001~30000元的，占60.2%，收入在30000元以上的，占64.5%；在选择非常幸福的人群中，收入在5000元及以下的，占18.9%，收入在5001~15000元的，占14.4%，收入在15001~30000元的，占17.1%，收入在30000元以上的，占25.8%。综合来看，各类收入的人群，选择幸福度一般的比例均最大，随着收入提高，选择幸福度较高的可能性在增加，说明金钱在某种程度上可以提高生活幸福度。这同生活满意度的分析一样，由于本次调查的样本为农村老年劳动力，其收入低，收入带来幸福的边际效益可能更大。

表 9 农村老年劳动力幸福度与收入状况分布

单位：%

收入水平	很不幸福	不太幸福	一般	比较幸福	非常幸福
5000 元及以下	0	3.9	28.9	48.3	18.9
5001~15000 元	0	2.3	26.9	56.4	14.4
15001~30000 元	0	2.8	19.9	60.2	17.1
30000 元以上	0	0	9.7	64.5	25.8
合　计	0	2.5	23.7	56.8	17.0

四　结论与讨论

2010 年北京市人口普查数据显示，北京农村有 110.0 万 45 岁以上常住人口，其中 50.0% 在业，在业人口中 48.2% 的人从事农业劳动；有 40.4 万 60 岁以上老年人，其中 17.6% 在业，在业人口中 67.8% 的人从事农业劳动。在我国社会转型时期，大量青壮年农村劳动力外流，农业生产的重任主要由农村地区老年劳动力承担，因此，从事农业生产的主体——农民，尤其是老年农民的生活状况应该受到重视，并得到改善。以下是本次调查得到的几点结论与讨论。

社会人口特征方面，农村老年劳动力以男性居多，年龄集中在 50~60 岁，以初中及以下受教育程度为主。鉴于老年劳动力已经成为农业劳动力的主体，各级政府和劳动培训机构一方面应加大农村老年劳动力的培训力度，在普及九年制义务教育的基础上，建立和完善农村老年劳动力职业技能的教育和培训体系，鼓励和帮助老年农民学习掌握新技能，进而提高农业劳动力的素质，提升人力资本含量；另一方面应加快农业生产的机械化和现代化，降低农业生产的体力劳动强度，主动设计适合老年人使用的农业机械，逐步使农业劳动变成老年人能轻松自如完成的工作。

健康状况方面，只有约 10% 的老年劳动力者认为自己的身体状况不好，说明北京市农村老年劳动力的健康状况较佳。但需要注意的是，农业劳动力中仅有 45.3% 的农业老年劳动力自报健康状况良好，而 60 岁以上的农业老年劳

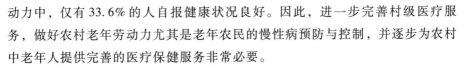

动力中，仅有33.6%的人自报健康状况良好。因此，进一步完善村级医疗服务，做好农村老年劳动力尤其是老年农民的慢性病预防与控制，并逐步为农村中老年人提供完善的医疗保健服务非常必要。

收入方面，北京市农业老年劳动力收入相对较低。本次调查结果显示，78.6%的农业老年劳动力收入不到15000元，29.3%的农业老年劳动力收入不足5000元；相比较来看，农村非农行业老年劳动力的这一比例分别为39.5%和8.1%，远低于农业老年劳动力的相应比例。从家庭年平均收入来看，2013年农业老年劳动力的家庭年平均收入为24163.5元，非农行业老年劳动力的家庭年平均收入达到38251.1元，而北京市农村居民家庭年平均收入已达4.5万元左右。农业老年劳动力的收入水平既反映了农业收入水平，也反映了（准）老年人收入水平。因此，国家一方面应通过提高粮食价格、实现集约化生产提高农业收入；另一方面应想方设法提高农村老年人的收入，主要是提高农村老年人的财产性收入和养老保障收入。

子女方面，本次调查结果显示，北京市农村老年劳动力子女数量平均为1.72个，有3个以上孩子的所占比例仅为2.6%，而45~50岁老年劳动力子女数量进一步减少，平均只有1.4个，仅有1个子女的所占比例达到62.5%，没有人有3个以上子女。家庭规模的缩小和代际居住距离的增加不可避免地削弱了传统的家庭代际照料。这些老年人或准老年人中，有27.5%的农村老年劳动力对社会化养老服务寄予希望，同时他们中有一部分人想到城市生活，也有想要继续在农村生活的，未来该如何安置这些老年人以及如何保障农村社会养老服务供给等问题应受到政府和社会关注。

生活满意度方面，超过半数的人表示自己对目前生活状态比较满意，认为自己的生活比较幸福。并且随着收入的提升，农村老年劳动力生活满意度和幸福度将进一步增加。满意度和幸福度是较为主观的概念，每个人对其定义不一样，金钱虽然只是对其衡量的一个方面，但对于收入水平较低的农村老年劳动力群体来说，收入增加所带来的边际效益很大。因此，要提高农村老年人的生活质量，增加收入还是重中之重。除此之外，调整心态，改变自己的认知和观念，对现有生活状况抱有珍惜和感恩的心态，对未来的生活持有向往和期待的观念，也是提高生活满意度的重要方式。村集体在想尽一切办法提高农民收入的同时，也要活跃农村居民的精神文化生活，提高农村老年人的社会参与度，从精神上给予老年人关爱与关怀。

参考文献

姜向群、刘妮娜：《我国农村老年人过度劳动参与问题研究》，《中州学刊》2013 年第 12 期。

课题组组长：张英洪

执　　　笔：刘妮娜　孙裴佩

2013 年 5 月 31 日

第三篇　北京市农村劳动力老龄化状况问卷分析报告

自我国宣布于1999年跨入老龄化社会的行列以来，我国的人口老龄化现象因具有不同于他国的种种特点而逐渐为社会各界所关注。人口基数大、老年人口数量多、老龄化速度快、未富先老等特点使大家颇有些谈人口老龄化现象而"色变"。事实上，我们应该对人口老龄化有一个全面客观的认识，既要了解到人口老龄化对我国今后的产业经济和社会政策等方面的发展方向有着重要的影响，也应该意识到人口老龄化是社会经济高度发展的有力证明。

而作为从事农业生产和新农村建设的主体，农村劳动力的老龄化问题也得到了社会各界的广泛关注。北京市农村劳动力老龄化的问题和特点兼具全国的普遍性和自身的特殊性，代表着很多城市未来的发展方向，深入了解北京市农村劳动力的老龄化状况及其社会保险和福利待遇，对于2013年12月23~24日举行的中央农村工作会议所提出的核心问题——解决好人的问题，通过富裕农民、提高农民、扶持农民，让农业经营有效益，让农业成为有奔头的产业，让农民成为体面的职业，让农村成为安居乐业的美丽家园这一目标的实现有着重大的借鉴意义。据此，课题组于2014年依托北京市农村经济研究中心农村信息观察点，对北京市农村户籍劳动力老龄化情况进行了问卷调查，采用PPS抽样方法共抽取77个村庄，调查对象为本村相关负责人员。

一　调查村庄劳动力老龄化情况

（一）调查村庄的区县分布

本次调查共涉及北京市13个区县，77个村庄，充分覆盖北京市的绝大部分农村地区（见表1）。问卷主要针对村庄的负责人，旨在了解该村的劳动力构成状况及老年人福利待遇。借此调查数据我们可以对北京市农村老年人的老龄化状况进行全面而深入的了解。

表 1 北京市调查村庄区县分布

单位：个，%

区县	村庄数量	所占比例	区县	村庄数量	所占比例
延庆县	2	2.6	房山区	8	10.4
怀柔区	7	9.1	丰台区	1	1.3
昌平区	11	14.3	海淀区	4	5.2
平谷区	8	10.4	门头沟区	6	7.8
通州区	12	15.6	密云县	4	5.2
朝阳区	3	3.9	顺义区	6	7.8
大兴区	5	6.5	合　计	77	100

（二）农村人口基本情况

调查村居住半年以上的常住人口的平均值为 2629 人，平均每个村庄中有北京户口的常住人口占比 44.1%，没有北京户口的外来人口占比 55.9%。常住人口最少的村庄为怀柔区宝山镇杨树下村，仅有 84 人，且全为有北京户口的常住人口，没有外来人口，常住人口最多的村庄为香山村，其常住人口 4.8 万人，其中有 8000 人为有北京户口的常住人口，另外 4 万人均为没有北京户口的外来人口。

如表 2 所示，13 个区县中，常住人口最少的为延庆县 403 人，其中外来人口只有 37 人，最多的是海淀区 20079 人，其中有 3754 人为拥有北京户口的常住人口，而 16325 人是没有北京户口的外来人口；户籍人口所占比例最高的为怀柔区，达到 98.54%，户籍人口所占比例最低的为海淀区，仅为 18.70%。北京市各区县村庄的人口多少与地理位置、人口外流等因素有关，而吸引外来人口的能力则与本地的经济状况和产业发展方向密切相关。

表2 北京市各区县农村人口基本状况

单位：人，%

区 县	常住人口	户籍人口	外来人口	户籍人口占比	外来人口占比
昌平区	2949	708	2239	24.01	75.92
朝阳区	3073	962	1861	31.30	60.56
大兴区	1250	808	423	64.64	33.84
房山区	1252	1156	97	92.33	7.75
丰台区	11152	5380	5772	48.24	51.76
海淀区	20079	3754	16325	18.70	81.30
怀柔区	618	609	8	98.54	1.29
门头沟区	587	575	12	97.96	2.04
密云县	1020	933	87	91.47	8.53
平谷区	1198	1154	50	96.33	4.17
顺义区	1888	1541	350	81.62	18.54
通州区	1350	1141	164	84.52	12.15
延庆县	403	366	37	90.82	9.18
总 计	46819	19087	27425	40.77	58.58

（三）农村劳动力老龄化状况

调查村16岁及以上的劳动力人数的平均值为805人，其中，人数最多的为丰台区花乡榆树庄村，共有7773人，人数最少的为平谷区大华山镇梯子峪村，有53人，相差7720人，可见村与村的劳动力人数悬殊。其中，50岁及以上劳动力的平均值为289人，占所有劳动力的35.9%。具体到村庄方面，海淀区四季青镇香山村的50岁及以上劳动力人数最多，有2380人，占本村所有劳动力的86.2%，该村的劳动力老龄化现象比较突出。另外，有17个村庄的50岁及以上劳动力在本村总劳动力的占比在50%以上，在77个村庄中共有34个村庄的50岁及以上劳动力在本村总劳动力的占比在40%以上。50岁及以上劳动力最少的是昌平区小汤山镇南官庄村，有7人，占本村总劳动力的4.3%。60岁及以上劳动力的平均值为156人，占所有劳动力的19.3%，其中60岁及以上劳动力在本村所有劳动力中的占比最高的为平谷区东高村镇普贤屯村，占比达到53.8%，可见该村60岁及以上劳动力占了所有劳动力的一半以上，除了这个村以外，还有6个村的60岁及以上劳动力占所有劳动力的比例在40%

以上，分别为房山区河北镇河南村、通州区台湖镇前营村、辛村、门头沟区永定镇艾洼村、延庆县旧县镇白河堡村、大兴区榆垡镇黄各庄村，这些村庄的60岁以上劳动力占比较高，老龄化现象较为明显。在77个村庄中，80岁及以上劳动力的平均值为19人，占所有劳动力的2.3%，由于80岁及以上劳动力的人数较少，占比较低，在此不再进行详细的分析。

分区县来看，如表3所示，各个区县16岁及以上的劳动力人数的平均值为1263人，其中人数最多的是丰台区，为7773人，人数最少的是延庆县，为301人，相差7472人，可见被调查的不同区县之间劳动力数量差异极大。50岁及以上劳动力的平均值为381人，占整个劳动力人数的38.15%。具体来说，密云县劳动力老龄化现象突出，50岁及以上的劳动力人口数量占总劳动力的比例高达53.18%，最低的是丰台区（19.79%）。50岁及以上劳动力人口占整体劳动力人口比例高于40%的有5个，分别是密云县（53.18%）、延庆县（47.84%）、门头沟区（45.84%）、房山区（43.76%）和海淀区（42.85%），说明这几个区县的农村劳动力老龄化情况较为严重。60岁及以上劳动力的平均人数为147人，占全体劳动力的21.24%，所占比例最高的是密云县（30.83%），最低的是丰台区，为0%，除去丰台区（0%）、顺义区（10.06%）、通州区（18.15%）和怀柔区（19.85%），其余的区县60岁及以上劳动力占全体劳动力的比例都高于20%。在各个区县的农村劳动人口中，80岁及以上的老人平均数量为19人，占全体劳动人口的2.98%，由于所占比例普遍较低，不再赘述。

各区县农村劳动力构成状况固然和所抽取调查样本的差异相关，但是不同劳动力年龄段所占比例基本能反映各个区县的劳动力的大致构成情况。在农村劳动力人口大量外流的背景下，许多青壮年劳动力涌入城市务工，在农村留守的多为老年劳动力，所以各区县老年劳动力所占比例普遍偏高，其成为从事农业生产的重要支柱。这样的状况势必对我国农业生产的稳定发展带来诸多影响，同样也使新农村的建设和发展后继乏力。

表3　北京市各区县农村劳动力老龄化情况

单位：人，%

区县	16岁+劳动力	50岁+劳动力	50岁+劳动力占比	60岁+劳动力	60岁+劳动力占比	80岁+劳动力	80岁+劳动力占比
怀柔区	388	131	33.76	77	19.85	19	4.90

续表

区县	16岁+劳动力	50岁+劳动力	50岁+劳动力占比	60岁+劳动力	60岁+劳动力占比	80岁+劳动力	80岁+劳动力占比
昌平区	476	179	37.61	98	20.59	22	4.62
朝阳区	658	196	29.79	149	22.64	13	1.98
大兴区	456	180	39.47	140	30.70	16	3.51
房山区	834	365	43.76	180	21.58	16	1.92
丰台区	7773	1538	19.79	0	0.00	0	0.00
海淀区	2266	971	42.85	519	22.90	45	1.99
门头沟区	445	204	45.84	120	26.97	14	3.15
密云县	519	276	53.18	160	30.83	41	7.90
平谷区	782	295	37.72	179	22.89	18	2.30
顺义区	855	231	27.02	86	10.06	28	3.27
通州区	661	247	37.37	120	18.15	10	1.51
延庆县	301	144	47.84	87	28.90	5	1.66
平均值	1263	381	38.15	147	21.24	19	2.98

（四）农业劳动力老龄化状况

调查村16岁及以上的农业劳动力人数的平均值为375人，在16岁及以上农村劳动力中所占比例达到50.3%，其中，50岁及以上农业劳动力人数的平均值为151人，在50岁及以上农村劳动力中所占比例达到57.1%，60岁及以上人数的平均值为85人，在60岁及以上农村劳动力中所占比例达到58.3%。从平均水平来看，16岁及以上的劳动力中大约一半为农业劳动力，且随着年龄增大，农业劳动力在整个劳动力队伍中占的比例不断提高。

从农业劳动力老龄化情况来看，如表4所示，50岁及以上农业劳动力在全体农业劳动力中占比达到39%，且不同区县农业劳动力老龄化情况差异较大。最高的是延庆县（57%），其他占比高于40%的区县包括门头沟区（54%）、密云县（49%）、房山区（48%）、朝阳区（41%）、通州区（41%）、昌平区（40%）6个区县，由此可以看出，北京市被抽取的调查地区农业劳动力老龄化问题较为严峻，亟须关注。具体到村庄方面，平谷区山东庄镇山东庄村 50 岁及以上农业劳动力人数最多，为 717 人，占本村农业劳动力的 58%，该村的农业劳动力老龄化现象突出。除此之外，还有 26 个村庄的 50 岁及以上农业劳动力在本村从事农业总劳动力的占比在 50% 以上，在 77 个村庄中共有 39 个村庄的 50 岁及以上农业劳动力在本村从事农业总劳动力的占比在 40% 以上。50 岁及以上农业劳动力人数最少的村庄是昌平区小汤山镇南官庄村，为 5 人，占本村农业总劳动力的 6%。60 岁及以上农业劳动力的平均值为 85 人，另外，60 岁及以上农业劳动力在全体农业劳动力中占比为 23%，比例最高的是延庆县（41%）和密云县（35%）。有 5 个村的 60 岁及以上农业劳动力占所有从事农业劳动力的比例在 50% 以上，分别为延庆县旧县镇白河堡村（52%）、通州区潞县镇西黄垡村（53%）、平谷区东高村镇普贤屯村（54%）、平谷区黄松峪乡塔洼村（56%）、大兴区青云店镇老观里村（57%）。

表 4　北京市各区县农业劳动力老龄化情况

区县	16 岁 + 农业劳动力（人）	50 岁 + 农业劳动力（人）	50 岁 + 农业劳动力占比（%）	60 岁 + 农业劳动力（人）	60 岁 + 农业劳动力占比（%）	80 岁 + 农业劳动力（人）	80 岁 + 农业劳动力占比（%）
怀柔区	336	117	35	70	21	10	3
昌平区	259	105	40	71	27	20	8
朝阳区	270	111	41	66	24	6	2
大兴区	375	139	37	109	29	9	2
房山区	428	207	48	84	20	10	2
丰台区	0	0	0	0	0	0	0
海淀区	842	268	32	131	16	3	0
门头沟区	240	129	54	74	31	6	3
密云县	422	209	49	147	35	31	7
平谷区	541	210	39	121	22	8	1
顺义区	509	171	34	62	12	23	4
通州区	483	196	41	102	21	9	2
延庆县	173	98	57	71	41	5	3
平均值	375	151	39	85	23	11	2.85

二　北京市农村地区土地流转情况

随着越来越多的农村人进城打工，土地流转已成为当今农业发展的重要工作，与外出打工相比，种田的效益低下，留下土地无人耕种，土地便处于抛荒状态，土地流转恰可解决这一问题。外出打工农民所拥有的土地通过流转的形式实现向另一部分留在村里的农民集中，土地集中由少数人来开发并进行农业生产，便于实现规模化、集约化经营，既可以防止土地抛荒，又可以达到合理利用土地、增加农民收入的目的。

本调查中，各个村流转土地的均值为402.23亩，这里的流转土地指村民转包、出租或者承包给其他家庭或企业的农地。在所有村庄中，流转土地最多的为顺义区赵全营镇北郎中村，有3600亩，也有一些村庄没有流转土地，这样的村庄共有32个，如小汤山镇大赵任庄村、小汤山镇大柳树村、小汤山镇东官庄村、延庆县旧县镇白河堡村、通州区西集镇老庄户村、通州区西集镇张各庄村等，这些村庄可能外出打工人员较少，土地均用于自己经营，不往外转包、出租。其中，丰台区流转土地面积为0，流转面积均值最多的是顺义区（1602.4亩），如图1所示。

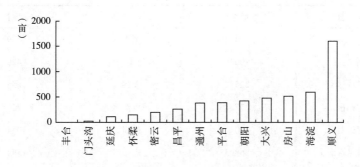

图1　北京市各区县土地流转面积

三　老年人福利保障

民生问题一直是政府工作的重中之重，而关爱老年人，保障老年人权益，让老年人老有所乐又是民生工作的重要方面。近年来，国家出台了多项关爱老年人的政策，从物质上的资助到精神上的关怀，使老年人的生活有了更多的保障。而北京市作为"首善之都"，在经济发展和福利保障方面既具优势，也存诚心。同时，农村老年人是具有累积劣势的社会弱势群体，面临储蓄少、收入少的经济困境，福利待遇的提高对他们经济水平和生活质量的改善具有重要作用。

（一）养老保险补助情况

社会保险方面，如表5所示，除北京市统一发放的每人每月280元的基础养老金外，在77个被调查的村庄中有40个村庄的老年人享受村集体养老金补助，在享受补助的各个村庄中按区县划分，补助的平均值为468.52元，补助金额最高的区县是房山区（1352元），最低的是延庆县（50元）。可见，不同地区的补助水平差异依然显著。尽管社会养老保险政策在农村已经开始实施，但仍处于起步阶段，而且由于政策实施时间尚短，还不是很健全，很多地方的补助金额差距较大。为了更好地建设社会主义新农村，实现老有所养、老有所乐、老有所为，使更多的老年人没有后顾之忧，达到全社会共同富裕，社会养老保险政策还需进一步完善。

表5　北京市各区县农村新型社会养老保险的平均补助标准

单位：元

区　县	补助金额	区　县	补助金额
延庆县	50	怀柔区	379
顺义区	100	门头沟区	420
平谷区	225	大兴区	655
朝阳区	237.25	海淀区	750
密云县	260	通州区	1034.17
昌平区	268.33	房山区	1352
丰台区	360	平均值	468.52

（二）福利补助情况

本次也对农村的老年福利补助发放情况进行了调查，在77个村庄中有43个村庄对60岁及以上的老年人口发放补助，也即北京市接受调查的村庄中有55.8%的村庄实施了对老年人进行福利补贴的措施。如表6所示，各区县60

岁及以上老年人平均补贴为 1333.36 元，最少的为密云县，补助金额为 70 元，最多的是朝阳区，补助金额为 7366.67 元。不同区县的补助力度差别极大，这固然和各区县自身的经济实力和政策贯彻状况有着直接联系，但是也在一定程度上反映出，尽管国家出台了很多项关爱老年人的政策，如老年人补助、老年人精神关怀等，但覆盖面有限，而且真正落实起来有一定的难度，很多农村地区仍然享受不到老年人补助的发放。发放补助的各个村庄平均补助标准的金额差距很大，最低的仅发放 70 元，大多数村庄发放的金额是几百元或 1000 元左右，有个别村庄发 2000～3000 元。

表 6　北京市各区县老年人享受待遇水平排序

单位：元

区　县	60 岁及以上老年人福利	80 岁及以上老年人福利
密云县	70	150
丰台区	130	130
延庆县	200	200
平谷区	304	440
大兴区	390	640
顺义区	520	553.33
房山区	577.5	620
怀柔区	830	890
海淀区	1363.33	2113.33
昌平区	1411.11	1800
通州区	2071.11	2396.67
门头沟区	2100	2100
朝阳区	7366.67	7366.67
平均值	1333.36	1492.31

在 77 个被调查的村庄中，有 48 个村庄负责人表示给本村 80 岁及以上老年人发放补助，补助的比例为 62.3%。各区县在 80 岁及以上老年人中发放补助的平均值为 1492.31 元，在各区县中补助标准最低的是密云县（150 元），

最高的是朝阳区（7366.67元），这和60岁及以上老年人补助状况的地区分布差异较为相似，也在一定程度上体现出，80岁及以上老年人的补助发放不到位。在各个村庄中，补助标准最低的村庄表示发放50元，大多数村庄发放的金额是几百元或1000元左右，有个别村庄发2000~3000元，这与给60岁及以上（或65岁以上）老年人发放补助的情况相似。

关于是否还有其他补贴，有的表示每年重阳节会为老年人发放粮油等生活用品；有的表示会发放过节费600元/人·年，土地确权款1000元/人·年；有的表示村内的环都公司给70岁以上老人500元/人·年；有的表示每年重阳节发理发票、洗澡票，每人六张，每年春节发大米一人一袋，85岁以上老年人发放补助每人700元，90岁以上发放补助1700元。这些福利补贴因村而异，有的福利补贴比较丰富，有的补贴力度相对较弱。

老人，为社会奉献，为家庭奉献，是知识的宝库，是智慧的钥匙，不仅养育我们，还以言传身教的方式向我们传播做人的道理，关爱老人既是中华民族的传统美德，也是人类社会进步和科学发展的前提，关爱老人并不单单是一个家庭、一个孩子的事，也需要整个社会、整个国家共同努力。随着社会经济的发展，我们的收入水平在提高，物质生活不断改善，对老年人的关爱也应该更多。

四　结论与讨论

（一）加快破除城乡二元体制，促进城乡平等化进程加速前进

从本次调查数据可以看出，北京市农村和农业劳动力老龄化问题已十分严峻，且受地理位置、城镇化等因素影响，不同区县、村庄存在明显的差异。调查村中50岁及以上老年劳动力在农村劳动力中所占比例达到35%，50岁及以上老年农业劳动力在农业劳动力中所占比例达到40%。密云县和延庆县是农村和农业劳动力老龄化最严重的两个区县，50岁及以上老年劳动力在农村劳动力和农业劳动力中所占比例均超过50%。穆家峪镇荆稍坟村的农村老年劳动力占比达到了97%，也就是几乎所有的农村劳动力都在50岁及以上，农村劳动力老龄化程度极高。除此之外，还有16个村庄的农村劳动力在整体农村劳动力中所占比例超过了50%。门头沟区王平镇的农业劳动力占比为92%，农业劳动力老龄化程度也较高，此外，还有26个村庄农业劳动力占所有从事

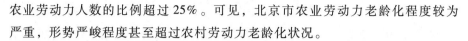

农业劳动力人数的比例超过 25% 。可见，北京市农业劳动力老龄化程度较为严重，形势严峻程度甚至超过农村劳动力老龄化状况。

农村地区人口老龄化的直接结果就是从事农业的劳动力人口老龄化，更多的青壮年劳动力人口选择到城市就业，背后的原因还是应该归结到城乡社会资源配置的巨大差异上。农业人口的老龄化无疑将对农业生产和农村建设产生深远的影响，尤其是农村的年轻一代不愿意从事与农业相关的职业，当前从事农业生产的劳动力人口老了以后，由何人继续从事农业生产的问题使大家倍感焦虑，而更加深远的思考是由何人进行新农村的建设和发展工作。尽管传统农业生产可以由专业化集约化的现代农业生产方式和科学技术代替，但是新农村建设和乡村治理的主体是机械难以替代的，因此我们必须高度重视北京市乃至全国的农村及农业劳动力老龄化问题，当务之急是必须按照统一公平的现代法治要求，破除城乡二元体制，加快推进城乡一体化进程。

（二）扎实做好各村土地流转工作，在提高土地利用效率的过程中切实保障农民的根本利益

北京市各区县土地流转情况差别较大，这一方面与不同区县地理位置、自然环境有关，另一方面也与不同地方的发展规划和服务功能有关。有 43 个村实现了土地流转，流转面积为 15～3600 亩，其中土地流转面积最多的是顺义区，平均流转面积为 1602.4 亩，最少的除了丰台区的 0 亩外，便是门头沟区，年平均流转 20.77 亩土地。

我们应该认识到土地流转是提高农村地区土地利用率的重要方法之一，它可以有效减少土地的抛荒和闲置，促进农业集约化生产方式的转换和实现，达到合理利用土地、增加农民收入的目的。政府部门在实际的工作过程中，应该积极促成土地流转工作的有序开展，并且时刻以提高土地利用效率、为人民生活谋便利为根本目的，重视土地流转工作的合法进行，使农民的基本生存和生活权利在土地流转的过程中得到根本保障，不能一味追求流转工作的落实而无视农民群众的根本利益。

（三）不断提高农村居民社会保障水平，实现城乡基本公共服务均等化

社会保险补贴方面，有 37 个村庄没有给予社会保险补贴，而村年平均补贴标准最高的是通州区梨园镇魏家坟村（5000 元）、房山区十渡镇马安村（4000 元）和海淀区四季青镇（1300 元）。福利补贴方面，有 43 个村庄给本村老年人发放福利补贴，补助标准为 70～11600 元；对本村 80 岁及以上老年人发放补助的共有 40 个村庄，补助标准为 50～11600 元；有 29 个村庄对本村老人发放除上述补助外其他形式的福利补贴，既有金钱形式也有物质形式，根据村庄实际状况各有不同。

从村庄给予老年人的福利待遇方面可以看出，补助标准在村庄、区县之间存在较大的差别。这一方面受村庄经济水平的影响，但最主要的是与区县、乡镇及村庄的优待老人意识和敬老文化氛围有关。因此，各级政府一方面应该着力提高农村老年人的基础养老金，尤其应酌情补贴经济发展水平较差农村的养老金给付，保障农村老年人的基本生活水平；另一方面应加强对敬老尊老文化的宣传和示范作用，让更多的村集体、村干部加入到关爱本村老人的行列中来。

课题组组长：张英洪

执　　　笔：刘妮娜　孙裴佩

2014 年 12 月 20 日

第四篇　北京市农村劳动力老龄化问题调研报告

农村人口老龄化是当前和今后我国农村经济社会健康发展面临的突出问题。随着农村人口老龄化问题的加剧，"谁来种地，怎么种地？谁来养老，怎么养老？谁来治理，怎么治理？"的问题已经成为新时期解决"三农"问题的重大课题。北京农村作为特大城市郊区，农村劳动力老龄化问题十分明显。

2014 年 5 月，我们利用北京市农村经济研究中心农村观察点对北京市农村老年劳动力状况进行了问卷调查，本研究结合 2000 年和 2010 年北京人口普查资料，对北京市农村劳动力老龄化的现状、存在的问题、问题产生的原因进行了初步分析，并提出了相关政策建议。

一　北京市农村劳动力老龄化现状及存在的问题

（一）北京市农村劳动力就业结构多元，老龄化程度相对较低

北京农村作为特大城市郊区，农村劳动力就业结构多元、老龄化程度相对较低。2010 年全国第六次人口普查数据显示，2010 年北京市 16 岁以上农村常住人口共 238.2 万人，其中劳动力（在业人口）数量为 150.7 万人，这些人中仅有 28.6% 的人从事农林牧渔业。在农村劳动力中，45 岁以上老年劳动力所占比例为 36.6%，60 岁以上农村老年劳动力所占比例为 4.7%，中位年龄为 40.2 岁。与全国平均水平相比，北京从事农业的劳动力所占比例低，农村劳动力老龄化程度低。与上海、天津、重庆相比，北京农村劳动力老龄化程度高于上海，但低于天津和重庆（见表 1）。

表1 典型地区农村劳动力老龄化情况

单位：%，岁

	从事农业劳动力所占比例	45岁+农村老年劳动力所占比例	60岁+农村老年劳动力所占比例	中位年龄
北京市	28.6	36.6	4.7	40.2
上海市	15.2	33.6	5.2	38.1
天津市	63.8	41.8	8.4	41.6
重庆市	80.5	54.5	20.5	46.6
全　国	74.8	41.3	11.0	41.5

资料来源：2010年北京、上海、天津、重庆四个直辖市人口普查资料长表数据。

北京市农村劳动力就业结构多元、老龄化程度低，其原因主要是北京农村在地理位置上具有绝对优势。一是北京近郊（城乡接合部）带有半城市的色彩，是外来务工人员的聚居地，与之配套的衣食住行等服务业发达；二是北京农村可以就近就便承接城市第二产业、第三产业扩散，吸纳农村剩余劳动力。这两方面特点使北京农村劳动力不以农业生产为主，而是就地实现向第二产业、第三产业的转移，许多人脱离了农业劳动或农业兼业化。另外，年龄结构相对年轻化的外来人口伴随产业转移而不断流入北京农村。

（二）北京市农业劳动力以45～60岁为主，面临"无人接班"的难题

北京市农业劳动力老龄化程度不断加深，45岁以下的年轻劳动力锐减，45～60岁的老年劳动力成了北京市农业生产的主力。从图1的农业劳动力人口金字塔可以看出，2000～2010年，北京市除55～59岁年龄组的农业劳动力增加外，其他年龄组的农业劳动力均有不同程度的减少，其中45岁以下农业劳动力减幅均超过50%。同时，25岁以下青年人代表着新进入农业行业的劳动力群体，这部分人在农业劳动力中所占的比例也从2000年的8.6%下降到2010年的4.3%。具体到农业劳动力老龄化指标上，2010年北京市45岁以上农业老年劳动力所占的比例达到60.1%，比2000年提高13.5个百分点；60岁以上农业老年劳动力所占比例为11.1%，比2000年提高3.9个百分点；中位年龄为47.6岁，比2000年增加了7岁。依此态势，北京市农业劳动力老龄化程度将进一步加深，速度可能更快。

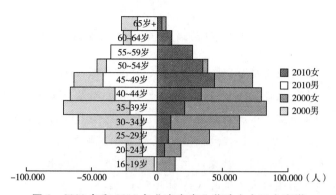

图1　2000 年和 2010 年北京市农业劳动力人口金字塔

资料来源：国务院人口普查办公室编《北京市 2010 年人口普查资料》，中国统计出版社，2012；国务院人口普查办公室编《北京市 2000 年人口普查资料》，中国统计出版社，2002。

与我国其他地区相比，2010 年北京市 45 岁以上农业老年劳动力所占比例比全国平均水平高出 13 个百分点，农业劳动力的中位年龄比全国平均水平高 3.6 岁。北京农业劳动力老龄化程度仅低于江苏、浙江、上海和重庆（见表 2）。

表 2　不同省份农业劳动力老龄化情况比较

单位：岁，%

排名	地区	中位年龄	45 岁 + 比例	排名	地区	中位年龄	45 岁 + 比例
	全国	44.0	47.1	16	西藏	44.2	25.2
1	江苏	53.1	69.5	17	河北	43.2	45.2
2	浙江	52.8	71.8	18	山西	43.9	47.0
3	上海	50	65.2	19	江西	43.9	46.8
4	重庆	49.8	60.9	20	河南	42.7	43.7
5	北京	47.6	60.1	21	内蒙古	42.6	45.1
6	湖北	46.2	53.5	22	贵州	42.1	43.2
7	福建	45.5	51.4	23	广西	41.9	43.6
8	安徽	45.5	51.0	24	吉林	41.6	41.1
9	四川	45.3	50.7	25	甘肃	41.4	39.1
10	山东	45.1	50.3	26	黑龙江	40.8	38.3
11	天津	45.0	50.1	27	海南	40.2	37.0
12	辽宁	45.0	50.0	28	云南	40.0	35.9
13	湖南	44.7	49.2	29	宁夏	39.3	36.7
14	陕西	44.5	48.5	30	青海	37.3	29.1
15	广东	44.4	48.2	31	新疆	36.9	28.6

资料来源：2010 年全国 31 个省（自治区、直辖市）人口普查资料长表数据。

（三）北京市农业劳动力老龄化程度存在较大的地区差异

由于不同农村在经济基础、地理条件、资源禀赋以及人口、文化等方面发展并不平衡，在发展过程中获得的机遇和回报并不均等，农村和农业发展的分层分化日益明显。如本次所调查的农村中，怀柔区宝山镇杨树下村常住人口仅有84人且全部是户籍人口，海淀区四季青镇香山村常住人口则达到4.8万人，其中有4万人是外来人口；怀柔区北房镇大罗山村人均纯收入1200元，而密云县十里堡镇杨新庄村人均纯收入达到3.5万元。

同时，北京市农业劳动力老龄化程度也存在大的地区差别。在北京市农村劳动力综合状况调查的76个村中，有2个村50岁以上农业老年劳动力所占比例低于10%，12个村50岁以上农业老年劳动力所占比例低于20%，28个村50岁以上农业老年劳动力所占比例超过50%，15个村50岁以上农业老年劳动力所占比例超过60%。其中，昌平区小汤山镇南官庄村50岁以上农业老年劳动力所占比例最低，仅为6.2%；门头沟区王平镇西马各庄村所占比例最高，达到91.9%。

（四）北京市农业老年劳动力收入相对较低

虽然北京市农村劳动力就业结构日趋多元，但老年劳动力仍主要从事农业生产活动。2010年北京市人口普查数据显示，北京农村有110.0万45岁以上常住人口，其中有50.0%在业，在业人口中有48.2%从事农业劳动；有40.4万60岁以上老年人，其中有17.6%在业，在业人口中有67.8%的人从事农业劳动。北京市农村老年劳动力综合状况调查数据也显示，被调查农村老年劳动力中有63.0%的人是全职农民或以农业为主、兼营他业。

可以说，农村老年劳动力是北京市农业生产的主力，农业劳动也是北京市农村老年劳动力赖以为生的主要工作。但调查发现这部分人口的收入状况不容乐观，既低于北京市农村非农行业老年劳动力收入，也低于北京市农村居民家庭人均纯收入。北京市农村老年劳动力综合状况调查数据显示，78.6%的农业老年劳动力收入不到1.5万元，有29.3%的农业老年劳动力收入不足5000元；相比较来看，农村非农行业老年劳动力的这一比例分别为39.5%和8.1%，远低于农业老年劳动力。从家庭年平均收入来看，2013年农业老年劳动力的家庭年平均收入为24163.5元，非农行业老年劳动力的家庭年平均收入达到

38251.1 元，而北京市农村居民家庭年平均收入已达 4.5 万元左右。从具体收入类别来看，这主要与农业老年劳动力的家庭非农职业收入，租房或转包土地收入，从集体或农民专业合作组织得到的利息、股息、红利收入有关（见图 2）。

另外，60 岁以上农业老年劳动力收入状况更差，不到 1.5 万元的达到92.6%，其中有 38.5% 收入不足 5000 元。

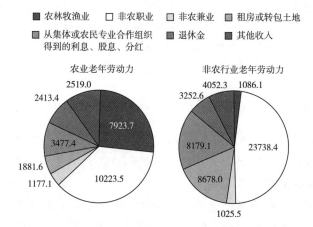

图 2　北京农村农业和非农行业老年劳动力收入类别

资料来源：张英洪、刘妮娜《北京市农村劳动力老龄化问题调研报告》，《北京农村经济》2015 年第 9 期。

（五）北京市农业老年劳动力健康状况堪忧

从健康方面看，农业老年劳动力健康状况较差，伴随年龄增加，农业老年劳动力健康状况下降。北京农业劳动力中仅有 45.3% 的农业老年劳动力自报健康状况良好，而 60 岁以上的农业老年劳动力中，仅有 33.6% 的人自报健康状况良好。具体到患慢性病的比例上，农业老年劳动力中有 38.1% 的人患有高血压，38.0% 的人患有肝胆或膀胱类疾病，18.2% 的人患有关节炎或风湿病，8.3% 的人患有心脏病，8.9% 的人患有呼吸系统疾病；而在 60 岁以上的农业老年劳动力中，有 41.3% 的人患有高血压，45.4% 的人患有肝胆或膀胱类疾病，26.6% 的人患有关节炎或风湿病，9.2% 的人患有心脏病，10.1% 的人患有呼吸系统疾病（见图 3）。

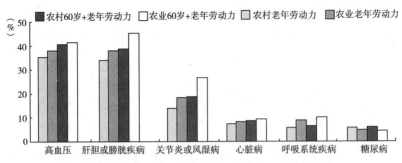

图3　北京农村老年劳动力慢性病患病情况

资料来源：张英洪、刘妮娜《北京市农村劳动力老龄化问题调研报告》，《北京农村经济》2015年第9期。

（六）北京市农村老年劳动力土地流转意愿较强

北京市农村老年劳动力的土地流转比例较低但流转意愿较强。根据北京市农村老年劳动力综合状况调查结果，农村 72.0% 的老年劳动力家里有土地，绝大部分土地拥有量在 3 亩以内（占比为 57.4%），超过 10 亩的不足 10%（占比为 7.4%），平均拥有土地量为 4.59 亩。在有土地的老年劳动力中，69.5% 的人自己经营，26.0% 的人将土地流转出去，其中 14.7% 的人转包给农民专业合作组织，6.4% 的人转包给其他农户，5.0% 的人转包给企业；69.1%的人愿意将土地流转出去，30.9% 的人不愿将土地流转出去。愿意流转土地的老年劳动力中，有 34.0% 的人已经实现了土地流转，不愿流转土地的老年劳动力中有 91.4% 的人自己耕种。从自己耕种土地的老年劳动力角度来看，有40% 的人不愿流转土地。

不愿流转土地的原因可以分为三类：一是以种地收入为生，一方面认为土地流转不如自己耕种收入高，土地流转出去意味着收入减少，另一方面认为自己除了种地不会干别的，土地流转出去自己就失业了；二是仍具有自给自足的小农思想，一方面认为土地是自己的，就要自己耕种，要留给后代，不愿意把自己的土地交给别人，另一方面认为可以锻炼身体，种无污染的粮食蔬菜，自己吃安心，还增加了生活乐趣；三是没有流转途径或土地太少不愿折腾。

（七）超过一半的农村老年劳动力不愿离开农村，农村养老问题值得关注

北京市农村老年劳动力综合调查结果显示，大多数农村老年劳动力没有城

市务工经历（81.6%），即使有过务工经历，也主要从事低端的建筑行业和制造业（分别占36.8%和13.1%），在城市高生活成本、没有合适工作的推力，以及家庭团聚的拉力作用下回到农村。他们到城市定居意愿较低（60.9%的农村老年劳动力表示不愿意到城市定居，其中在农村从事第二产业、第三产业的老年劳动力不愿到城市定居的比例要高于农业老年劳动力），原因包括城市生活成本高（30.7%）、留恋农村生活（21.4%）、交通空气问题（19.5%）、房价高（19%）等，这一意愿伴随老年人年龄增加呈现进一步减弱的趋势。同时农村老年劳动力的土地流转意愿与城市定居意愿并没有显著相关性，也就是说，即使农村老年劳动力将土地流转出去，也不一定愿意到城市生活。

目前北京市农村老年劳动力面临着经济、生活、精神等方面的养老问题，根据调查，他们的子女数已减少到1~2个（占比87.8%），家庭规模的缩小和代际居住距离的增加不可避免地削弱了传统的家庭代际照料。这些老年人或准老年人中，有27.5%的农村老年劳动力对社会化养老服务寄予希望，同时他们中有一部分想到城市生活，也有想要继续生活在农村的，未来该如何安置这些老年人以及如何保障农村社会养老服务供给等问题应受到政府和社会关注。

二　对北京市农业劳动力老龄化的原因分析

北京市农业劳动力老龄化程度不断加深，其原因是多方面的，既受公共政策，如城乡二元体制以及计划生育政策等的影响，也是经济发展之必然，主要体现在农业劳动力的非农转移上，其他原因包括农地收入、传统的"小农"思想以及土地流转困难等。

（一）农村人口低出生率和恶农思想共同导致"农业接班人"流失

首先，北京农村人口低出生率减少了潜在的农业接班人数量。我国从20世纪70年代初大力推行计划生育政策，人口出生率从1969年的34.1‰急剧下降到1979年的17.8‰，同一时期总和生育率[①]从4.5下降到2.8，到20世纪

---

① 总和生育率（Total Fertility Rate，简称TFR）是指一国或地区的妇女在育龄期间，每个妇女平均的生育子女数。

80 年代人口出生率稳定在 20‰左右，总和生育率稳定在 2 ~ 3，1991 年以后我国总和生育率开始低于更替水平（2.1），进入了低生育率时期。第六次人口普查数据显示，2010 年我国总和生育率已下降到 1.2，而北京市则是全国总和生育率最低的地区，仅为 0.7。从本次调查结果我们也发现，北京市农村老年劳动力子女数量平均为 1.72 个，有 3 个以上孩子的所占比例仅为 2.6%。45 ~ 50 岁老年劳动力子女数量平均为 1.4 个，仅有 1 个子女的所占比例为 62.5%，无人有 3 个以上子女。

其次，恶农思想直接减少了选择进入农业行业的青年人数量。根据 2000年和 2010 年北京市人口普查数据推算，2000 年约有 8 万名 16 ~ 24 岁青年人进入农业行业，从事农业生产，而到 2010 年仅有约 2 万名 16 ~ 24 岁青年人选择农业作为职业。实际上，由于城乡二元结构的影响，"农民"几乎成了一种身份象征，收入不稳定、又苦又累且社会地位低下，不仅农村青年人向往到城市生活和工作，他们的父母也寄望于子女能摆脱这种枯燥的"面朝黄土背朝天"的生活。中国农业大学调研团队的调研对象就表示："即使农业挣钱，也不愿意从事农业"，"会种地也不种地"。

恶农思想的根本原因就在于城乡二元体制禁锢下的城乡差别、工农差别，包括工资收入、生活条件以及社会保障、子女教育、住房等公共服务，也正是这些实质性的差别使人们形成了对农村和农业的刻板印象。

（二）第二产业、第三产业选择性"吸纳"农业青壮年劳动力

根据配第－克拉克定理，伴随着经济发展和人均国民收入水平的提高，城镇化进程的加快，劳动力将由第一产业依次向第二、第三产业转移。转移原因是各产业间出现收入的相对差异。20 世纪 90 年代以前城乡二元户籍管理制度严格限制农业户口转为非农业户口、农村人口流入城市，导致农村和农业积蓄大量剩余年轻劳动力。农村人口可以向城市流动后，受劳动力市场需求和收入差异吸引，人口流迁日益频繁，农村居民或离土不离乡，或离土又离乡，进入城镇第二、第三产业从事非农职业。但也正是由于农业劳动力的相对过剩，工业部门作为农业剩余劳动力的雇主，在就业市场处于强势地位，在双向选择的过程中有更多的选择权。与老年劳动力相比，身体素质和文化素质都相对较高的青壮年劳动力往往更受青睐，在就业市场中占据优势和主动。

2013 年，我国农民工总量达到 2.69 亿，其中外出农民工 1.66 亿，本地农民工 1.03 亿。1980 年及以后出生的新生代农民工为 1.25 亿，占农民工总量的

46.5%，占 1980 年及以后出生的农村劳动力的比重为 65.5%。根据 2000 年和 2010 年北京市人口普查数据推算，10 年间北京市约有 45 万农业劳动力实现转移就业，2000 年 20～40 岁的农业劳动力占到 40% 左右。另外，2000 年超过 50% 的 20～40 岁农业劳动力在 10 年间实现转移就业。

（三）农村老年劳动力固守农业或进行填补性的农业劳动

北京市农业劳动力老龄化的原因还包括青壮年劳动力流失后的老年劳动力的固守性或填补性的农业劳动，这部分老年劳动力或仅是不愿流转自己的土地，或已承包经营别人流转出的土地，主要包括以下三类。第一类是固守农业的老年劳动力，这部分人一般没有外出务工，一直从事农业生产，对土地的感情较深，将农业劳动作为自己谋生的职业。第二类是返乡或退守农业的老年劳动力，这部分人曾经实现过转移就业，但因为在就业市场中处于劣势地位、难以融入城市生活、家庭团聚等原因而重返农村，出于家庭理性和经济利益考虑继续从事农业生产，维持生计。第三类是填补性的老年劳动力，有过去以家务劳动为主的女性老年劳动力，也有外来务农人员。其中，有数据显示，2012 年北京市的外来务农人员已经达到 12 万（实际人数可能要大于这个数量），有效填补了北京农业劳动力缺口，成为不可被替代的务农新群体。

但值得注意的是，北京市农村老年人并没有作为填补性劳动力加入到农业劳动生产中，这与全国其他地区情况不同。2010 年北京市农村 60 岁以上老年人的在业率仅为 17.6%，远低于 40.1% 的全国平均水平。这一是与北京市农村老年人财产性收入和社会保障水平较高有关，二是与北京市农地流转比例高有关（2013 年北京市流转土地 222.7 万亩，流转率为 49.9%），三是受北方传统文化中崇老敬老思想的影响。

三　对策建议

为应对北京农村劳动力老龄化问题，我们需要加强法治建设，以法治建设的新成就积极应对农村人口老龄化新问题。以法治建设应对农村人口老龄化，核心内容就是坚持依宪治国，破除城乡不平等的制度体系，建立城乡一体、开放平等的体制机制，尊重、保障和实现城乡居民的基本权利和自主选择，在法治的框架中推进新农村建设和新型城镇化协调发展。具体建议如下。

（一）按照统一公平的现代法治要求，破除城乡二元体制，加快推进城乡一体化

现代法治的基本理念是在全国实行统一、公平、开放的法律制度，尊重、保障和实现城乡居民的基本权利和自主选择。破除城乡二元体制，加快推进城乡发展一体化，是有效应对农村人口老龄化的根本制度保障。2015年4月30日，习近平总书记在主持中共中央政治局第22次集体学习时强调，推进城乡发展一体化的着力点是通过建立城乡融合的体制机制，形成以工促农、以城带乡、工农互惠、城乡一体的新型工农城乡关系，目标是逐步实现城乡居民基本权益平等化、城乡公共服务均等化、城乡居民收入均衡化、城乡要素配置合理化，以及城乡产业发展融合化。加快推进城乡发展一体化的核心，就是要改革城乡二元体制，废除城乡不平等的制度安排，建立城乡平等的公共政策，实现城乡居民权利平等。通过城乡一体化改革，一方面使农民不再是一种不平等的户籍身份，而是一种平等的职业身份。另一方面使农业这种职业与其他所有职业一样，平等向全体人员开放，农业不再是传统户籍农民才能从事的封闭性产业，而是所有人都可以选择的现代开放性产业。此外，通过改革，使农业成为有希望的体面产业，使农民成为有尊严的现代劳动者。要围绕上述目标，全面深化包括户籍制度在内的各项改革。按照以人为核心的新型城镇化要求，加快推进农民工市民化，鼓励和帮助城乡居民带着财产和家庭进行双向流动，自由地选择职业和居所，特别是要重点保护家庭的价值，切实让城乡居民在城乡之间自主追求人生理想和幸福生活。

（二）按照创新农业经营主体的要求，加快培养新型职业农民

加快培养新型职业农民是有效应对农村人口老龄化的人力资源保障。"有文化，懂技术，会经营"的新型职业农民是与现代农业的规模化、集约化生产经营相适应的，要加快建立新型职业农民制度。北京市目前的农业劳动力平均年龄大、受教育程度低，科技与创新能力不足，仍属于体力型和传统经验型农民。因此，应做到以下几点。首先，在稳定现有农业劳动力群体，提高其科学种田技能、营销拓展能力的基础上，加大对专业大户、家庭农场经营者、农民合作社带头人、农业企业经营管理人员、农业社会化服务人员、返乡农民工的培养培训力度。其次，依托北京市郊区这一特殊位置和有利条件，促进三次产业的整合发展，大力发展休闲农业和乡村旅游业这一郊区农村经济新的增长

点，鼓励和帮扶农业劳动力开展多种形式的休闲旅游观光采摘营销模式，切实提高农民的农业就业收入。再次，高度重视外来务农人员的重要作用，非京籍外来务农人员已逐渐成为北京市农业劳动力的重要组成部分，是应对农业劳动力老龄化最直接的重要力量，各级各部门要从现代农业发展的战略高度，妥善解决其农地经营权、基本公共服务等诸多现实问题，维护外来务农人员的基本权益。最后，着力吸引一批拥有农业学科背景、立志促进农村经济发展的青年农业接班人加入到北京农业行业中来，大力培育"现代农业创客"，为他们加快成长为京郊现代农业的"新农人"创造条件、提供服务，推动新时期"互联网＋农业"的大发展。

（三）按照发展农业适度规模的要求，加快引导农村土地经营权有序流转

加快引导农村土地经营权有序流转可以将分散的土地集中化，这有利于农业从劳动密集型向资金技术密集型转变，是有效应对农村人口老龄化的现代农业保障。从本文调查结果可以看出，北京市农村居民具有较强的土地流转意愿。根据 2014 年 11 月中共中央办公厅、国务院办公厅印发的《关于引导农村土地经营权有序流转发展农业适度规模经营的意见》，强调坚持农村土地集体所有，实现所有权、承包权、经营权三权分置，引导土地经营权有序流转，坚持家庭经营的基础性地位，积极培育新型经营主体，发展多种形式的适度规模经营，巩固和完善农村基本经营制度。一要加强农村土地承包经营权流转的管理与服务，为自愿流转土地的农民提供有效的服务指导，尤其应重点帮助有意愿耕种土地的小部分种植大户获得流转土地。二要建立健全土地承包经营权市场，完善农村产权交易，鼓励和规范农民以转包、出租、互换、转让等多种形式流转土地承包经营权。三要建立农民土地流转价格合理增长机制，确保承包农户和经营者的共同利益。四要把建立健全农业社会化服务体系作为农业适度规模经营的重中之重，克服片面理解和追求农业生产规模的倾向，同时要切实提高农村社会支持政策的针对性，包括为老年农业劳动力提供农业生产实用技术和技能，完善农业生产的产前产中以及产后的生产资料与品种供给服务，建立农业存量劳动力交流信息平台，等等。

（四）按照实现城乡基本公共服务均等化的要求，加快提高农村居民社会保障水平

提高农村居民社会保障水平是实现城乡基本公共服务均等化的重要组成部

分，也是有效应对农村人口劳动力老龄化的社会福利保障。从城乡方面来看，目前北京市已经建立了城乡一体的居民养老保险制度和居民大病医疗保险制度，但农村老年人受累积劣势影响，大部分只领取城乡居民老年保障福利养老金，仅大病可以在起付线以上报销部分医疗费用，另外农村居民最低保障标准也要低于城市居民。从行业方面来看，农业这个产业并未建立由职工基本养老保险、基本医疗保险、工伤保险、失业保险和住房公积金组成的保障制度。当前要着力完善农村人口的社会保障和社会福利，保障农业老年劳动力的收入和健康福祉，提高农村老年人的养老服务水平。一是建立涵盖农业在内的新型社会保障制度，使职业农民能与其他行业就业人员一样享受均等的社会保障待遇。二是进一步完善村级医疗服务，做好农村老年劳动力的慢性病预防与控制，并逐步为农村中老年人提供完善的医疗保健服务。三是鼓励各村级社区根据本村实际情况提供农村养老服务，总结现有农村养老服务模式的特点、适用性及可行性并加以推广，构建以村为中心的老人集中居住模式，鼓励空巢老人到集中居住区集中居住，完善居家养老服务体系，提高养老服务质量和水平。此外，要以服务为导向，大力发展健康养老服务产业。

（五）按照留住乡愁的文化理念，尊重老年人的劳动权利和耕种意愿

对于很多农业老年劳动力来说，种地不仅是为了维持生计，而且已经成为一种习惯性的劳动，一份对传统生活的追思，一项愉悦身心的锻炼。而实际上，这也是"乡愁"的一种，是乡村的农耕文明在不断被城市的工业文明冲击后的自我保留，体现了老一代人对土地深深的眷恋和依赖，也是农业文明不断延续与发展的重要体现。按照留住乡愁的文化理念，这份固执和留守是应该被包容和尊重。当农田机械化生产、组织化管理、市场化运营成为一种常态，仍有这样一群愿意面朝黄土背朝天、精耕细作、自给自足的小农，他们难道不值得我们敬佩和仰视吗？对于这部分老年人群体，我们应当理解他们的生活方式，尊重他们的自由选择，提供相应的农业技术支持与公共服务，尽量降低农业老年劳动力的农业劳动强度，维护老年人的劳动权利和耕种意愿，保证他们享有健康幸福的晚年。

（六）按照人口可持续发展规律的要求，加快调整完善计划生育政策

长期以来，北京是执行计划生育政策最严格的地区之一。现在，北京也是

人口老龄化最严重的城市之一。任何一项公共政策经过长期的严格执行后，都可能产生新的问题，需要与时俱进地进行改革与完善。实行了 30 多年的计划生育政策，加速了人口老龄化，已经使人口结构发生了历史性的重大变化。我们需要实事求是地正视农村人口老龄化的严重问题，加快调整计划生育政策。建议在实行"单独二孩"政策的基础上，尽快推行"全面二孩"政策，尊重和保障农村居民的生育权，实现人口的正常繁衍和可持续发展。要制定家庭保护法律法规，基层计生机构要与时俱进地转型为家庭保障机构，全面强化家庭保健服务。

课题组组长：张英洪

执　　笔：张英洪　刘妮娜

2013 年 12 月 21 日

第五篇　北京市人口老龄化与
生育政策研究

一　衡量人口老龄化的指标

关于人口老龄化，国际上通行的标准是，当一个国家或地区 60 岁及以上老年人口占人口总数的比例达到 10%，或 65 岁及以上老年人口占人口总数的比例达到 7%，即意味着这个国家或地区已进入老龄化社会。必须注意的一点是：老龄化是指老龄人口占总人口的比率，而不是指老龄人口的数量。例如，如果一个国家有 10 亿人口，其中有 1 亿老人，那么老龄化并不严重；如果一个国家有 100 万人口，其中有 40 万老人，那么老龄化是很严重的。为什么有 1 亿老人的国家老龄化不严重，而有 40 万老人的国家老龄化很严重？因为前者的老龄化率只有 10%，后者的老龄化率高达 40%。

衡量人口老龄化的指标，除了老龄化率以外，还有以下几个指标。

年龄中位数：是将一个国家或地区的全体人口按年龄大小排列，位于中点的那个人的年龄。年龄在这个人以上的人数和以下的人数相等。2010 年北京市常住人口的年龄中位数为 35.7 岁，常住户籍人口的年龄中位数为 41.5 岁，常住外来人口的年龄中位数为 29.6 岁。

老少比：老年人口数与少年儿童人口数的比值，用百分数表示。计算公式是：老少比 = （≥65 周岁人口数÷0~14 周岁人口数）×100%。

老年抚养系数（又称为老年抚养比）：是指人口中非劳动年龄人口数中老年部分与劳动年龄人口数之比，用以表明每 100 名劳动年龄人口要负担多少名老年人。总抚养系数包括老年抚养系数和少儿抚养系数。

二　北京市人口老龄化现状

根据国家统计局的数据，截至 2013 年底，全国 60 岁及以上人口为 20243 万人，占总人口的 14.9%，65 岁及以上人口为 13161 万人，占总人口的 9.7%。那么，北京市人口老龄化程度是高于还是低于全国平均水平呢？这要分两种情况来看。

第一种情况，从常住人口来看，根据北京市统计局的数据，截至 2013 年底，全市 60 岁及以上人口达 292.9 万人，占常住人口的 13.9%，65 岁及以上人口达 194.5 万人，占常住人口的 9.2%。可见，北京市常住人口老龄化程度略低于全国平均水平。

第二种情况，从户籍人口来看，根据《北京市 2013 年老年人口信息和老龄事业发展状况报告》，截至 2013 年底，北京市户籍总人口为 1316.3 万人，其中，60 岁及以上户籍老年人口为 279.3 万人，占总人口的 21.2%；65 岁及以上户籍老年人口为 191.8 万人，占总人口的 14.6%。可见，北京市户籍人口老龄化程度远高于全国平均水平。

表 1 列出了 2009 ~ 2013 年北京市分年龄组户籍老年人口状况，可以看出，从 2009 年至 2013 年，北京市户籍老龄人口比重和高龄人口比重均不断上升。

表1　2009 ~ 2013 年北京市分年龄组户籍老年人口状况

单位：万人，%

年龄组	2009 年		2010 年		2011 年		2012 年		2013 年	
	人数	占比	人数	占比	人数	占比	人数	占比	人数	占比
总人口	1245.8	100.0	1257.8	100.0	1277.9	100.0	1297.5	100.0	1316.3	100.0
60 岁 +	226.6	18.2	235.0	18.7	247.9	19.4	262.9	20.3	279.3	21.2
65 岁 +	166.7	13.4	170.5	13.6	177.6	13.9	184.6	14.2	191.8	14.6
70 岁 +	121.2	9.7	124.0	9.9	129.2	10.1	133.4	10.3	137.7	10.5
75 岁 +	71.2	5.7	75.7	6.0	81.8	6.4	87.9	6.8	93.4	7.1
80 岁 +	32.6	2.6	35.1	2.8	38.6	3.0	42.6	3.3	47.4	3.6
90 岁 +	2.1	0.2	2.3	0.2	2.6	0.2	2.9	0.2	3.3	0.3
100 岁 +	417（人）	—	434（人）	—	479（人）	—	544（人）	—	589（人）	—

三 外来人口大大缓解了北京人口老龄化程度

根据第六次人口普查数据，北京常住外来人口达 704.5 万，占常住人口的 35.9%，其中，60 岁以上外来人口所占比例仅为 3.39%，65 岁及以上人口仅占 1.8%。除去外来人员，北京本市户籍人口中，65 岁及以上的人口占比为 13.6%。可见，外来人口大大缓解了北京人口老龄化程度，推迟了其老龄化进程。

从乡村人口来看，2010 年户口登记地为市外的北京乡村人口有 70.2 万人，其中 14 岁以下的有 4.93 万人，占乡村外来人口的 7%，60 岁以上的仅有 1.6 万人，占乡村外来人口比重为 2.28%。而整个北京市乡村 60 岁以上老年人口比重为 14.67%。可见，外来人口也大大缓解了北京乡村人口老龄化程度。

从常住老年人口比例来看，2000 年以前，北京市就已进入老龄化社会，且老年人口规模大，增长速度快，人口老龄化程度一直高于全国平均水平。2000 年北京市 65 岁及以上老年人为 114.29 万人，占总人口的比重为 8.4%，2005 ~ 2009 年徘徊在 10% ~ 11%，2010 年降为 8.7%，2012 年 65 岁及以上老年人达 190.4 万人，占总人口的比重回升至 9.1%，比 2000 年上升了 0.7 个百分点，比 2011 年上升了 0.1 个百分点。2009 年之后北京市人口老龄化程度略微有所缓解，主要是因为有大量的年轻外来人口涌进北京。

从第六次人口普查就业结构数据来看，北京常住就业人口约为 977 万，其中，常住户籍就业人口 529 万左右，约占全部就业人口的 54%；从就业人口的年龄结构来看，16 ~ 34 岁的常住就业人口中，户籍人口占 40%，35 ~ 64 岁的常住就业人口中，户籍人口占 67%，而且随着年龄的增长，常住户籍就业人口占常住就业人口的比例逐步上升（见表 2）。

表 2 2010 年北京市常住人口分年龄段就业人口占比

单位：%

年龄段	常住外来就业人口占比	常住户籍就业人口占比	合计
16 ~ 19 岁	92.42	7.58	100
20 ~ 24 岁	69.08	30.92	100

续表

年龄段	常住外来就业人口占比	常住户籍就业人口占比	合计
25~29 岁	54.17	45.83	100
30~34 岁	51.13	48.87	100
35~39 岁	45.52	54.48	100
40~44 岁	38.46	61.54	100
45~49 岁	25.34	74.66	100
50~54 岁	17.74	82.26	100
55~59 岁	19.67	80.33	100
60~64 岁	25.61	74.39	100

四　北京人口老龄化与计划生育政策的关系

关于人口老龄化与计划生育政策的关系，国家卫计委负责人表示，"我国的老龄化问题与计划生育政策有一定的关系，但这绝非主要原因，这是人类社会的一个普遍现象"。虽然老龄化问题是人类社会的一个普遍现象，但不同国家的老龄化速度并不相同。中国由于实行计划生育，老龄化进程比发达国家快得多。用国家卫计委主任李斌的话来说："中国用大约30年的时间，就完成了发达国家用百年走过的人口转变历程，改变了人口发展的轨迹。"

事实上，人口老龄化的主要原因有两个：一是出生率下降，少儿的人口数量减少，比重降低，老年人口的数量和比重相对增加。即使老年人口数量没有增加，而由于少儿人口数量和比重的降低，老年人口占总人口的比重也会相对增加，从而提高老龄化程度。二是老年人口寿命延长，老年人口的比重增加，加速了人口老龄化。出生率下降和寿命延长都会改变人口的年龄构成，但出生率下降的影响更大。寿命延长使老年人口数量增加，但要影响到人口老龄化则需要较长的时间。而出生率的降低将立即减少少儿人口，提高老年人在人口结构中的比例。

出生率下降的一个重要原因是计划生育政策的实行。北京属于计划生育工作开展较早的城市。新中国成立后，首都北京的生产逐渐恢复、社会日益安定、医疗卫生设施得到改善、人口快速增长。从1950年至1963年，除1961年外，北京市"人口出生率都在30‰以上，其中有5个年份超过40‰，形成了北京市人口再生产的第一高峰期"（《北京志·综合卷·人口志》，2004）。中共北京市委办公厅编印的《情况简报（1964年2月5日）》显示，1963年北京市人口出生率和自然增长率都达到历史最高，"死生相抵，全市人口自然增长共25.9万人，自然增长率为38.30‰，达历史最高水平"。在这种情况下，北京市开展了一场计划生育运动。在运动过程中，北京市建立了逐级的计划生育组织，发现并培训了宣传骨干，同时进行了经常、深入和细致的宣传工作，初步形成了计划生育器具销售和医疗技术网络。通过这场计划生育运动，北京市人口自然增长率迅速下降。

1980年全国实施"一胎化"政策以后，北京的生育率进一步下降。1988年全市首次实施了计划生育目标管理，确立了计划生育工作的总目标、人口控制目标和工作目标，第一次下达了人口数量指标。除1982年、1987年受育龄妇女生育高峰影响，人口出生率较高，分别为20.04‰、17.29‰外，其余年份人口出生率均在15‰左右；人口死亡率趋于稳定，在6‰左右；人口自然增长率在10‰左右。1990年全市计划生育率由1980年的90.91‰提高到96.4‰，人口自然增长率由1980年的9.27‰下降到6.6‰。

除了计划生育这个因素以外，导致北京生育率降低的另一个原因是社会经济的发展。在一般情况下，经济、社会发展水平越高，生育率越低。北京作为我国首都，在社会、经济发展水平方面居于我国前列，因此，北京的生育水平居于我国最低之列。

五 严重老龄化对北京带来的挑战

第一，北京人口老年抚养系数不断上升，社会用于老年人的支出加大，社会积累下降。2013年底，按15~59岁劳动年龄户籍人口抚养60岁及以上户籍人口计算，北京市老年抚养系数为31.5%（相当于平均3.15个劳动力抚养一位老年人），比上年增加2.1个百分点；按15~64岁劳动年龄户籍人口抚养65岁及以上户籍人口计算，老年抚养系数为19.8%，比上年增加0.7个百分点（见表3）。

表3 2009～2013年北京市户籍人口抚养系数比较

单位：%

不同年龄组（岁）	2009 年			2010 年			2011 年		
	少儿抚养系数	老年抚养系数	总抚养系数	少儿抚养系数	老年抚养系数	总抚养系数	少儿抚养系数	老年抚养系数	总抚养系数
(0～14，60＋)	12.6	25.3	37.9	12.8	26.0	38.8	13.3	27.6	40.9
(0～14，65＋)	11.9	17.5	29.4	12.0	17.6	29.6	12.4	18.4	30.8

不同年龄组（岁）	2012 年			2013 年		
	少儿抚养系数	老年抚养系数	总抚养系数	少儿抚养系数	老年抚养系数	总抚养系数
(0～14，60＋)	14.1	29.4	43.5	15.0	31.5	46.5
(0～14，65＋)	13.0	19.1	32.1	13.8	19.8	33.6

注：少儿抚养系数为少年儿童人口数除以劳动年龄人口数；老年抚养系数为老年人口数除以劳动年龄人口数；总抚养系数为少儿抚养系数加老年抚养系数。

第二，老年人患病率高，慢性病患者增多，医疗费用消耗高；而且，老年人口中高龄人口的比重不断快速上升。因此，医疗费用支出大幅度增加。2009年，北京市医疗卫生机构支出总额为669.2亿元，2013年达到1311.7亿元，约增长1倍。

第三，传统的家庭养老模式受到冲击。随着社会发展和人口老龄化，家庭结构趋向小型化，家庭中能够照顾老人的年轻成员越来越少。独生子女进入婚育年龄，成为家庭主角之后，家庭小型化和家庭功能的削弱，必然对家庭养老的传统带来挑战。由此而带来的老人赡养、日常照料和精神慰藉乃至住房等问题都将日益突出。家庭规模的缩小和家庭养老服务资源的供给能力相对下降，使人们对社会养老服务的依存度提高。

六 北京市农村人口老龄化问题

根据北京市统计局发布的数据，2012年北京市常住人口为2069.3万人，其中，乡村人口285.6万人，占常住人口的比重为13.8%。

从 1978 年到 2012 年，北京市常住人口从 871.5 万人增长到 2069.3 万人，城镇人口从 479 万人增长到 1783.7 万人，占常住人口的比重从 55% 上升到 86.2%；而乡村人口从 392.5 万人下降到 285.6 万人，占常住人口的比重从 45% 下降到 13.8%。

与全国比较：从 1978 年到 2012 年，我国人口从 9.63 亿人增长到 13.54 亿人，城镇人口从 1.72 亿人增长到 7.12 亿人，占总人口的比重从 17.9% 上升到 52.58%；而乡村人口从 7.9 亿人下降到 6.4 亿人，占总人口的比重从 82% 下降到 47.27%。

根据第六次人口普查数据，2010 年北京市乡村 60 岁以上老年人口比重为 14.67%。

与城市人口老龄化比较：2010 年北京城市 60 岁以上老年人口比重为 12.29%，可见，北京市乡村老龄化人口比例高于城市。

与全国乡村人口老龄化比较：2010 年我国乡村 60 岁以上老年人口比重为 14.98%，可见，北京市乡村老龄化程度与全国没有显著差别。

近年来，随着城市化进程的发展，我国有大量青壮年劳动力从农村流入城市，在降低城市老年人口比重的同时却提高了农村实际老龄化程度。农村老年人面临着诸多的困难和问题，其中包括生活水平较低、健康状况不佳、自理能力下降、经济来源匮乏等问题。北京市也不例外，近年来养老问题尤其是农村"留守老人"的问题越来越严重，数据显示，北京城镇老人与子女共同居住的比重比农村高 8.5%，同时农村独居老人的比重为 15%，比城镇高 6.9%。为了应对这种问题，北京 2008 年下发了《关于深入开展居家养老服务试点工作的通知》，启动居家养老服务试点工作，要求根据老年人养老服务需求，选择服务单位、设定养老服务项目，为老年人提供内容丰富、优质规范的居家养老服务。

随着北京市农村育龄妇女的减少，北京农村的出生人数将进一步减少。2010 年北京市乡村人口总和生育率为 0.72，城市人口总和生育率为 0.70。尽管乡村人口生育率略高于城市，但仍属于极低行列，仅相当于更替水平的三分之一。根据《北京统计年鉴 2013》的数据，2011 年，北京户籍人口中，非农业户口已婚育龄妇女有 145.2 万人，农业户口已婚育龄妇女有 59.9 万人；2012 年，非农业户口已婚育龄妇女增加到 148.9 万人，农业户口已婚育龄妇女却减少到 57.5 万人。

七　政策建议

为了应对北京市人口老龄化问题，我们提出以下建议。

1. 鼓励符合政策的夫妇生二胎

北京市的生育率已降到极低的水平，2010 年人口普查数据显示，北京市总和生育率仅为 0.71，大约相当于更替水平的三分之一。低生育率是人口老龄化的主要原因之一，因此，为了缓解老龄化问题，有必要适当提高现在过低的生育率，其中首要措施是放开生育。此外，还应该在税收、教育、医疗、就业等各个方面切实减轻养育家庭的负担，让普通家庭生得起孩子，养得起孩子。

自 2014 年 2 月 21 日北京市人大常委会通过《北京市人口与计划生育条例修正案》，正式实施"单独二孩"政策，至 11 月 30 日止，北京市"单独二孩"申请数和办证数分别为 28078 例和 26209 例。"单独二孩"政策实施 9 个多月来，平均每个月的申请量为 3000 多例，但最近几个月申请量逐月递减。以申请量为例，8 月"单独二孩"申请量为 2976 例，9 月为 2683 例，10 月为 2334 例，11 月为 1812 例。2 万多对夫妻申请，与北京一年出生 20 多万新生儿的数量相比微不足道，况且真正出生的新生儿数量一定低于申请数量。例如，根据上海卫计委的数据，2008～2013 年这 5 年内上海约有 1.5 万对夫妻申请了双独二胎，只有 7000 多对最终生育。因此，放开"单独二孩"对提高生育率是杯水车薪，需要进一步全面放开生育。其实即使全面放开生育，生育率也不会高，其中一个重要原因是现在抚养孩子的成本过高。除了经济成本以外，抚养孩子还涉及妇女职业机会成本、精力成本等多方面。工作与孩子，都在争抢母亲的精力，不仅是外界的竞争，有了孩子后大量分散的精力也让职场女性难以全身心投入到工作当中。

虽然北京市不能自行决定全面放开生育，但北京市可以出台措施鼓励符合政策的"双独"和"单独"夫妇生二胎。在这方面，北京市现行的一些规定是不合时宜的。本来，"单独二孩"政策是远远不够的，但北京市还出台了奖励放弃生二胎的规定。2014 年 2 月 25 日，北京"单独二孩"新政公布实施细则，并下发至基层计生部门。细则规定，符合条件而自愿放弃再生育的，可按规定获得不少于 500 元的一次性奖励。虽然奖励放弃生二胎的金额并不高，但这向社会发出了一种错误的信号，让人们认为少生孩子是值得提倡的行为。事实上，十八届三中全会决定启动实施"单独二孩"政策时提出要"促进人口长期均衡发展"，要实现这一目标，需要使生育率保持在世代更替水平附近。

2. 放宽对外来人口的限制

如前所述，北京市总和生育率大约只相当于更替水平的三分之一，这意味着，如果没有外来人口，每过一代人，北京的人口将减少三分之二，两代人以后就只剩下原来的十分之一左右，整个城市将彻底瘫痪和衰亡。

鼓励生二胎和放宽对外来人口的限制都会增加北京人口总量。有人认为北京现在人口已经太多了，需要严格控制北京人口总量。为了论证北京的资源环境所面临的人口压力，2013 年 3 月 19 日，由中国社会科学院、首都经贸大学，以及国家发改委、北京市发改委等单位专家组成的课题组完成的《京津冀发展报告（2013）——承载力测度与对策》正式发布。报告对京津冀区域的人口、土地、水资源、生态环境、基础设施等方面的承载力进行实证研究。报告宣称，北京市 2011 年常住人口已达 2018.6 万人，人口密度由 1999 年的 766 人/平方公里增加到 2011 年的 1230 人/平方公里，已经超出了土地资源人口承载力。

很显然，每平方公里的 1230 人指的是北京市行政区划内的人口密度。其实，这个密度在国内要小于上海的 3754 人、广州的 1708 人和深圳的 6554 人，在国际上也要远小于纽约的 6873 人、莫斯科的 4581 人，更远小于行政区划面积小得多的伦敦、巴黎、东京和发展中国家的绝大部分大城市。实际上，按行政区划来计算，北京的人口密度在全球可比的城市中几乎是最低的。当然，这种比较并不公平，因为北京的行政区划涵盖很多远郊区县，特别是延庆、怀柔、密云、平谷等人口密度都很小，而北京的中心区域则居住了 80% 以上的人口，所以上述人口密度并不能真正反映北京城区的拥挤程度。

为了进行有意义的比较，我们根据人口统计研究所（Demographia）的数据把单个城市集聚体的拥挤度定义为其建成区的人口密度，也就是建成区人口/建成区面积。根据该数据 2013 年版本，在全球 224 个人口超过 200 万的城市聚集体中，北京的拥挤度（建成区人口密度）处于第 138 位，属于中等偏轻的水平，高于大部分发达国家的大城市，如东京、巴黎、纽约等，但低于大部分发展中国家的大城市，如巴西的圣保罗、里约热内卢和土耳其的伊斯坦布尔、安卡拉等。巴西的面积是中国的 89%，人口仅有中国的 14%。阿根廷面积是中国的四分之一，土壤肥沃，但首都布宜诺斯艾利斯集中了全国 4000 万

人口的三分之一，拥挤度与北京相当。

中国是全世界人口最多的国家，同时也是经济发展最快的国家之一。北京作为中国的首都以及文化、教育和科技中心，即便成为全球人口规模和面积最大的城市也是情理之中。但上述比较说明，无论是从人口规模还是城市面积来看，北京甚至连世界前10位都进不了，北京的拥挤程度在世界大城市中更是处于中等偏轻的水平。换言之，从世界范围来看，所谓北京人口太多、规模太大的说法是站不住脚的。

3. 逐步打破户籍限制，取消户籍带来的养老、医疗等诸多方面的城乡不平等待遇

2014年7月，国务院印发《关于进一步推进户籍制度改革的意见》，提出"统一城乡户口登记制度"的发展目标，户籍制度改革也将有助于促进北京实现城乡均衡化养老。

4. 改善养老护理员的待遇

随着北京老年人口（尤其是高龄人口）的不断增多，对养老护理员的需求量也越来越大。北京市民政局相关负责人2013年8月在接受媒体采访时介绍，截至2012年底，北京市养老机构共有400余家，机构中的养老护理人员有5500余人，"但目前养老机构护理员需求应在1.5万人至1.6万人，尚存在较大缺口"。养老护理人员缺口的原因在于养老护理员这个职业的尊严不够，收入低，工作也非常辛苦。今后北京有必要推出一些促进政策，提升养老护理员这个职业的尊严和待遇。

参考文献

《北京市2010年人口普查资料》，http：//www.bjstats.gov.cn/tjnj/rkpc-2010/indexch.htm。

北京市第六次人口普查办公室编《北京市常住人口年龄构成状况》，http：//www.bjstats.gov.cn/rkpc_ 6/pcsj/201105/t20110530_ 203331.htm，2011年5月30日。

北京市统计局、国家统计局北京调查总队编《北京市2013年国民经济和社会发展统计公报》，http：//www.bjstats.gov.cn/xwgb/tjgb/ndgb/201402/t20140213_ 267744.htm，2014年2月13日。

北京市老龄工作委员会办公室：《北京市2013年老年人口信息和老龄事业发展状况报告》，http：//zhengwu.beijing.gov.cn/tjxx/tjgb/t1369122.htm，2014年9月13日。

北京市统计局、国家统计局北京调查总队编《北京统计年鉴2013》，http：//www. bjstats. gov. cn/nj/main/2013-tjnj/index. htm。

尹德挺、张洪玉、原晓晓：《北京人口红利的结构性分析和形势预判》，《北京社会科学》2014年第1期。

《卫计委：我国老龄化主因绝非计划生育》，http：//theory. people. com. cn/n/2013/0904/c49154 – 22798891. html，2013年9月4日。

吕诺：《李斌：中国用30年完成了发达国家百年人口转变历程》，http：//news. xinhuanet. com/politics/2011 – 10/30/c_ 111134247. htm，2011年10月30日。

王凛然：《20世纪60年代北京市计划生育运动述论》，http：//www. hprc. org. cn/gsyj/shs/ylwss/201404/t20140404_ 273966. html，2011年1月15日。

《新中国成立以来北京城市规划与人口发展》，http：//zhengwu. beijing. gov. cn/zwzt/jd90/xzlt/t1168488. htm。

李庆国、高杨：《北京探索居家养老 解决农村养老"最后一公里"问题》，http：//www. wokeji. com/nypd/ywjj/201408/t20140812_ 790342. shtml，2014年8月12日。

《关注老龄化：北京养老护理员缺口上万人》，http：//news. xinhuanet. com/overseas/2014 – 01/20/c_ 126030648. htm，2014年1月20日。

课题组组长：张英洪

执　　　笔：黄文政　何亚福

第六篇　北京市外来务农人员
调研报告

"谁来种地"的问题，在经济发达地区特别是大城市郊区更为尖锐，因为当地农民的务工经商机会更多，其他收入来源更多，种地意愿及动力更弱。这个空白近年来逐渐为外来务农人员所填补，成为先进地区特别是大城市郊区农业的一个趋势。外来务农者在城郊农业中的重要性，是一个值得研究的新问题。我们近年来对北京外来务农人员进行了一些调研。2014 年 12 月，我们在房山区青龙湖镇果各庄村、延庆县张山营镇胡家营村以及顺义区的北京兴农天力农机专业合作社开展实地调查，对村干部及合作社负责人进行了访谈，并对 15 名外来务农人员做了个案研究。此前，我们曾于 2013 年在海淀区西北旺镇土井村对 60 户种植大棚蔬菜的外来务农人员进行过调研。现将研究的结果报告如下。

一　外来务农人员基本情况

1. 外来务农人员人口数量和规模

据北京市流动人口管理信息平台统计，截至 2012 年 7 月，全市共登记来京务农流动人口 12 万人。[①] 这一数值与上海市的情况近似。北京市农村经济收益分配统计年报显示，2014 年北京郊区农村经济 6 个经营层次外雇本单位以外农民工 130048 人，比 2013 年的 136097 人减少 4.4%，比 2012 年的 163430 人减少 20.4%。在北京 14 个涉农区县中，2014 年外雇农民工最多的是顺义区，为 27852 人，占全市总数的 21.4%；最少的是延庆县，为 1604 人，占全市总数的 1.2%。另据北京市统计局数据，2013 年北京乡村居住半年以上

---

①　以下数据除另有注明之外，均与此同一来源。

常住外来人口 226.8 万人，其中从事第一产业者 5.7 万人。上述统计口径的数据差异较大，表明目前我们在这方面的统计工作仍不健全，缺乏统一的口径以及针对外来务农人员的数据采集和汇总制度。

本文采用北京市流动人口管理信息平台的数据，除参照上海的情况外，亦参照了武汉的情况。过去曾有报道称，2005 年武汉市有关部门的统计数据显示，城市郊区务农的外来人员共有 5 万多人，其中仅洪山区建设乡就有外来务农人员 1200 户，3000 多人，种植着上万亩菜地。① 上海市农业普查数据显示，2010 年底上海市直接从事农业生产的外来人员约 13 万人，占全市农业从业人员的 27.6%。② 其发展到今天，外来务农人员应当有成倍的增长。

关于北京外来务农人员占农业从业人数的比率，则参照 2011 年全市农业从业人数 59.1 万人的情况，③ 估算其数值约为 17%，即每百名农业从业人员中，有 17 名为外来务农人员。进一步从劳动时间看，外来务农人员一般全职务农，而本地农民兼业普遍，因此外来务农人员所发挥的实际作用与其较低的人数比例形成鲜明对比。

2. 外来务农人员人口结构

从年龄上看，外来务农人员主要是 16～60 周岁的男性和 16～55 周岁的女性劳动适龄人口，分别为 6.9 万人和 4.2 万人，共计 11.1 万人，占来京务农流动人口数量的 92.6%；60 周岁以上的男性和 55 周岁以上的女性人口分别为 0.5 万人和 0.3 万人，共计 0.8 万人，占 6.9%；此外还有 16 周岁以下人员 0.1 万人，占 0.5%。从我们两次调研的访谈对象看，老年人及未成年人均随劳动适龄家庭成员一起生活、劳动，形成两代甚至三代人家庭。

其中 30～49 岁的壮劳动力是外来务农人员的主体。如图 1 所示，土井村 60 户调研样本当中，有三分之二属于这个年龄段。

从性别上看，外来务农人员有男性 7.4 万人，占来京务农流动人口数量的 61.8%；女性 4.6 万人，占 38.2%；男女比例为 1.6:1。

从婚姻情况看，已婚人员 8.8 万人，占来京务农流动人口数量的 73.3%；

---

① 夏晓虹：《关注城郊外来务农人员：不该被遗忘的角落》，http://www.aweb.com.cn/2005/3/29/10443216.htm，2005 年 3 月 29 日。

② 九三学社上海市委：《加强城郊结合部地区社会管理和服务》，http://shszx.eastday.com/node2/node4810/node4836/node4840/userobject1ai50050.html，2011 年 12 月 7 日。

③ 农业情报研究室：《北京市都市型现代农业发展形势分析与前景展望》，http://www.agri.ac.cn/news/nykjck/2014415/n377996813.html，2014 年 4 月 15 日。

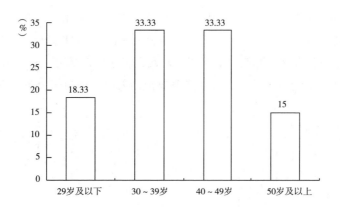

图1　土井村60户外来务农人员调研样本的年龄结构

未婚人员3.1万人，占25.8%；离异或丧偶人员0.1万人，占0.8%。

我们两次访谈的75名外来务农人员，大多数都是夫妇共同务农，有的还增加男性家庭成员及亲戚，其原因在于家庭农业特别是长年种植的大棚蔬菜需要较强的劳动力。

从教育程度看，小学及以下学历1.3万人，占来京务农流动人口数量的10.8%；初中学历8.7万人，占72.5%；高中学历1.4万人，占11.7%；大学及以上文化程度的有0.6万人，占5.0%（见图2）。

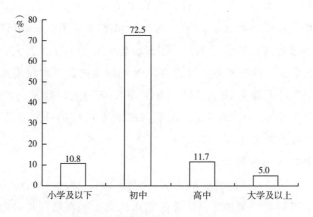

图2　北京市外来务农人员教育程度

3. 外来务农人员人口流动区域

外来务农人员来源地区前 10 位的省份分别是：河北 3.0 万人、河南 2.5 万人、山东 1.1 万人、四川 0.8 万人、安徽 0.6 万人、黑龙江 0.5 万人、湖北 0.4 万人、内蒙古 0.4 万人、山西 0.3 万人、江苏 0.3 万人。这 10 个省份在京务农流动人口合计 9.9 万人、占来京务农流动人口数量的 82.5%（见图 3）。

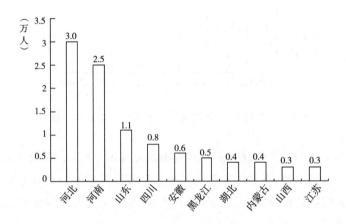

图 3　北京市外来务农人员主要来源地区

外来务农人员在北京的区域分布情况为：首都功能核心区（东城、西城）共有来京务农流动人口 0.1 万人，占来京务农流动人口数量的 0.8%；城市功能拓展区（朝阳、海淀、丰台、石景山）共有 4.1 万人，占 34.2%；城市发展新区（大兴、通州、顺义、昌平、房山）共有 6.7 万人，占 55.8%；生态涵养发展区（门头沟、怀柔、平谷、密云、延庆）共有 1.1 万人，占 9.2%。

从户籍性质看，外来务农人员存在从外地城镇向北京农村流动的现象。他们当中的农业户口人数为 10 万人，占来京务农流动人口数量的 83.3%；非农业户口人数为 2 万人，占 16.7%。这部分非农业户口的外来务农人员，来源于外地城镇，是值得关注的一类人。

4. 外来务农人员来京时间

目前对外来务农人员的统计缺乏来京时间指标。从我们调研的个案看，来京时间长的有 20 多年。例如来自河北的霍志伟夫妇俩在延庆县张山营镇黄檗寺村种植药材已有 22 年。海淀区西北旺镇土井村接受访谈的 60 名外来务农人员中，在京居住时间最少的也有 4 年，最多的有 20 多年，大部分在 10 年左右。

外来务农人员来京时间并不等于其务农时间，其中有的来京先从事其他职业，而后才转向务农。海淀区西北旺镇土井村接受访谈的 60 名外来务农人员当中，78.3% 的人是直接从老家来北京种地的，有 15% 的人曾在京打工，6.7% 的人在京做过小生意。

外来务农人员的来京时间与他们当前所在区域和村庄也不一致，他们会在各区县、各乡镇、各村之间流动。其中主要原因在于租地资源的变化，一些农地转为城市建设用地，外来务农人员就会转移到其他地方租地经营。例如来自河南的 49 岁的王改中，2002 年与妻子来到北京，先后去顺义区和丰台区租地务农。后来由于丰台区的土地要收回，2009 年夫妇俩又转移到房山青龙湖镇果各庄村。来自河南信阳的张先生 1996 年开始在海淀区唐家岭租种菜地，后来由于拆迁，2004 年转移到海淀区西北旺镇土井村。其实，海淀区西北旺镇土井村的耕地也将转变用途进行建设，届时这些外来务农人员会再次流动到别的村。

二　外来务农人员的农业经营和生计方式

1. 土地流转方式和地租水平

外来务农人员与村集体签订租地合同，获得耕地使用权。海淀区西北旺镇土井村集体耕地的 77% 由本村村民承包，大约每人 2 亩，由个人支配使用。其余的土地大约 450 亩，仍由集体掌握，出租给外来务农人员。村委会在政府设施农业支持下，建设蔬菜大棚，每个大棚规格用地约为 1.4 亩，其种植面积约为 0.9 亩。外来务农人员视自己家庭经营能力，大多租用 1~4 个大棚，合同一年一签。每个大棚每年租金约 8000 元，年年租金都在涨。

另一种方式是与本地村民个人签订租地合同，有一年一签的，也有三年一签的。村民每家有几亩承包地，自己不愿耕种，或种不了那么多的，则出租给外来务农人员使用。

较为特殊的是租用二手地，这成为一种新趋势。一些本地或外地的大户或农业企业从村集体或村民个人手中流转较多的土地，并未完全用于自己的农业生产，而是进行简单的整治甚至不做整治，即转手出租给外来务农人员耕种。例如，来自河南的潘建会夫妇来京 13 年，过去在丰台租村集体耕地 6 亩，一年前因村里收回土地，他们来到房山青龙湖镇果各庄村，与一次流转用地的私人老板签合同，二次流转租地 4 亩，合同期是 10 年，每亩地租金大约 2000元，一年一交。

2. 以家庭经营为主的多种务农方式

外来务农人员有三种不同的从业形式：一是租地自主经营，自主进行生产和销售，获得收入，其中绝大多数为家庭经营，少数为农业投资人和创业者经营；二是当农业雇工，给村里农业大户或专业合作社当雇工；三是当农业工人，受雇于农业企业。其中第一种形式当中的家庭经营是主要的，我们两次调研的个案，基本上为家庭经营，另有几例为合作社雇工。

外来务农人员的不同从业形式，可从他们的户籍特点管窥一斑。占来京务农人员16.7%的2万非农业户籍人员，主要为农业企业工作人员，其中包括农业投资者和创业者。

此外，还可以从外来务农人员的居住方式管窥他们的从业方式。来京务农人员当中有3.3万人住在单位内部（占27.5%），他们必定是农业企业工作人员；住在自购房屋的0.5万人，则多为农业投资人和创业者；住在工作场所、出租房屋以及借住或寄宿的8.2万人（占68.3%），则绝大多数从事家庭农业经营。

外来务农人员的从业方式从一个侧面反映了北京现代农业经营体系的发展。发展多元化经营主体，近年强调经营规模，发展资本、技术密集的集约化经营，农业企业得到较多的政策支持，但实际上其作用仍然不充分，外来务农人员参与的农业，仍然以家庭经营为主。其原因之一，在于农业企业在劳动管理上不同于其他行业，因此有的企业采取应对策略，套取政策红利大规模流转土地之后，再转手租给外来务农人员进行家庭经营。

3. 外来务农人员家庭农业的产品销售

外来务农人员的家庭农业在农产品销售上仍然采取传统渠道。其蔬菜的销售方式主要有两种（见表1）。

一种方式是自产自销，即自己出去卖。由于去菜市场卖菜需要缴纳昂贵的摊位费和管理费，因此这些自产自销的外来菜农只能走街串巷，个别可以联系到饭店的家庭，则直接将菜卖给饭店。这些菜农的交通工具一般都是脚蹬三轮车，也有极少数家庭使用摩托车或者小面包车。

另一种方式就是批发给菜贩子，被动地等待菜贩子来菜地收购。菜贩子有的是批发市场的中介，有的则是零售商。他们在菜市场有着自己的摊位，每天交市场管理费，有的交十多元，有的二十多元。菜市场规模不一样，收取管理费金额也不一样。

这两种方式各有利弊，根据多位受访者的回答，整理归纳如表1所示。

表1　外来务农人员家庭农业产品销售方式及其利弊

销售方式	优　　点	缺　　点
自销	价格相对较高，利润高	时间成本大，自己卖菜耗时间
	节省销售成本（不用交摊位费和管理费）	耗人力、物力和精力（交通工具差，家庭主要劳动力少，费体力）
	销售相对灵活	销售量较小
批发	时间成本，人力和物力成本小（省时间，省体力）	价格低，利润小（市场价比批发价高一倍多，批发商比菜农赚得多）
	销路有保障（不怕卖不出去或者卖不完）	批发商对蔬菜质量要求高
	省事（省去了销售环节）	批发商根据市场的需求收购蔬菜种类，有些蔬菜不收购

4. 外来务农人员家庭农业的收入

我们访谈的个案主要是种植蔬菜的家庭农户，总的感觉是，他们认为来京务农收入不高，但比在家乡务农收入高些。与打工相比，务农收入略低些，但对租地较多的外来农户来说，农业收入与打工收入差不多。北京兴农天力农机专业合作社的农业雇工，工资水平与外来务工人员相当。这解释了他们来京务农的动力，也说明北京具有农业经济潜力及比较优势，其完全可以通过吸引外来人员来解决没人种地的问题。

在访谈中，收入是一个比较敏感的问题，我们从受访者的访谈资料中选取了15个能反映种菜收入整体水平的个案进行分析。他们种植大棚蔬菜的面积从0.7亩到2.4亩不等，多数为1.3亩，年纯收入从1万元到3万元不等，多数为2万元左右，平均每亩大棚蔬菜的年纯收入为15767元。这表明北京外来务农人员的家庭经营规模还很小，单位面积的收入水平较高。

这一调查结果可与上海的一项调查相互印证。研究显示，上海种植粮食的外来务农人员平均种植面积为46亩，纯收入3.5万元左右，与外来务工人员的年工资水平相当。种菜的外来务农人员，大多认为最优规模是6亩多，实际上很少有种菜超过7亩的菜农。调研的一家夫妻自营菜农，种6.6亩大棚蔬菜，夏季种丝瓜，接下来种葛笋、冬瓜与斑豆等，一年纯收入约为7.7万元，平均每亩收益为1.17万元。[①] 其收益与外来务工人员相当。

---

① 刘付春：《都市郊区农民工研究——基于上海市Z镇的实证分析》，华东理工大学硕士学位论文，2011。

5. 外来务农人员的居住方式

外来务农人员的居住方式有五种，包括住出租房屋、住单位房屋、借住或寄宿、住在工作场所、自购房屋居住（见表2）。除极少数自购住房之外，其他居住方式的外来务农人员在住房支出上较低甚至为零。务农人员租住村民的房子，与市内及近郊租房相比，租金较低。住房与工作场所接近，节省了通勤交通成本。

表2　北京市外来务农人员的居住方式

住所类型	居住人数（万人）	比重（%）
住在出租房屋	4.9	40.8
住在单位内部	3.3	27.5
借住或寄宿	1.2	10.0
住在工作场所	2.1	17.5
住在自购房屋	0.5	4.2

外来务农人员中有17.5%的人住在工作场所，更是零成本的居住。种植大棚蔬菜的外来务农人口家庭，其房租都包含在地租里了。蔬菜大棚的特殊构造包括了约10平方米的工具间，普遍被利用起来住人。一家人租种两三个大棚，有两三个工具间，虽然面积不是很大，但是在北京这样"寸土寸金"的地方，他们自己已经觉得很满意了。

6. 外来务农人员的生计策略

与务工相比，务农有着一些附带利益，这也是外来务农人员所重视的。除前述住房成本之外，受访者普遍重视家庭农业的工作自主性。当年在老家的务农经历，使他们可以适应这样的劳动，反而不适应企业的工作。

兼业是外来务农人员通常采取的生计策略。除农业收入外，外来务农人员往往还兼做一些零工。农业生产的自然过程会出现劳动时间分布不均，农民的经营规模是按照农忙季节的经营能力决定的，因此出现农闲时间，可打零工。这比老家优越，因为接近城市，打零工的机会更多些。从事设施农业的农民，生产时间不完全受自然条件局限，打零工的时间相对较少。有的外来务农人员家庭表现为"一家两制"，除务农外，还有部分家庭成员专职务工。表3总结了外来人员选择务农而不是务工所关注的一些因素，其中优势因素比劣势因素更多，对他们更为重要。

受访谈的外来务农人员普遍认为他们可以避免务工存在的许多弊端，包括：务工不自由，受约束；存在拿不到工资的风险；有的工作比较危险；务工通常存在家庭分居；进厂打工的妇女无法照顾身边的孩子。

表3　外来人员选择务农生活所关注的主要因素

务农的优势	务农的劣势
1. 灵活、自雇的生产方式	1. 工作时间不固定，影响做其他兼业职业的长期性
2. 与原来的生活方式相同，原本就是农民，不需要太高的技术门槛	2. 收入受自然灾害、病虫害、市场等因素影响较大
3. 大棚旁有住房，省去租房费用	3. 蔬菜大棚内工作环境差、湿度高，对身体健康影响较大
4. 农闲时可做临时工，有农业收入之外的收入	4. 前期需要较大生产资料投入
5. 城市消费高，种菜可减少部分生活开支	
6. 大多经老乡介绍而来，老乡之间可交流种菜经验	
7. 对于年龄偏大的农民工是个不错的选择	

三　外来务农人员存在的问题

1. 外来务农人员家庭农业的短期行为

租地合同对农民的经济行为影响很大，成为外来务农人员短期行为的根本原因。城市资本下乡流转土地，往往有较长的合同期。而外来务农人员从事家庭经营的流转合同，往往是一年一签。这种做法可以给村集体以及采取双层策略的农业企业主以更大的弹性，以便到期重新配置土地，甚至以便涨价。事实上，地租几乎每年都在上涨。这样的做法，使外来务农人员觉得经营具有极大的不确定性，很难有长期打算。

外来务农人员在城郊缺乏生活根基，也会影响到生产的短期行为。外来务农人员的生活基础不在城郊，他们当中有的还在不断找机会，甚至寻找打工的机会，说走就走，没有生活上的牵挂。他们的根仍然在老家，随时可以回去。而且，老家也有不少因素会影响到他们，例如家乡的老人不能种地了，甚至需要照顾了，他们就会回去。

从外来务农人员生命周期的生计安排看，他们目前也缺乏在北京生活的长期打算，这会影响到他们的经济行为。他们没有把这里的农业当成终身事业来做，而是为了适应某个阶段自己具体情况的安排，甚至作为一种过渡。

短期行为对农业产生的不良影响是明显的：其一，外来务农人员家庭经营通常只从事一年生作物的种植，而多年生作物，例如果树，由于合同的不确定性，外来务农人员缺乏积极性，这限制了外来务农人员的经营范围；其二，短期行为使他们不关心农业生产的可持续性，不关注涵养地力，容易产生掠夺性生产；其三，由于外来务农人员大多是短期行为者，缺乏长远打算，整体上农业水平难以提升。

2. 外来务农人员的农产品质量意识淡薄

安全食品的源头在于农产品质量。上海九三学社在一次考察外来务农人员的调研活动中，就提出外来务农人员与城市食品安全的问题。城郊农民的产品基本上都卖到城里，考察者担心其生产行为只追求产量和产品卖相，忽视内在质量，出现安全隐患。①

外来务农人员缺乏产品质量意识，也没有感受到来自政府或社会化服务力量进行产品质量监管的压力。我国对农产品安全的监督通常设在流动环节，在市场上进行抽查，成为事后监督，有问题再回溯生产者。然而按照当前外来务农人员的产品销售方式，其不能进行产品溯源，这就影响了生产者的质量责任心。缺乏生产环节的监督，外来务农人员感觉不到压力，不利于形成食品安全意识。

品牌是产品的身份证，高品质的产品，需要有品牌来进行标识。外来务农人员的产品，普遍没有品牌。他们是小规模经营，自己做不了品牌，也没有能力做品牌，难以形成产品质量意识。

外来务农人员对生态农业不感兴趣。原因之一，在于品牌的缺失，消费者无法识别优质产品，内在质量好的生态产品卖不出好价钱。根本原因在于他们的短期行为，生态产品生产需要有植保技术的经验积累，需要得到消费者的认可，这都是一个较长时间的过程，需要有长期的努力。

3. 外来务农人员的农业技术不足

外来务农人员大多原来就有务农经验，在老家形成了农业技术。其中有的

---

① 九三学社上海市委：《加强城郊结合部地区社会管理和服务》，http：//shszx.eastday.com/node2/node4810/node4836/node4840/userobject1ai50050.html，2011年12月7日。

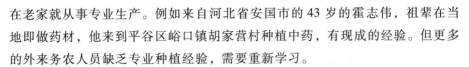

在老家就从事专业生产。例如来自河北省安国市的 43 岁的霍志伟，祖辈在当地即做药材，他来到平谷区峪口镇胡家营村种植中药，有现成的经验。但更多的外来务农人员缺乏专业种植经验，需要重新学习。

外来务农人员在专业合作社或农业企业工作，可以得到较充分的培训。例如北京兴农天力农机专业合作社发展草莓种植，就雇用了懂技术的师傅，对其他雇工进行培训。雇主出于对自己的经济利益的考虑，有较强的动力来加强对雇工的技能培训。

进行家庭经营的外来务农人员，为了适应生产需要，创新生产项目，也需要不断学习。但他们大多缺乏必要的学习条件。从我们调查的外来农户的情况看，普遍出现了技术老化的现象。他们学习技术的方式，主要是自己积累经验，也在小范围内相互交流经验，不过技术成长赶不上生产发展需求。例如来自河南省郸城县的 42 岁的潘建会提到，自己想种些其他品种的蔬菜，但是由于不懂技术，周围人也不懂，所以一直都不敢种，怕赔本。他很希望在这方面能得到一些种植技术服务，这样他就可以种一些经济价值更高的蔬菜。

4. 外来务农人员家庭农业缺少社会化服务

在农业推广方面，外来务农人员处于边缘人群位置。政府的农技推广体系，有着按照行政渠道运作的逻辑。一些涉及农业推广的项目，首先考虑的是本地农民，没有把外来务农人员纳入政策范围。有的惠农政策也向外来务农人员开放，但由于他们在当地缺乏社会资本，争取项目的能力有限，获得项目支持的人数很少。

在供销服务方面，外来务农人员都是直接面对市场，完全没有社会化服务。他们的农资从零售商处购买，没有组织起来开展团购。农产品销售仍然采取最传统的方式，在大市场面前十分被动。由于不了解市场，生产的品种选择有盲目性；缺乏自己的合作组织，在销售过程中没有规模优势，缺乏讨价还价能力。政府通过扶持合作社、支持农超对接等方式促进农产品销售，但这些措施很难惠及外来务农人员。

在信贷服务方面，外来务农人员面临的金融限制比本地农民更为严重，政策性小额信贷只面对本地农民；由于外地务农人员没有建立合作社，不可能利用专业合作社办信用合作的政策。他们用于农业生产的原始投入主要靠过去的积蓄，包括曾经务工、经商形成的资金，转而投入到农业，因此投入规模往往很小，经常需要向亲戚朋友借钱进行农业生产资金周转。

在农业保险方面，受访的外来务农人员反应较为强烈。特别是房山青龙湖镇果各庄的菜农，因为 2012 年 7 月 21 日北京遭遇特大暴雨，房山受灾尤为严重，所以他们对农业保险更为重视。调查发现几乎每户都遭受了或多或少的损失。政府支持的农业保险项目虽然向外来务农人员开放，但他们均未参加，不了解甚至不知道有这样的政策。

5. 外来务农人员缺少公共服务

外来务农人员存在一般外来工所共同面临的公共服务缺失问题，而且表现得更为突出。家庭农业由于有较固定的居住和生产条件，很多外来务农人员拖家带口，有未成年子女的，大多数带在身边，放在老家的较少，这就使他们在子女教育等方面的公共服务需求更为强烈。

在子女入园方面，家长主要担心附近私立幼儿园的教学水平，但他们又没有办法将子女送入公立幼儿园或者条件较好的私立幼儿园，因此绝大多数父母最终只能无奈地将子女送入附近的私立幼儿园就读。

在子女入学方面，根据北京市教委发布的《义务教育阶段入学工作的意见》，非京籍学生在京借读需具备"五证"。① 对于外来务农人员，由于没有具体的工作单位，在京务工就业证明的办理十分困难。很多家长迫于无奈只能选择让孩子在打工子弟学校就读。有的家长认为子女所接受的小学教育质量十分重要，当进入城市中拥有较好教育条件的学校无望时，他们便选择让子女回老家上学。

在高考升学方面，由于存在异地参考的限制，父母为了避免中学教育与高考的脱节，影响子女的考试成绩，他们会选择让子女回乡上学，部分家长因此选择回乡。

在医疗方面，外来务农人员在老家参加社会医疗保险，而他们的日常生产生活均在北京，一旦生病或有其他需要就诊的情况，医疗费用的异地报销便成了重大的困难。医疗费用异地报销困难主要是针对大病报销而言，因此也就具有了医药费用高的特点，一旦无法通过医疗保险报销，外来务农人员家庭将承受巨大的经济压力，甚至会出现"因病致贫""因病返贫"的现象。

6. 外来务农人员的社会融入问题

外来务农人员生活在"二元社区"当中。在现有户籍制度下，在同一地域范围内（如一个村落和集镇），外来人与本地人生活在不同的资源配置和社

---

① "五证"包括父母或其他法定监护人在京暂住证，在京实际住所居住证明，在京务工就业证明，户口所在地乡镇政府出具的在当地没有监护条件的证明，全家户口簿等证明、证件。

会规则之下，以至于形成了心理上的互不认同，构成所谓的"二元社区"。本地村民能够享受城市发展带来的成果，与外来务农人员形成比较优势，二者的差距逐渐拉开，使外来务农人员的社会融入问题更为严峻。

在居住方面，外来务农人员往往形成生活"孤岛"。海淀区西北旺镇土井村外来人口所承租的大棚是由村集体统一规划的，每家每户都有一个独立的小院子，院子里就是大棚和一间 6~15 平方米的小房子。大量的外来人口聚居在这里，已经形成一个由外来务农人口组成的聚居区。村委会在聚集区的一些出入口处安装了大门，并安排有工作人员值班。本地村民的回迁楼与他们是完全分离开的，形成了对比鲜明的相互隔离的居住区。这增加了外来务农人口居住的封闭性，拉开了他们与外界之间的距离，造成了他们交流和沟通上的障碍。这种隔离不仅仅是空间和地理上的，更重要的是心理上的。

外来务农人员的社会参与程度低。在我们的调查中，他们几乎从来没有参与过社区组织的活动，也大多不知道有关社区活动的相关信息。他们在社区决策过程中缺乏参与。外来务农人口的参与意识、维权意识淡薄。在社区管理中，外来务农人口往往是被动的管理对象。即使在自己的合法权益受到侵犯的时候，他们也缺乏有力的话语权，难以采取有效措施来维护自身的权益。

外来务农人员存在社会"内卷化"现象，在外部扩展和变化被限定和约束的情况下，转向内部的精细化发展过程。他们多是通过熟人、老乡带出来而形成的自发的农民组织，并且以"滚雪球"的方式不断传递和延续。这种同质性极强的群体在城市的生活、交往和工作上的社会资本状况，呈现明显的"内卷化"特征。

外来务农人口普遍存在"过客心理"。他们有的尽管来北京已经几年甚至十多年了，但对这里并没有表现出较高的社区认同，他们自身以"过客"自居。租种土地的不稳定性造成了他们频繁的流动性，频繁的流动性导致了他们漂泊的心态，而这种心态又是影响他们积极融入当地社区的主要原因，突出表现在对本地社区事务不关心、对本地村民不关注等。

四　加强对外来务农人员的服务和管理的建议

1. 充分认识外来务农人员对都市型农业的意义

外来务农人员是城郊农业的新生力量。外来务农人员的到来，解决了发达地区特别是城市郊区因农业劳动力产业转移引起的缺人种地的问题。其人数不断增加，在城郊农业劳动力中所占比重不断上升，成为一种必然趋势。

外来务农人员是都市型农业的主力军，与本地农民相比，他们务农的动机更强，利益驱动更明显，壮劳力比例更大，对农业的态度更为主动。外来务农人员多为主动务农者，他们更重视农业，因而土地经营动力强，效率较高。

本地仍然有一些村民在种地，往往表现为"惯性"务农，即原来种着地，虽然比较经济效益不高，但一些年龄较大的村民，出于对土地的感情，同时也不存在外出打工的机会成本，仍继续种着原来的地。与外来务农人员的"主动"务农不同，他们既不积极扩大耕种面积，也不积极追求农业收入，不强调种植高效的农作物品种，因此土地的产出率往往不高。很多人仍然种植着一直以来自身熟悉的作物，特别是粮食作物。而外来务农人员则追求效益高的品种，种粮食的很少，多种植经济作物。

2. 着手制定关于外来务农人员的系列政策

为改变当前对外来务农人员管理的自由放任状态，政府应着手制定政策，进行公共干预，把外来务农人员纳入北京农业公共服务体系的视野之内。

在这方面，各地已经有了一些探索，其中最为典型的是福建省泰宁县。其规定包括：①目标人群是长期从事经营的外来务农大户，经营土地面积在50亩甚至100亩以上，承包时间10年以上者，给予优惠政策。②在贷款方面，确定异地房产证及土地经营权证的担保作用。③粮补、农机补贴与本地农户同等待遇。④优先列入政府土地整理、标准农田建设、农业综合开发等项目。⑤因生产需要建造简易仓库等临时性用地，简化审批手续办理。⑥农业部门免费为县外人员开展以新品种、新技术、新肥料、新农药、新机具为主要内容的"五新"技术培训；无偿为县外人员提供农业政策法规、市场需求、耕地供求以及农业新动态等信息咨询。⑦就业、培训服务实行"四免二补"政策，即免费职业介绍、免费职业指导、免费政策咨询，补贴职业技能培训和职业技能鉴定服务。⑧县外人员在农业企业（办理工商营业执照、具备法人资格的单位）从事农业生产的，可由企业为其办理社会养老保险；对单家独户经营流转土地的县外人员，可以灵活按照就业人员身份参加社会养老保险。⑨外来务农人员其子女就学与常住户口适龄少年儿童接受义务教育一视同仁，就近接收入学。⑩承包流转耕地合同3年以上的县外人员，如果户主提出落户申请，公安部门应给予办理泰宁县常住户。这些经验值得研究和借鉴。

3. 逐步消除外来务农人员与本地村民的政策鸿沟

目前的农业政策是由人的户口性质和地籍决定的。外来务农人员的出现，与此产生了矛盾。各项惠农政策，针对的对象主要是本地范围内的农业户籍人员，外来务农人员未纳入政策视野之内。这种做法已不适应北京外来务农人员迅速发展的趋势。

惠农政策的目标应当是农地经营者和生产者，而不是所有权者或用益物权者。农业政策是为了激励农业生产，农业生产则取决于土地的使用者。因此，农业政策应当突破户口性质和地籍，面向土地使用者和生产者。其实，种粮补贴就反映了这种理念。外来务农人员是土地的实际使用者和生产者，是农业产出的关键，应当纳入农业政策的考虑范围之内。城市农业政策应率先开展这项工作，因为城郊外来务农人员比重较大，特别是在发达地区的城郊。

4. 密切外来农务农人员与村组织的联系

外来务农人员与村组织的关系，根本在于土地流转。城郊的土地流转，应当有较为集中的服务和管理。承包经营农户主导的土地流转，规范化差，规模小，地块零散，适宜于在村民之间进行流转，但不适于向外来务农人员流转。2014年9月中央关于土地流转的文件，肯定土地股份合作社是一个重要的方向。村里可通过股份合作，把承包经营的土地集中起来，通过股权明确承包者的利益，然后由村里统一进行流转。

村组织可在多方面支持外来务农人员的经济活动，不仅包括土地流转，也包括农业基础设施的提供。村组织长期以来在农业基础设施方面负有责任。即使合作社发展起来，它们在这方面也不能替代村组织的作用。城郊农村的特点是村办经济较强，其中多为非农产业。村组织应当进行适当微调，以工补农，进一步做好当地的农业服务。

外来务农人员也应参与到村组织中去。2014年修订的村民委员会组织法规定，非本地户口的村民，居住半年以上者，也有选举权和被选举权，可以参加本地的村民委员会选举。当地村民可能不容易接受这点，因为村委会的权力很大。按照土地法规定，村委会作为集体土地所有权代表行使权力。这与村民委员会组织法有矛盾。广东、浙江等地农村建立了经济合作社或经济合作联合社，并将其作为土地集体所有制的主体。在土地股份合作制下，股东代表大会成为集体经济最高权力机构。这样村民委员会就回归到自治组织而不是集体经济组织，外来务农人员参与其中，与当地集体经济就不存在矛盾了。

5. 处理好家庭经营与合作社、农业企业的关系

农村经济体制改革以来，我国已确立了以家庭经营为基础的农业经营体系。外来务农人员的出现，也适用于这样的农业经营体系。

外来务农人员主要应当从事家庭经营，通过土地流转获得农地经营权，直接从事生产劳动，成为独立自主的经营者。农业自主劳动是农业生产力的首要源泉，农村经济体制改革，根本就在于改变劳动形态，用自主劳动激发人们的积极性，这是家庭经营合理性的根本机制所在，外来务农人员也不例外。

农业企业也可雇用外来务农人员。城郊农业需要农业企业，其中有的是外来投资者和创业者办的。政府推进的农业现代化，需要推动民间资本发展农业企业。农业企业的优点是有利于解决农业投资及技术、农产品流通问题；缺点则是农业工人缺乏家庭经营那样的工作动力，劳动效率受影响。通过有效管理提高劳动质量和效率，在工业领域较容易推行，在农业领域则很难。

农业企业有两种经营模式，一是直接做农业生产，并基于生产做经营。这难以避免农业工人存在的劳动态度缺陷，此外，公司还要全部承担生产风险。二是不做生产，只做经营和社会化服务，生产环节由农户做，形成公司加农户的格局。这既可发挥公司的优势，亦可避免其劣势。调研中我们发现一些只做二手土地转租而不做社会化服务的农业企业，这类企业应当调整角色，在出租土地的同时，积极开展社会化服务。

外来务农人员也可以成立农民合作社，组织起来开展社会化服务。上海崇明推出的允许外来人员申办农民专业合作社的新规定，拓宽了合作社农民成员的范畴，鼓励成员类型多元化。对拥有崇明范围内土地承包（流转）合同的外来务农人员，允许其以农民身份申办农民专业合作社，并享受有关政策优惠。其经验值得我们思考和借鉴。

合作社加农户比公司加农户更具优势。它与农户的利益联结很紧密，更容易吸引农户参与，得到农户的支持。合作社与农户的利益一致，不像与公司那样的交易关系，相互缺乏信任。公司可以根据市场变动选择农户，而合作社则无论市场如何变动，都与社员在一起。农户可以不关心公司的品牌和发展，但必然关心合作社的品牌和发展。

应当促使外来务农人员融入本地的农民合作社，而不是另起炉灶独立办合作社。农民合作社需要有本土条件，包括带头人在地方的影响力，以及地方政府的支持，这是外来务农人员所难以做到的。已有的农民合作社，应当把外来

务农人员纳入服务范围。政府对合作社的扶持，应考虑如何推动外来务农人员融入。

　　总之，外来务农人员是一个新现象、新趋势，将成为影响城郊农业发展的重要因素，政策牵涉面大，应及早加以研究。这次初步调研涉及范围小，以后仍需扩大研究范围，并进行定量研究，以摸清情况。建议开展一次较大规模的外来务农人员抽样调查，采取问卷方法，并从中选取解释力强的指标，建立外来务农人员发展指标体系，将来条件成熟时，启动经常性的外来务农人员统计工作。

课 题 组组长：张英洪　孙炳耀

调研组成员：张英洪　孙炳耀　代富国　孟宁宁
　　　　　　　康　娜　肖国灿　杜　影　杨梓灵
　　　　　　　石远成

参与资料整理：李小强　丁　威

执　笔　人：孙炳耀　张英洪

第七篇　北京延庆县井庄镇王仲营村养老服务中心调查

一　王仲营村基本情况

王仲营村位于延庆县城东南 8 千米处，辖域面积 1.58 平方千米，共有 79 户，176 人，姓氏以王、霍、张、闻为主。据史料记载，王仲营村为清摄政王多尔衮率领清兵入关时旗人跑马圈地时所形成的村落。村中大部分满族人口为清朝时满族正黄旗后裔，村中王姓满族村民大部分为努尔哈赤的奶娘所遗后人，努尔哈赤创立八旗制度时将其编入正黄旗，享受特殊待遇。

自 2008 年，王仲营村开始发展五味子等中草药特色种植业和肉鸡养殖业。到 2014 年经济总收入达 500 万元左右，人均劳动所得超过 1.6 万元。

二　王仲营村养老服务中心基本情况

据王仲营村养老服务中心负责人介绍，村里的年轻人一般都在外打工，留守村里的老年人白天没人提供照料，吃饭饥一顿、饱一顿，在家待着无聊，而且有个磕磕碰碰也没人知道。根据这一现实情况，在井庄镇政府的引导下，王仲营村建立村级养老服务中心，并于 2013 年 10 月运营使用，为全村 32 名 60 岁以上的老年人提供免费午餐、晚餐，休闲娱乐场所和设施，以及简单的日间照料（根据老年人的需要）。中心目前共有 2 名工作人员，兼顾做饭和保洁工作，均为享受"4050"待遇的人员，每月工资 1400 元。

养老服务中心的建设和运营经费主要由村里承担，除此以外，北京市老龄委给养老服务中心建设补贴了 9 万元，北京市民政局每年发放养老餐桌奖励 2 万元。根据养老服务中心负责人介绍，仅为老年人提供午晚餐一项，每年花费在 15 万元以上，除去自给自足的蔬菜部分，仍需要 10 万元左右。

我们调研时正是中午饭点，村里好几位老人早早就在养老服务中心门口转悠了，还有几位坐在门口凳子上聊天。饭和菜刚做好，养老服务中心的负责人王秀平就张罗他们进去吃饭了。老人们陆续跟着进了餐厅，井然有序地从柜子里取出餐盒，排队打完饭后就各自找位置吃饭了。调研这天的三菜分别是土豆红烧肉、西红柿鸡蛋和豆角炒肉，主食是米饭和馒头。老人们吃得津津有味，对于村里提供的这些养老服务，老人们也是赞不绝口。如霍恩富老人就说："有了这个食堂，我们吃饭方便多了，拿个筷子就行，没想到好时候被我们这拨人赶上了。"

三　村级养老模式的适用性分析

根据《国务院关于加快发展养老服务业的若干意见》（国发〔2013〕35号）要求，农村要依托行政村、较大自然村，充分利用农家大院等，建设日间照料中心、托老所、老年活动站等互助性养老服务设施。目前全国各地的村级养老服务中心建设正摸索着前进，亟须总结一些典型经验和先进做法，为全国养老服务业发展提供示范经验。王仲营村的这种纯福利型村级集中养老模式具有一定的创新性和示范性，可以在情况相似的地区加以推广。下面就以王仲营村现实情况为例，对此类村级养老模式的适用性进行分析。

一是经济保障。王仲营村中草药特色种植业和肉鸡养殖业发展形成了一定的规模，村集体经济实力强，人均收入高，是延庆县经济水平较好的村子。也正是因为经济基础好，王仲营村集体才有资金（每年 10 万余元）支持这种纯福利型的养老模式。

二是思想保障。王仲营村村子小、人口少，共 79 户，其中 32 位老年人（2015 年将新增 2 名），村里人大多姓王、霍、张、闻，且有着自己的历史典故和遗迹，村庄居民团结、凝聚力强。在这种团结的小村庄，村里居民容易达成一致意见，新的服务形式也可以在"社区情理"影响下很快成为惯习，被广泛接受和认可。

三是组织保障。延庆县井庄镇一直非常重视乡镇和农村养老服务业的发展，其中井庄镇已建成全县第一家养老服务中心，北地村和王仲营村先后建立了村级养老服务中心，这与乡镇动员支持、村委班子重视并牵头实施的作用密不可分。

调研组组长：张英洪

执　　笔：刘妮娜

2015 年 1 月 11 日

第八篇　北京延庆县井庄镇养老服务中心调查

一　延庆县井庄镇基本情况

延庆县井庄镇位于延庆县中南部，距县城 10 千米。全镇地处延庆盆地中部，地势南高北低，东、南、西三面环山，北依妫水河，由北向南依次是平原、半山区、山区。镇域面积 126.1 平方千米，耕地面积 1866.7 公顷，山场面积 8666.7 公顷。

井庄镇下辖 31 个行政村，4528 户，12400 人，其中非农业人口 3400 人，农业人口 9000 人。乡镇居民主要从事农业生产或生态旅游行业，人均纯收入 15000 元左右。全镇共有 51 名五保户，其中有 11 名集中供养。

二　井庄镇养老服务中心基本情况

井庄镇养老服务中心的前身是井庄镇敬老院，由政府投资兴办。2012 年初通过利用福彩资金进行重装翻建，建成了水、电、网络、消防、无障碍设施设备俱全的乡镇级养老服务中心，建设总面积达 1800 余平方米，可以同时容纳 70 名老人。目前养老中心内部建有标准化住房间，均为二人房，统一配备了床、柜、桌椅、被褥等生活用品，每楼层均有两个卫生间、洗漱间，内部设有休闲娱乐室、图书阅览室、心理咨询室、乒乓球室、棋牌室、技能培训室、日间照料室等休闲康复场所。

2015 年井庄镇养老服务中心共收住老人 11 名，全部为农村五保老人，生活基本可以自理，目前有工作人员 3 名，为老人提供做饭、清洁及生活照料等服务。

三　井庄镇养老服务中心发展面临的困境

根据《国务院关于加快发展养老服务业的若干意见》（国发〔2013〕35号）要求，到2020年，我国90%以上的乡镇和60%以上的农村社区建立包括养老服务在内的社区综合服务设施和站点。2014年民政部、发展改革委进一步联合发出通知，在全国开展养老服务业综合改革试点工作，创造一批各具特色的典型经验和先进做法，为全国养老服务业发展提供示范经验。井庄镇养老服务中心是北京市农村发展养老服务业的有益尝试，但作为政府主导的行政单位，其实际上处于进退维谷的尴尬境地，要进一步发展面临以下三个相互关联的问题。

一是如何提高资源使用率。井庄镇养老服务中心在经过重装整修后，硬件设施和服务能力都有了很大提高，可以同时接收70位老人入住，但目前只收住了11位老人，并且都是五保老人，床位利用率仅有15.7%，造成了资源的闲置和浪费。要改变这种现状，有两种解决办法，第一种办法是养老服务中心公立性质不变，面向社会开放，接收一部分愿意交费入住的社会老人；第二种办法是养老服务中心改制为公建民营，政府为五保户补贴入住费用。但根据养老服务中心负责人介绍，目前这两种办法实施起来都有困难，他们的顾虑也很多。虽然政府文件提到"支持乡镇五保供养机构改善设施条件并向社会开放"以及"推进有条件的公办机构转制为企业或通过公建民营等方式管理运营"，但并没有出台细则，负责人担心一旦"做吃螃蟹的人"，会引起不必要的麻烦，如养老标准达不到交费入住老人的要求、无法满足未来五保老人入住需求等。基于这些考虑，他们还是想稳妥一些，看其他地方是怎么做的，再改进。"虽然不少外面老人联系我们入住，但我们都回绝了。"

二是如何筹集经费。目前井庄镇养老服务中心的工作经费非常紧张，五保老人的五保供养金每人每月756.8元，并不能满足他们的日常生活支出（实际支出在1000元左右），乡镇一直在给予养老服务中心补贴。而且根据调查情况，集中供养的五保老人以80岁以上的高龄老人为主，有的失明、有的耳聋、有的不能走动，且基本患有1~2种慢性疾病，一旦到医院治疗，每天200~300元的护工费都要养老服务中心承担。养老服务中心负责人也说，正是因为政府补贴不足，所以他们还是规劝五保老人在各村散养，实在自己过不下去了，才集中到这里。要解决这一经费问题，实际与提高资源使用率问题是高度相关的，可以说，仅"等""靠""要"政府五保金和乡镇紧巴巴的微薄补贴，养老服务中心只能勉强维持，永远不可能有实质性发展。

三是如何提高服务人员数量和质量。目前井庄镇养老服务中心有工作人员3名，包括院长1名、护理员1名、保洁员1名。院长属于乡镇政府在编人员，负责行政管理和服务，护理员和保洁员均是"4050"人员，负责照料、护理、保洁、做饭等工作。而这3名工作人员一方面照顾11位老人非常吃力，无法照顾周全；另一方面缺乏专业知识，只能给予基本的照看，无法给予老人专业的护理和康复服务。五保老人和中心负责人均反映了这一问题。服务人员数量少、专业能力不足的根本原因还是在于经费不足。

总结来看，只有变通思想，创新形式，盘活自身所有资源，才是筹集经费、提高服务人员数量和质量的有效途径，也是解决井庄镇养老服务中心面临尴尬境地的根本办法。

调研组组长：张英洪

执　　笔：刘妮娜

2015 年 1 月 11 日

第九篇　北京大兴区魏善庄镇居家养老服务调查

一　魏善庄镇基本情况

魏善庄镇位于大兴区黄村卫星城南 8 公里，距市区 25 公里，总面积 81.5 平方公里，总人口 3.25 万人，下辖 39 个行政村，全镇绿化面积占耕地面积的 50%，镇域内的"半壁店森林公园"是北京市唯一的人造森林公园，园内建有北京星明湖度假村、绿茵花园别墅，占地 200 余公顷。全镇共有 60 岁以上老年人 6857 位，其中 90 岁以上老年人 39 位，60 岁以上老年人在全镇总人口中所占比例为 21.1%。

二　魏善庄镇居家养老服务体系建设情况

魏善庄镇目前已初步建成由镇级养老服务中心、片级社区卫生服务站和村级农村幸福院组成的"三位一体、医养结合、分级服务"式的网格化居家养老服务体系。

镇级养老服务中心。2009 年，魏善庄镇就成立了以镇内民营的颐乐养老院为培训和管理平台的镇级居家养老服务中心。最具特色的是居家养老服务中心为全镇 75 岁以上老年人及 60 岁以上生活部分或全部不能自理老年人安装和开通的"一键通"智能呼叫系统，利用高科技的数字平台保证了老年人及时准确地获得相应的服务和救助。该呼叫系统有工作人员 24 小时在线，老年人在遇到问题或有服务需要时按动呼叫按钮，他们的信息就会出现在服务中心的平台上，服务中心的工作人员则会第一时间回拨电话联系老人、了解情况和需求，若联系不上，则通知所在村养老服务人员上门查看，同时通知家属。根据居家养老服务中心徐主任介绍，"一键通"呼叫系统自开通以来已经为 50 余位老人提供便利帮助，具体服务以紧急就医为主，其他还包括家庭保洁、餐饮配送等。就在我们调研之前两天，有位高龄老人独自在家，儿子儿媳带孙子出去和朋友聚会，晚上7点该老人突发心脏病，幸亏呼叫养老服务中心，工作人员及时帮其拨打了120急救中心，才得以保住性命。接下来该镇计划加大力度培训镇级居家养老服务中心的专业人员队伍，通过针对不同老年人的完全个人购买、政府部分购买或政府全部购买社会服务的方式，为老年人提供生活起居、家务帮助、疾病照料等方面的专业性服务。

片级社区卫生服务站。魏善庄镇社区卫生服务中心下设8个社区卫生服务站，目前已经实现片区内老年人病例全部保留，健康管理100%覆盖。同时魏善庄镇社区卫生服务中心工作人员每年到各片区卫生服务站或入村为村里老人提供免费体检。2015年的老年人免费体检工作于2015年4月24日至6月4日展开，体检对象是魏善庄镇39个村的60岁以上无保障老年人及65岁以上老人，体检项目包括体温、脉搏、呼吸、血压、身高、体重、腰围、皮肤、浅表淋巴结、心脏、肺部、腹部等常规体格检查，并对口腔、视力、听力和运动功能、血常规、尿常规、肝功能（血清谷草转氨酶、血清谷丙转氨酶和总胆红素）、肾功能（血清肌酐和血尿素氮）、空腹血糖、血脂进行检测，同时做心电图。[①] 同时，魏善庄镇计划在各片区的社区卫生服务站建立老年人日间照料中心，为有需求的老年人提供日间照料。

村级农村幸福院。为达到老年人居家养老、互助养老的目的，目前魏善庄镇已经有16个行政村建立了农村幸福院。就现有实施情况来看，主要满足的是老年人有地吃饭、守望相助的生活照料和精神慰藉需求。从老年人有地吃饭角度来看，魏善庄村以行政村为单位成立了便民早餐（目前有6个村开始正常运营），由经过筛选的有资质企业或可信赖的本村居民经营，区商委给予成立补贴、村集体给予一定的运营补贴，保证早餐价格公道、质量过关。另外，每位户籍老年人有一张就餐卡，可以将与养老券等面值的金额充入就餐卡中，村集体同时给予每位户籍老年人每天5元补贴。从老年人守望相助角度来看，一般农村幸福院与老年活动站、文化大院共用一个大场地，村里的老年人基本都在这个场地里活动，有村干部将这些老人形象地称为"等死队"，"他们在家里闲着没事做，大家都是几十年的老邻居了，只要能动基本每天都会到活动站

---

① 详见《魏善庄镇社区卫生服务中心开展"老年人免费体检"工作的通知》，http://service.bjchs.org.cn/fugg/165250.jhtml？1516。

去，一起聊聊天、活动活动，彼此之间仿佛形成了一种无声的默契，如果有天哪位老人没来，大家就会互相问看他去哪了，如果不知道就派个住得近的去家里看看"。这种互助养老的方式实际上无形中也给老年人传递着一种集体、归属、温暖、安全的力量。

三　居家养老服务进一步开展面临的困难

魏善庄镇带领其下辖的行政村在农村居家养老服务体系建设方面做出很多努力，也取得了不少成绩，但要进一步开展仍面临以下困难。

一是资金受限的问题。目前市县一级的政策以引导性为主，且缺乏连续性，而镇里财政用处很多，且村与村间一碗水要端平，下拨到村里的老年服务类资金很少。

二是集体参与积极性的问题。受不同村集体的经济水平、村委领导班子的思想意识、村情民情等差别影响，不同村集体参与积极性存在差别。有的村有条件开展养老服务，有的村创造条件开展养老服务，也有的村不愿意、极力避免开展养老服务。

三是专业人员队伍建设的问题。这包括养老服务人员待遇确定以及人员参与的积极性等问题。一些人不愿为本村老人提供养老服务，都是熟人，觉得面子上过不去，还有的怕别人说三道四，"有时间不好好伺候自己家父母，为了挣点钱去伺候别人家的"。

四是老年人对居家养老服务的接受度的问题。目前农村老年人思想仍较为保守，之前想要推广的家庭保洁（老年人可以使用养老券购买服务）没有持续，因为老人觉得自己完全或勉强可以做，而子女也觉得没必要让别人去做。

针对以上困难和问题，课题组认为，一是要创造性地发挥基层组织的作用，因地制宜、典型带动；二是与有爱心的企业、社会组织、慈善机构建立联系，发挥他们在资金支持、服务保障上的作用；三是可村村交叉服务、组织老年志愿者服务；四是摸清老年人的真实需求，有针对性地提供相应服务。

调研组组长：张英洪

执　　笔：刘妮娜

2015 年 6 月 21 日

第十篇 北京怀柔区渤海镇北沟村治理
情况调研报告

怀柔区渤海镇北沟村是怀柔区长城国际文化村所辖的四个行政村（田仙峪村、北沟村、慕田峪村和辛营村）之一，占地3.22平方千米，全村138户，户籍人口350人，该村有党员32名，村干部5名，居住有外国国籍人员17人。2004年以前，北沟村是渤海镇远近闻名的贫困村，村集体外欠80余万元贷款，人均年纯收入不足5000元。2004年北沟村成立新的领导班子，到2014年该村人均年纯收入达1.9万多元。经过10年的建设和治理，该村探索出了一条"以法治村、以文化人、以业兴村"的村庄治理之路。

一 北沟村治理的主要做法

2003年冬，在外地经营琉璃厂的王全回到村里，于2004年4月经全村党员大会民主选举当选为北沟村党支部书记。2013年王全当选为第十二届全国人大代表。在王全的带领下，北沟村探索出了一条村庄治理的新路子，比较合理有效地解决了农民增收难、农产品销售难、乡村环境整治难、乡村公共服务提供难、乡村矛盾调处难等问题，取得了较好的村庄治理绩效。2004～2014年，北沟村已先后获得全国民主法治示范村（2009年）、全国先进基层党组织（2011年）、全国文明村镇（2011年）、中国最有魅力休闲乡村（2012年）等几十项国家级、北京市级荣誉称号。北沟村治理的主要做法和特点有以下几个方面。

一是树正气，重塑村庄精英政治生态。孔子说："政者，正也。子帅以正，孰敢不正？"立身以正，执政以正，言行以正，这是中国政治思想的黄金定律。唯有立身正、为政正，才能聚人心、合众力，开拓施政新局面。王全作为一名中国最基层的村庄政治精英，明白正义、正气、正直对一个村庄政治生态和治理的价值和意义。首先，村支书带头放弃企业经营。一段时期以来，我国不少地方鼓励和倡导能人治村，一些善于经商投资的所谓能人纷纷当上了村干部。能人治村有一定的积极意义，但也不能忽视其严重的消极影响。善于经商投资的能人当上村干部后，一手掌握村庄公共权力，一手谋划个人经商发财，这种权钱不分、官商不分的体制极易造成村庄治理腐败，败坏村庄政治生态。王全担任北沟村党支部书记后，主动放弃自己经营多年的琉璃瓦厂，并规定北沟村"两委"干部的家属不能参与村内工程的施工。一个村庄的草根书记能有这种认识和境界，确实令我们这些调研人员感叹。其次，村党员干部带头做好服务。为民服务是执政党的宗旨，本应是党员干部的职责所系，但在实际工作中，一些党员干部宗旨观念淡薄，言行官僚化。老子说："天下大事，必作于细。"针对这些问题，该村在村党支部书记的带领下，坚持从小事做起，告别官僚习气，强化服务意识。该村党员干部每人"认领"了一片卫生区，32名党员分成6个小组，每1名党员帮带10位村民，每月5日早晨村里党员带领本小组成员打扫村庄卫生。村党员干部用实际行动在村民心目中树立起"能干事、干实事"的形象，同时激发了村民参与村庄公共事务的积极性。最后，村党员干部带头强化责任。2004年之前不少党员干部利用权力和地位在自家宅基地或村里闲置土地上乱堆乱建，或因侵犯其他村民利益而产生民事纠纷。为避免党员干部滥用职权谋取私利，北沟村"两委班子"讨论决定，凡党员干部提出的纠纷均不予解决。久而久之，党员干部的不当利益不再得到保护，同时他们身兼帮扶帮带的责任，权力在他们手里逐渐转变成帮助村民的工具，而非谋取私利的手段。

二是定规矩，培育村庄内生规则意识。无规矩不成方圆。不管是国家，还是村庄，要有好的治理，都必须定规矩，按规矩办事。国家层面按规矩办事，就是依法治国、依法执政、依法行政；村庄层面按规矩办事，一个重要方面就是要将国家法律法规与当地民情习俗实际结合起来，制定村规民约、遵守村规民约、执行村规民约。只有走依法依规治村的路子，让村干部和村民都具有规则意识，村干部和村民的文明素质才会逐步提高，村庄的文明秩序才能内生性地建立起来，村庄治理才能稳定有序地运行。我们在调研中发现，该村村规民约有四个鲜明特点。其一是决不照搬照抄外村经验，完全立足本村实际。与一些村照搬照抄外村的村规民约不同，北沟村村规民约完全是结合该村实际情况一条一条讨论研究制定出来的，充分体现了当地的实际情况，符合全体村民的基本诉求。其二是经过严格的民主讨论和通过程序。北沟村村规民约经过村支部提议、村"两委"商议、党员大会和村民代表会讨论，村民代表大会同意通过，村民代表签字，同时印制成册，每户一本。其三是村规民约涉及村干部和村民生产生活的各个方面，非常具体详细。北沟村现行的村规民约涵盖 25 个大的方面，共 260 余项具体规定，内容非常详尽、切合实际，体现了该村治理上的精细化水平。其四是保持了村规民约的连续性、长期性。现行村规民约于 2007 年 12 月 29 日经全体村民代表会议讨论通过，2008 年 1 月 1 日起实行。2009 年 7 月 15 日，该村又制定和通过了补充条款。2010 年 8 月 16 日，该村第八届村民代表会议通过决议，明确第八届村委会在今后 3 年继续执行《北沟村村规民约》。

三是明责任，强化村庄干部责任担当。2012 年习近平总书记在首都各界纪念现行宪法公布施行三十周年大会的讲话中指出："有权必有责，用权受监督，失职要问责，违法要追究，保证人民赋予的权力始终用来为人民谋利益。"大到中央领导，小到村庄干部，拥有权力就意味着担当责任，就要为人民谋福利，就要接受群众监督。北沟村本着"村庄政务公平公正透明"的原则，实行村干部责任制，将村庄事务明确落实到每名村干部身上。其一是实行工作目标管理，强化村干部责任。北沟村每年都将本村年度评星晋级争创措施落实到党支部和村委会班子的责任人，并贴在村委宣传栏里进行公示；村里各家各户的居家动态、村委会服务项目、负责村干部名单，都通过张贴、开会等形式让村民知晓，做到按制度办事，有据可依、有章可循、有人可问。其二是进行自我监督和群众监督。坚持每季度开展一次述职述廉，领导班子和"两委"干部及时向群众公开决策事项、资金使用、履职情况等。其三是扩大村民自治与多方参与。挑选村里老书记、老干部、党员代表及能力突出、口碑较好的村民，组建村级事务顾问组，参与村里重大事项决策。村"两委"每年为村民解决一次纠纷，村级事务顾问组成员与村干部共同为纠纷做出裁断。

四是强服务，推动村庄权力转型。党的十八大报告明确提出，要"以服务群众、做群众工作为主要任务，加强基层服务型党组织建设"。这是党在基层组织执政方式和工作方法上的重大改变。2014 年 5 月中共中央办公厅发布《关于加强基层服务型党组织建设的意见》，进一步明确了农村服务型党组织的服务内容，即要围绕推动科学发展、带领农民致富、密切联系群众、维护农村稳定搞好服务，引导农民进行合作经营、联户经营，开展逐户走访、包户帮扶，及时办理、反馈群众诉求，帮助群众和困难党员解决生产生活、增收致富中的实际问题。近年来北沟村不断推动村庄权力转型，从村庄权力管治型转向服务型，加强服务型党组织建设，力求为村庄经济社会发展服务，为村民增收致富和安居乐业服务。该村从一件件惠及经济民生的实事、好事抓起，树立服务意识，推动服务兴村。2005～2015年，北沟村竭力为外国人投资兴业服务，克服了许多困难，终于陆续将几块闲置宅基地租给外来居住和投资的外国人，这些外国人最多的投资了2700万元建设农家乐，不仅提高了北沟村的知名度，还解决了村里约30人的就业。这些投资在租赁到期后也将无偿赠予北沟村。为保护村民板栗销售价格、降低销售成本，解决农户与市场的对接难题，北沟村成立了村级板栗种植合作社，2015年以市场价收购社员板栗，再统一以5元/斤的价格卖给板栗大户，刨除开支后将剩余收益以分红的形式返还社员。为解决留守老人"无处娱乐、无人照料"的问题，2015年北沟村在上级有关部门的支持下，投入100多万元建设村老年活动站，并于2015年12月建成使用。该老年活动站为村庄老年人提供免费洗澡、用餐、体检和日常娱乐活动等服务项目。

五是讲道德，夯实村庄价值认同。对一个国家、一个民族、一个集体来说，最持久、最深层的力量是拥有共同认可的价值观。随着农村经济市场化和工业化、城镇化的快速推进，北沟村也面临传统农耕文明消失、家庭组织形式和功能转变、乡村社会价值淡化等问题，邻里纠纷、婆媳矛盾等时有发生，人心不齐，凝聚力不强。为此，北沟村"两委"决定重拾中华优秀传统文化和传统美德，夯实乡村建设的基石，为乡村道德文化建设提供一套结构化和符号化的学习标准。首先，该村定期组织村民学习《弟子规》《三字经》《论语》《庄子》等传统经典，并不定期开展村民演讲、村干部宣讲、儿童表演等文化活动，形成了"周一听（村级广播）、周中看（宣传橱窗）、周末围着屏幕转（数字影院）"的立体式学习模式。其次，村集体以传统文化建设为主题，修缮乡村基础设施，在村里主要街道两边安装了美德壁画60余块，建设以"二十四孝""三字经""弟子规"等传统文化经典故事为主题的千米浮雕文化长廊，设计文化雕塑4尊，在村务办公室、民俗餐厅、农家院悬挂字画200余幅，营造了浓厚的文化氛围。最后，北沟村还围绕文明创建的主题，坚持开展"十星级文明户""好公婆""好儿媳"评选活动，树典型、勤宣传，引领村民文明向善，尊老爱幼让家庭更和美，守望相助让邻里更和谐，天下归仁让乡风更文明。

六是兴产业，打造国际文化新村。发展产业是村庄兴盛的物质基础，也是村庄治理的重要环节。北沟村依托慕田峪长城这一景观优势，重点打造了以传统文化与国际文化相融合为特色的休闲旅游产业，成功探索出了一条产业兴村之路。2005 年，美籍华人唐亮女士在北沟村投资建设了商务会所——"小庐面"，揭开了外国居民入住北沟村的历史序幕。在唐亮女士的牵线搭桥下，陆续有 12 户来自美国、加拿大、荷兰等国家的外国朋友在北沟村安家置业。受外来元素的刺激和影响，一批展示京郊民俗、健康时尚的农家院也开始出现在北沟村。其中，由村集体出资建设、由扎根农村创业的大学生村干部经营管理的"北旮旯乡情驿栈"尤为突出。这个集绿色蔬菜种植、虹鳟鱼养殖、民俗餐饮住宿以及土特产品销售于一体的农家院，开业一年半，已接待旅游观光者 6 万多人次，创旅游综合收入 200 万元，纯利润达 60 余万元。目前，怀柔区渤海镇已基本形成了"吃在田仙峪、住在北沟村、游在慕田峪、购在西营村"的连片国际文化乡村旅游带。

二 北沟村治理面临的主要挑战

2004 年以来，北沟村经过 10 多年的发展，已经旧貌换新颜，成为远近闻名的明星村。但其在快速发展的同时，也面临许多深层次的矛盾和挑战。

一是人口老龄化对村庄治理的挑战。从北沟村实际情况来看，人口老龄化问题相当严重。2015 年全村 138 户，户籍人口 350 人，其中 50~60 岁的有 80 人，60~70 岁的有 40 人，70 岁以上 42 人。50 岁以上户籍老年人口所占比例达到 46.3%，60 岁以上户籍老年人口所占比例达到 23.4%，二者均高于北京市农村人口老龄化的平均水平。而如果不将外出打工的户籍人口包括在内，常住在村里的人口的老龄化率将会更高。由于村干部收入待遇不高，村里中青年人更愿意选择外出打工挣钱。村干部全职少、兼职多，除王全书记与两名村干部以外，其余村干部均是兼业，或经营家里土地，或在附近工厂打工。村庄人口老龄化的直接挑战是，面对一帮老人，村庄精英如何推进治理？随着治理精英的老龄化，又如何保障村庄治理精英的正常更替与后继有人？当前，北沟村的治理绩效，是与村庄政治精英王全书记个人的工作作风、办事能力密不可分的。但在缺乏村庄治理年轻人才正常成长机制的情况下，该村要想长期保持和提升现有的乡村治理水平，面临很大挑战。

二是外国人聚居生活对村庄治理的挑战。我国以土地为基础的集体所有制村庄具有高度的封闭性。改革开放以来，村庄人口的封闭性被打破，人口流动加快，既有本村人口流出，也有外地人口流入。而北沟村则具有国际性的特点，一些外国人进入该村投资生产和定居生活。2010年6月，43个国家的大使来到北沟村现场观摩了村委会换届选举。北沟村还被外交部列为展示我国新农村基层民主建设的"窗口"。如何在包容外国人参与的情况下完善村庄治理，是村庄开放时代的一个新课题，这对传统的以村庄封闭为特征的村民自治模式提出了新挑战。首先，在该村投资创业生产生活的外国人，如何参加村庄公共治理？现行《村民委员会组织法》规定："年满十八周岁的村民，不分民族、种族、性别、职业、家庭出身、宗教信仰、教育程度、财产状况、居住期限，都有选举权和被选举权。"其中"户籍不在本村，在本村居住一年以上，本人申请参加选举，并且经村民会议或者村民代表会议同意参加选举的公民"也可以参加村委会选举，但这是针对具有本国国籍的流动人口而规定的。对于具有外国国籍而定居本村的人，有关法律法规没有做出明确规定。其次，在该村投资创业生产生活的外国人，如何享受基本公共服务？基本公共服务既有国家层面的基本公共服务，又有村庄层面的公共服务。在该村投资创业生产生活的外国人，按规定缴纳税收，应当享有基本公共服务，但如何向外国人提供基本公共服务，缺乏应有的规定。最后，在该村投资创业生产生活的外国人，如何融入村庄社会文化生活？这是不同文化的人的融合。在这方面，北沟村已经有所探索。该村外国居民享有"荣誉村民"称号，他们在每年春节和重阳节，会为村民提供一些财物捐赠，进行交流融合。村民对外国人具有较强的生活包容性，这也体现中华文化的博大宽广。但如何在制度上创新包容性的村庄治理模式，需要继续改革探索。

三是政经不分对村庄治理的挑战。在我国农村，村党支部、村民委员会、农村集体经济组织是三类最重要的基层组织。根据《中国共产党农村基层组织工作条例》规定，村党支部领导和推进村级民主选举、民主决策、民主管理、民主监督，支持和保障村民依法开展自治活动，领导村民委员会、村集体经济组织和共青团、妇代会、民兵等群众组织，支持和保证这些组织依照国家法律法规及各自章程充分行使职权。须由村民委员会、村民会议或集体经济组织决定的事情，由村民委员会、村民会议或集体经济组织依照法律和有关规定做出决定。根据《中华人民共和国村民委员会组织法》规定，村民委员会是村民自我管理、自我教育、自我服务的基层群众性自治组织，实行民主选举、民主决策、民主管理、民主监督。村民委员会办理本村的公共事务和公益事业，调解民间纠纷，协助维护社会治安，向人民政府反映村民的意见、要求和提出建议。目前，农村集体经济组织还没有专门的国家立法，根据《宪法》和《农业法》等法律，农村集体经济组织是我国农村集体经济制度的主要组织形式，它的主要职能是做好集体资产的管理工作，使集体资产得到合理利用和有效保护，并确保集体资产的保值增值。村党支部、村委会、村集体经济组织三者之间职能不同，性质各异。但长期以来特别是在人民公社时期形成的"政社合一"体制，至今未能得到改革，相反在某些方面还得到了强化。2000年以来，北京市倡导农村党支部书记和村委会主任"一肩挑"。2013年北京市村委会换届选举结果显示，北京市村党支部书记兼村主任的比例为65.7%，顺义区农村"一肩挑"的比例高达87%。北京农村还有许多村党支部书记兼任集体经济组织负责人。在农村实行村党支部、村委会、集体经济组织负责人"一肩挑"，有其突出的正面效果，尤其是有利于"集中力量办大事"，提高上级政府交给村级各种事务的办事效率，但其负面影响同样巨大。2014年7月，中央巡视组针对北京市巡视后反馈，发现北京"小官巨腐"问题严重。2014年5月12日中央纪委监察部网站通报了4月28日至5月9日两周期间，各级纪检监察机关查处的237件违反"中央八项规定"精神典型案件，其中涉及北京的4名书记、主任"一肩挑"的村干部因违规接受礼金、违规向亲属等人发放占地补偿款、冒领专项补贴等问题受到处罚。2014年10月，中共北京市委关于巡视整改情况的通报中，公布了部分"小官巨腐"问题，如海淀区西北旺镇皇后店村会计陈万寿挪用资金高达1.19亿元。2015年1~9月，北京市立案1399件，其中查处"小官贪腐"329人。绝对权力导致绝对腐败，这条政治学的黄金定律，在村庄政治中同样适用。

除了上述村庄治理的挑战外，还有许多问题在制约和影响村庄治理的法治化和现代化，如农村集体产权制度改革、城乡一体化发展体制机制、农村社会组织的成长发育、乡村新乡贤的培育发展等。

三 完善乡村治理的几点建议

乡村治理是一个涵盖经济、政治、社会、文化和生态等各方面的综合体，需要进行综合改革和创新完善。限于篇幅，我们仅从以下方面提出几点对策建议。

一是健全养老服务体系。本次调研发现，北沟村人口老龄化日益严峻，同时农村老年人基于孝道伦理和家庭资源对子女的约束力和控制力降低。那么在老年人的经济收入得到一定保障（如每月养老金350元）的情况下，如何解决那些高龄、失能、丧偶老人的"无人照料"难题，成为现代乡村治理的重要内容。应加快建立健全农村养老服务体系，通过增加社会照料服务补充家庭照料的不足。具体来讲，政府要增加对农村养老服务事业的财政转移支付，重点加强对高龄、丧偶、失能、留守等特殊困难老年人的托底、保障作用。可通过减免税收、购买服务等优惠政策和扶持措施鼓励农村富余劳动力开办小型家政护理公司，村民自治组织可培育发展福利性或非营利性社会组织；政府则通过购买服务的方式，满足高龄、丧偶、失能的贫困留守老年群体的养老/照护难题。在进行托底养老、福利养老的同时，应充分发挥市场作用，促使不同层次、多样的养老服务企业在农村地区生根发芽，逐渐尝试提供有偿老年饭桌、上门做家务等服务，更好地满足不同层次农村老年人的养老服务需求，提高老年人的生活质量。在人口老龄化中，各级政府要把发展养老事业作为重中之重，纳入国民经济和社会发展规划，对养老事业要全方位给予政策引导和支持保障。

二是推行村庄政经分开试点。根据治理法治化和现代化的新要求，应抓紧完善村级治理体系，推行村庄政经分开试点，探索村党支部、村民委员会、集体经济组织职能和权限分开，理清三者的权责关系。其一是要推行职责分开。进一步明确村党支部、村委会、村集体经济组织的职责。村党支部作为执政党在全农村的基层组织，具有贯彻执行党的方针政策、领导和推行村级民主自治、讨论决定村级经济社会重大问题、加强党员干部的教育和监管等职责，重点是要加强从权力型组织向服务型组织的转变，将为人民服务的根本宗旨转化为服务群众的实际行动，全体党员要成为农村社区的志愿者和义工。村党支部要以服务体现宗旨，以民主推动自治，以法治维护权益，以监督保障公正。村委会作为村民民主自治组织，重在尊重村民意愿，保障村民参与公共事务，为村民提供各项公共服务，维护村民各项合法权益，实现村民在村庄范围内当家做主。村集体经济组织重在发展村庄集体经济，加强集体资产经营管理，完善法人治理结构，保障集体经济组织成员所有权、参与权、监督权和收益分配权。其二是要推行人员分开。村党支部、村民委员会、集体经济组织负责人不宜提倡"一肩挑"。应当分开设立，民主选举，不得相互兼任。村党支部书记由全村党员直接民主选举产生，对全体党员负责，依照有关党组织规定开展工作，重在发挥先锋模范带头作用。村委会主任由全体村民直接民主选举产生，依照村民委员会有关法律法规行使职权，对全体村民负责，重在推行村民自治，加强村庄公共管理和公共服务，保障和体现村民当家做主。集体经济组织负责人由集体经济组织民主选举产生，对集体经济组织成员负责，依照有关法律和章程开展经营管理活动，维护集体资产权益。在村庄治理中，要处理好官治与自治的关系，纠正官治独大，强化自治功能。要破除有关体制机制障碍，打开城乡人才流动壁垒，培育和建成有利于推动乡村治理民主化、法治化的新乡贤人才队伍。其三是要推行账务分开。对村党支部、村民委员会、村集体经济组织要分别建立财务制度，实行分账管理。村党支部财务收入主要来自党员缴纳党费、上级党组织和财政适当补贴、社会捐赠等，村民委员会收入主要来自政府财政拨款、村集体经济收入合理分配等，村集体经济组织收入主要来自经营管理收入、政府扶持补贴收入等。村党支部、村民委员会、村集体经济组织的支出也须遵守财务会计制度。

三是加强村庄社会建设。在村级党组织、自治组织、群团组织和集体经济组织之外，还须大力培育和发展社会组织，加强社会建设，改变强官治—弱自治、强政府—弱社会的治理格局，促进党群组织、自治组织、经济组织、社会组织的多元发展，实现村庄治理模式从行政权力支配型向社会自主服务型转变。要重新认识传统民间组织如宗族组织、邻里组织、乡贤组织的积极功能，实现传统民间组织的创造性转化，使其与现代民主法治元素有机结合，成为有效维护村庄社会秩序、适应现代民主法治发展要求的现代公民社会组织。就现阶段来讲，应重点发展的社会组织主要有以下三类。其一是养老、敬老、助老的志愿服务组织。如成立尊老敬老服务社、爱心互助社、亲子活动站、老年人协会等，为老人提供社会化服务和帮助。可以在北沟村试点，建立农村社会工作站，通过政府购买服务等方式聘请社工团队进行运作，发挥其专业化、职业化优势，指导并参与各类社会服务组织建立和工作的开展。其二是公益慈善组织。制定法律法规，鼓励和引导社会资本投资建立各种类型的社会公益慈善组织，维护和促进村庄公共利益，帮扶社会弱势阶层。其三是维护村庄公共利益和村民个人权益的维权组织。比如在农民专业合作社的基础上，发展多种形式的农民合作社，借鉴日本、韩国、中国台湾的经验，发展综合农协，允许和鼓励农民组织起来，共同抵御自然风险、市场风险和政治社会风险。上述各种社会组织，都应当建立包容性的民主机制，吸纳外来常住人口包括外国人有序参与村庄经济发展、公共治理、社会服务和生态文明建设。要在法治的框架中，通过大力培育和发展社会组织，加快构建村庄多元社会治理结构。

调 研 组 长：张英洪

调研组成员：徐建军　刘妮娜　刘雯

执　　　笔：张英洪　刘妮娜　刘雯

2015 年 7 月 10 日

第十一篇 我国农业劳动力老龄化现状、原因及地区差异研究

一 引言

人口老龄化是由人口较快增长向相对稳定的人口状态转变时必经的人口发展过程，我国的人口老龄化由于计划生育政策影响致使转变时间相对缩短。1953年第三次人口普查至2010年第六次人口普查的57年中，我国65岁及以上老年人口由4.41%上升到8.9%，老少比由12.15%上升到53.4%，年龄中位数提高了13岁。劳动力老龄化是人口老龄化的重要方面。从整体来看劳动力年龄结构老龄化不可避免。其中，农业劳动力老龄化程度要远高于且远快于其他产业劳动力的老龄化。这在各国发展中具有普遍性特点。主要原因是工业化和城镇化过程中的青壮年劳动力非农化，包括空间上的人口流动和职业的非农化。

根据配第－克拉克定理，伴随经济发展和人均国民收入水平提高，劳动力将由第一产业依次向第二产业、第三产业转移。转移原因是各产业间出现收入的相对差异。20世纪90年代以前城乡严格的二元户籍制度以及人口流动政策，导致农村积蓄大量剩余年轻劳动力。人口可以自由流动以及劳动力市场需求使农村居民进入城镇从事非农就业，2011年全国农民工总量达到2.53亿人，其中外出农民工1.6亿人。但由于流动人口本身的年龄特点以及第二产业、第三产业对劳动力年龄的选择性，使非农化人口以青壮年为主。童玉芬（2010）对我国农村劳动力非农化转移规模进行估算，认为1978~2008年的30年中，农村劳动力非农化年平均增长速度达到8.71%，远远快于同期城镇化的发展速度4.28%。

虽然农业劳动力老龄化具有普遍特点，但我国仍有自身实际国情。李澜等人认为，与发达国家农业劳动力老龄化出现的大背景不同，我国农业劳动力老龄化的出现并不是农业现代化直接推动的结果，而恰是传统农业无法吸纳大量的农村劳动力、"飞地型"城市经济的迅速成长对劳动力具有强大吸纳作用的

推拉结果。我国特殊的农业劳动力非农化及农业劳动力的老龄化对农业生产和农村生活产生诸多影响。许多研究对农村青壮年劳动力流失引起的耕地撂荒原因及影响进行过相关讨论。李澜等（2009）；李宗才（2007）；李昱等（2009）通过对农业劳动力老龄化现状进行数据梳理分析，均认为农业劳动力老龄化总体上不利于农业生产发展，是推进现代农业建设的重要障碍因素。其他一些研究从农村劳动力外出对老年人农业劳动参与影响的角度进行了实证分析，结果表明家庭子女外出务工显著提高了老年人农业劳动参与率；农村劳动力的大量外出和迁移对老年人农业生产、劳动时间有明显正作用；老年人的农业劳动对农村劳动力转移具有显著的"替代效应"。

　　虽然以往的研究从农业劳动力老龄化对农业生产、粮食安全的影响等方面进行了诸多分析和论证，但对我国农业劳动力老龄化的现状、原因及地区差异缺乏全国性的数据支撑及比较分析。为此，本文利用1982～2010年全国及31个省（自治区、直辖市）的多次人口普查资料，试图呈现我国农业劳动力老龄化的现状，并通过人口学方法分析其原因，从而进一步探索我国不同地区农业劳动力老龄化的差异性。

二　数据说明

　　本文利用1982年、1990年、2000年和2010年的全国人口普查数据以及1992年、2000年、2010年全国31个省（自治区、直辖市）人口普查数据开展研究。根据国务院人口普查办公室的设计方案，2010年第六次全国人口普查之前的三次全国人口普查中，各行业就业人口年龄构成的统计口径为15岁及以上的常住人口，而2010年第六次人口普查各行业就业人口年龄构成的统计口径为16岁及以上的常住人口。为便于开展研究，本文的劳动年龄人口的统计口径统一设定为16岁及以上的常住人口。表1、图1中的2000年和2010年数据是通过普查长表数据除以抽样比推算得到的总人口数，其他图表使用的均为原始数据。

三　我国农业劳动力老龄化的现状与原因分析

（一）我国农业劳动力老龄化的现状分析

1. 农业劳动力所占比例不断下降，向第二产业、第三产业转移速度加快
改革开放30年以来，伴随计划经济向市场经济的转变以及人口流动政策的放开，工业化和城镇化给农村和城市注入新的活力，劳动力发展机会增多、空间增大，尤其越来越多的青壮年劳动力离土离乡，进入城镇从事工业、服务业等非农产业工作。1982～2010年，我国流动人口相关政策经历了"开放—管制—融合"的变迁，农业劳动力向其他产业转移也经历了"由缓及快"的变化过程。1983年1月，农村实行家庭联产承包责任制，农村剩余劳动力开始向城镇转移。1982～1990年，我国劳动力数量增加了约1.36亿人，其中农业增加9090.4万人，第二产业增加1940.9万人，第三产业增加了2560.5万人，农业劳动力在三产中所占比例下降1.3个百分点。1989～1992年，国家连续下发《关于严格控制民工外出的紧急通知》、《关于进一步做好控制民工盲目外流的通知》以及《关于劝阻民工盲目去广东的通知》，以控制流动人口的盲目流动。但1992年邓小平视察南方以及党的十四大召开后，伴随市场经济体制的升温以及其他产业和城镇劳动力需求的增大，强拉力作用使农村剩余劳动力流向非农产业以及城镇，人口流动政策也向鼓励和引导转变。1990～2000年，我国劳动力数量增加了6689万人，其中农业减少了624.2万人，第二产业和第三产业分别增加了2113.7万人和5199.5万人。农业劳动力在三产中所占比例下降7.7个百分点。

2000年以后，由于流动人口对经济发展所做出的重要贡献以及经济的腾飞使工业和服务业对劳动力需求增大，我国的流动人口政策发生了积极的变化，鼓励社会流动，推进城市化进程和户籍改革，并不断为实现基本公共服务均等化做出努力。在这种情况下，2000～2010年农业劳动力迅速向第二产业和第三产业转移，10年间总劳动力数量增加了4820万人，而农业劳动力减少了8902.1万人，第二产业和第三产业劳动力数量分别增加6315.4万人和7406.8万人。农业劳动力在三产中所占比例下降到48.3%，下降了16个百分点。第二产业、第三产业劳动力所占比例分别上升至24.2%和27.5%（见表1）。

表1　1982～2010年我国劳动力数量及产业分布变化

单位：人，%

年份	劳动力数量	在业率	农业	第二产业	第三产业
1982	502921815	78.1	368787580	78432779	55701456
			73.3	15.6	11.1

续表

年份	劳动力数量	在业率	农业	第二产业	第三产业
1990	638839629	80.3	459691095	97842433	81306101
			72.0	15.3	12.7
2000	705729076	75.3	453448641	118979119	133301316
			64.3	16.9	18.9
2010	753930337	68.9	364428019	182133224	207369094
			48.3	24.2	27.5

资料来源：根据 1982 年、1990 年、2000 年、2010 年全国人口普查资料长表数据推算。

　　虽然在过去 30 年间农业剩余劳动力向第二产业、第三产业转移，提高了农村居民的收入和生活水平。但我们同时应注意的是，劳动力的非农化还带来了在业率的下降。1990 年我国 16 岁及以上劳动力的在业率是 80.3%，到 2010 年下降到 68.9%，也就是说，可能有一些劳动力非农化后因种种原因而失业。这部分劳动力的人力资本在非农转移后并没有得到充分利用。

　　2. 农业劳动力的老龄化程度和速度均高于第二产业、第三产业，其主要原因是青壮年劳动力转移和老年劳动力的填补性劳动

　　伴随农业劳动力向第二产业和第三产业转移以及整个劳动力增量的减少，农业劳动力数量从 2000 年以后开始大幅下降，与之相伴随的是劳动力年龄结构的迅速老化。图 1 反映了 2000～2010 年我国三次产业劳动力年龄结构的变化情况。2000～2010 年，我国劳动力的年龄结构整体趋于老化，35 岁以下人口中，除 20～24 岁组人口有所增加外，其余人口组人数均减少。40 岁及以上各年龄组人口数均有不同程度的增加，其中 40～44 岁组和 55～59 岁组人口分别增加了 352.9 万和 222.8 万。整体劳动力结构仍然呈椭圆形结构。分产业来看，农业劳动力 10 年间底部明显缩小，顶部增大。40 岁以下各年龄组人口数量均大幅减少，其中 16～19 岁组、20～24 岁组、25～29 岁组、30～34 岁组、35～39 岁组分别减少 1516.4 万、704.6 万、2766.2 万、3945 万。55 岁及以上各年龄组人口数量明显增加，增加了 2202.1 万。其中，40 岁以下男性劳动力转移数量比女性多 59.8 万，55 岁及以上女性劳动力增加数量比男性多 195 万。总体上，女性所占比例增加了 0.7 个百分点。

　　相比来看，第二产业、第三产业除 16～19 岁女性分别减少 151.8 万和 8.7 万外，其余各年龄组人口数量均有不同程度的增加，且各年龄组人数增加情况

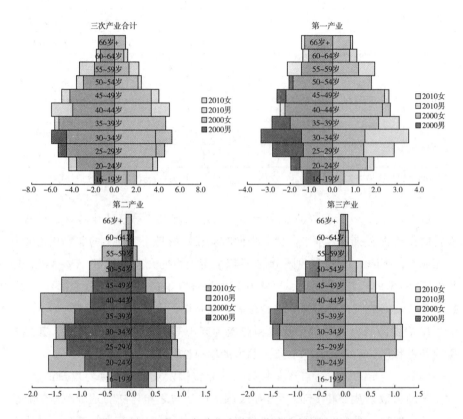

图1　2000～2010年我国各产业劳动力年龄结构变化

资料来源：根据2000年和2010年全国人口普查资料长表数据推算。

相似。其中35～49岁的劳动力数量增加最多，第二产业增加了3633.4万，第三产业增加了3830.2万。

由于10年来非农化劳动力主要集中于35岁以下，55岁及以上的老年劳动力增多，使农业劳动力的年龄构成发生了较大变化。40岁以下的劳动力所占比例从2000年的55.1%下降到2010年的38.9%，下降了16.2个百分点。40岁及以上的劳动力所占比例从2000年的45%上升到2010年的61.1%，上升了16.1个百分点。其中，40～49岁组、50～59岁组和60岁及以上组分别上升了5个百分点、6.7个百分点和4.4个百分点。年龄中位数增加了5.7岁。与农业相比，第二产业和第三产业劳动力年龄结构虽然也出现一定的老化，但程度要低。40岁及以上劳动力所占比例分别上升了11.1个百分点和6.8个百分点，2010年达到38.3%和40%，其中60岁及以上劳动力所占比例上升了0.6个百分点和下降0.1个百分点，2010年分别为1.8%和1.9%。年龄中位数增加3.7岁和2.5岁，2010年分别为36.0岁和36.5岁（见表2）。

表2　2000～2010年我国三次产业劳动力年龄结构变化

单位：%

项目 年龄段	总计		农业		第二产业		第三产业	
	2000年	2010年	2000年	2010年	2000年	2010年	2000年	2010年
16～19岁	5.7	3.2	5.8	3.0	7.7	4.5	3.7	2.5
20～29岁	24.3	22.2	21.0	16.6	32.2	28.5	28.7	26.6
30～39岁	30.2	24.8	28.3	19.3	33.0	28.8	34.4	30.9
40～49岁	21.4	26.9	21.6	26.6	19.8	27.0	22.5	27.4
50～59岁	12.0	15.4	14.4	21.1	6.2	9.5	8.7	10.7
60＋岁	6.4	7.5	9.0	13.4	1.2	1.8	2.0	1.9
中位年龄（岁）	36.4	39.9	37.5	43.2	32.3	36.0	34.0	36.5

资料来源：2000年、2010年全国人口普查资料长表数据。

也就是说，农业劳动力的老龄化除整个劳动力年龄结构老化因素影响外，主要是由年轻劳动力转移到第二产业、第三产业（最主要原因）和老年劳动力填补性劳动所致。

（二）我国农业劳动力老龄化的原因分析

1. 农业劳动力的底部老龄化

劳动力人口底部老龄化是指由生育率下降或年轻劳动力减少所导致的老年劳动力人口比例的上升。一般来说，25岁以下的青年劳动力人口面临着工作生涯中的首次行业与职业的选择。由于受到受教育水平提升，就业选择多样化以及城乡、行业收入差距等因素的影响，青年人往往不愿进入农业领域，尤其很多青年人把"农民"作为一个身份象征，存在恶农思想。由此，1990～2010年，选择进入农业的青年人口数量和比例不断下降，对1990～2010年的三次全国人口普查数据进行时期分析可佐证之。

如图2、表3所示，1990年，25岁以下农业劳动力有1.4亿，占当年25岁以下总就业人口的76%；2000年，25岁以下农业劳动力有6497.1万，比1990年减少了7502.9万，占25岁以下总就业人口的58.1%，比1990年下降了 17.9 个百分点；2010 年，25 岁以下农业劳动力有 4276.2 万，比 2000 年又减少了 2220.9 万，占当年 25 岁以下总就业人口的 39.6%，比 2000 年又下降了 18.5 个百分点。

从图 2 可知，虽然 1990 年 25 岁以下青年劳动力处在农业劳动力人口金字塔的最底端，但随着时间的变化，这部分人口在人口金字塔中的位置逐渐上升，使农业劳动力底部不断缩小，老年劳动力所占比例相应不断增大。

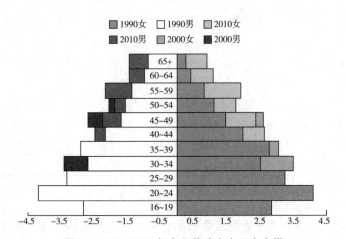

图 2　1990～2010 年农业劳动力人口金字塔

资料来源：国务院人口普查办公室编《2010 年第六次全国人口普查主要数据》，中国统计出版社，2011；国务院人口普查办公室编《2000 年第五次全国人口普查主要数据》，中国统计出版社，2001；国务院人口普查办公室编《中国 1990 年人口普查资料》，中国统计出版社，1990。

2. 农业劳动力非农转移的低龄化

根据配第－克拉克定理，伴随着经济发展和人均国民收入水平的提高，劳动力将由第一产业依次向第二、第三产业转移。我国大量农业劳动力在人口流动政策放宽后，由于受第二、第三产业的强拉力作用，也陆续离开农业或兼业从事非农劳动；且第二、第三产业对劳动力具有选择性，不同年龄人口身心状态存在差异，转移劳动力一般以年轻、有文化的青壮年为主，老年劳动力往往不愿意或没有能力离开农业（Clawson，1963）。为呈现农业劳动力的非农转移情况，本文采用人口学的同期群分析方法，追踪 1950 年、1960 年、1970 年、1980 年、1990 年和 2000 年的 6 批人[①]在 1990～2010 年 20 年的劳动力人口数

---

① 这里指分别在 1950 年、1960 年、1970 年、1980 年、1990 年、2000 年为 15～24 岁的 6 批人。

量变化。[①]

在1990年，1950~1990年的5批人年龄分别是55~64岁、45~54岁、35~44岁、25~34岁和24岁及以下。到2000年，这5批人的年龄分别是65+岁、55~64岁、45~54岁、35~44岁和25~34岁。10年间，这5批人中从事农业劳动的人口数量均呈下降趋势（见图2、表3），与1990年相比，这5批人到2000年仍继续从事农业劳动的人口数量分别减少了39.5%、20.7%、7.0%、10.7%和10.7%。而与1990年相比，这5批人进入2000年的总就业人口数量分别减少了46.0%、32.0%、9.3%、2.2%和－16.0%。[②]也即，1990~2000年，35岁以下农业劳动力减少比例远高于总就业人口，具体表现为，35岁以下农业劳动力向第二、第三产业转移。

表3　1990~2010年不同批农业劳动力及总就业人口数量

单位：人

项目 批次	农业劳动力			总就业人口		
	1990年	2000年	2010年	1990年	2000年	2010年
2010年批	—	—	42761538	—	—	107918346
2000年批	—	64970839	57846628	—	111907187	167109420
1990年批	139909640	124958227	92106365	184122849	213584119	214651012
1980年批	117467093	104886401	82281686	178100533	174147442	152066512
1970年批	97993251	91221964	65948483	141791812	128612718	86093952
1960年批	57908960	45943110	23483319	79935667	54377123	26091096
1950年批	35478100	21468100		42752718	23100488	—

资料来源：国务院人口普查办公室编《2010年第六次全国人口普查主要数据》，中国统计出版社，2011；国务院人口普查办公室编《2000年第五次全国人口普查主要数据》，中国统计出版社，2001；国务院人口普查办公室编《中国1990年人口普查资料》，中国统计出版社，1990。

而2000年，1960~2000年的5批人其年龄分别是55~64岁、45~54岁、35~44岁、25~34岁和25岁以下。到2010年，这5批人的年龄分别是65+岁、55~64岁、45~54岁、35~44岁和25~34岁。10年间，这5批人中从事农业劳动的人口数量仍呈下降趋势，与2000年相比，这5批人到2010年仍继续

[①]　1990~2010年数据参见图1。
[②]　即包括一、二、三产业在内的全体就业人口，反映了三次产业劳动力数量减少的平均水平。

从事农业劳动的人口数量分别减少了 48.9% 、27.7% 、21.6% 、26.3% 和 11.0% 。而与 2000 年相比，这 5 批人进入 2010 年的总就业人口数量分别减少了 52.0% 、33.1% 、12.7% 、 - 0.5% 和 - 49.3% 。也即，2000 ~ 2010 年，45 岁以下农业劳动力的减少比例远高于总就业人口，具体表现为，45 岁以下农业劳动力向其他两次产业转移；且与 1990 年 16 ~ 64 岁的 5 批农业劳动力进入 2000 年后数量变化相比，前者的减少速度明显加快。

总的来说，1990 ~ 2000 年的 10 年主要表现为 35 岁以下农业劳动力向第二产业、第三产业转移；2000 ~ 2010 年的 10 年，农业劳动力转移的主要年龄范围扩大到 45 岁；且从两个 10 年的 45 岁以下相同年龄段农业劳动力数量变化的对比来看，其减少速度均呈加快趋势。

因此，初次选择进入农业的青年劳动力数量的大幅减少和农业劳动力中的低龄人口不断向第二产业、第三产业转移，是农业劳动力老龄化的最主要原因。而依此态势，我国农业劳动力未来老龄化的速度将更快。

四　我国农业劳动力老龄化的地区差异

由于受经济发展水平、人口流动情况以及老年人劳动习俗等因素影响，我国不同地区和省份间农业劳动力老龄化程度和速度的差距较大，因此，有必要从不同省份、地区的角度来考察其农业劳动力老龄化程度和速度的差异。

2010 年分别有 16 个省份和 15 个省份的农业劳动力中位年龄和 45 岁及以上人口所占比例超过全国平均水平。如表 4 所示，其中农业劳动力中位年龄超过 45 岁、45 岁以上人口所占比例超过 50% 的有江苏、浙江、上海、重庆、北京、湖北、福建、安徽、四川和山东 10 个省份，它们是我国目前农业劳动力老龄化最严重的省份。农业劳动力中位年龄低于 40 岁的只有宁夏、青海、新疆 3 个省份，农业劳动力中 45 岁及以上人口所占比例低于 30% 的仅有青海、新疆和西藏 3 个省份。2010 年，农业劳动力中位年龄最高的江苏省（53.1 岁）比最低的新疆维吾尔自治区（36.9 岁）高出 16.2 岁，农业劳动力中 45 岁及以上人口所占比例最大的浙江省（71.8%）比最小的西藏自治区（25.2%）高出 46.6 个百分点。比较而言，1990 年和 2000 年农业劳动力中位年龄的这一差距分别为 13.2 岁和 13.6 岁，45 岁及以上人口所占比例的这一差距分别为 25 个百分点和 28.7 个百分点，极值间的差距明显拉大。

省份间农业老龄化差距的拉大还表现在不同年份各省份老龄化分布的离散

程度上。2010 年农业劳动力老龄化程度最高的 10 个省份中，在 1990 年只有上海明显高于全国平均水平，其余 9 个省、直辖市均在全国平均水平上下小幅浮动。而 2000 年，各省份农业劳动力老龄化程度差异已经开始明显，江苏、浙江、上海、重庆均显著高于全国平均水平，中位年龄高出 3 岁以上，45 岁及以上老年劳动力所占比例高出 10 个百分点以上，到 2010 年，这一差异更加明显。

表 4 相关年份农业劳动力老龄化程度最高的 10 个省份

单位：岁，%

排名	中位年龄				排名	中位年龄			
	地区	2010 年	2000 年	1990 年		地区	2010 年	2000 年	1990 年
	全国	44.0	38.1	32.4		全国	47.1	35	22.7
1	江苏	53.1	41.5	32.8	1	浙江	71.8	49.5	26.5
2	浙江	52.8	44.8	34.8	2	江苏	69.5	42.5	—
3	上海	50	45.5	42.5	3	上海	65.2	51.8	44.9
4	重庆	49.8	42.4	—	4	重庆	60.9	45.7	—
5	北京	47.6	41.5	35.2	5	北京	60.1	35.3	24.4
6	湖北	46.2	39.2	31.9	6	湖北	53.5	36.3	22.4
7	福建	45.5	38	30.9	7	福建	51.4	32.1	19.2
8	安徽	45.4	37.3	31.4	8	安徽	51	36.1	24.3
9	四川	45.3	39.4	32.4	9	四川	50.7	40.2	23.6
10	山东	45.1	39	33.6	10	山东	50.3	36.4	23

资料来源：根据 1982 年（江苏）、1990 年、2000 年和 2010 年 31 个省（自治区、直辖市）人口普查资料数据计算得到。

从农业劳动力老龄化速度来看，1990~2010 年，分别有 14 个和 16 个省份的农业劳动力中位年龄和 45 岁及以上人口所占比例增幅超过全国平均水平。如表 5 所示，其中，农业劳动力中位年龄增幅排在前 10 位的有江苏、浙江、福建、湖北、安徽、江西、吉林、湖南、四川和陕西，45 岁及以上老年农业劳动力所占比例排在前 10 位的有浙江、北京、福建、湖北、辽宁、江西、陕西、天津、山东和江苏。可以看出，浙江、江苏、福建、湖北、江西、陕西是农业劳动力老龄化速度最快的几个省份。

整体而言，浙江、江苏是 1990～2010 年农业劳动力老龄化速度最快的省份，到 2010 年，这两个省的农业劳动力老龄化程度也最高，超过了 1990 年和 2000 年农业劳动力老龄化程度最高的省份——上海市。北京、重庆、湖北、安徽、四川的农业劳动力老龄化程度和速度也较高，而吉林、江西、陕西几个省份虽然目前农业劳动力的老龄化程度并不算高，但 20 年间的老龄化速度却排在前列。

表5　1990～2010 年农业劳动力老龄化速度最快的 10 个省份

单位：岁，%

排名	中位年龄		排名	45 岁 + 老年劳动力所占比例	
	省份	增幅		省份	增幅
	全国	11.6		全国	24.4
1	江苏	20.3	1	浙江	45.3
2	浙江	18.0	2	北京	35.7
3	福建	14.6	3	福建	32.2
4	湖北	14.3	4	湖北	31.1
5	安徽	14.0	5	辽宁	30.5
6	江西	13.8	6	江西	27.9
7	吉林	13.7	7	陕西	27.6
8	湖南	13.3	8	天津	27.3
9	四川	12.9	9	山东	27.3
10	陕西	12.6		（江苏）	

资料来源：国务院人口普查办公室编《2010 年第六次全国人口普查主要数据》，中国统计出版社，2011；国务院人口普查办公室编《2000 年第五次全国人口普查主要数据》，中国统计出版社，2001；国务院人口普查办公室编《中国 1990 年人口普查资料》，中国统计出版社，1990。

五　结论与讨论

从全国层面来看，到 2010 年，我国农业劳动力的中位年龄达到 44.0 岁，45 岁及以上人口所占比例达到 47.1%，农业劳动力老龄化程度和速度均高于第二、第三产业。其主要原因是，农业劳动力人口的底部老龄化及农业劳动力非农转移的低龄化。依此态势，未来我国农业劳动力老龄化的速度将更快。

从地区层面来看，不同省份农业劳动力老龄化程度和速度差异较大，浙江、江苏、北京、上海、重庆、湖北、安徽、四川的农业劳动力老龄化程度较高、速度较快，而吉林、江西、陕西这几个省份虽然目前农业劳动力的老龄化程度并不算高，但1990~2010年这20年的老龄化速度却排在前列。

在对待我国农业劳动力老龄化问题上，应重点把握好两个方面。

首先，我们应正确看待农业劳动力老龄化这一现象。农业劳动力老龄化程度要远高于、快于其他产业劳动力的老龄化，这是工业化与城镇化过程的必然结果，这一现象不单在我国出现，在各国发展过程中均较为普遍。因此，我们在对农业劳动力老龄化问题予以高度重视的同时，不应过分夸大其负面作用，而是应积极从城乡二元体制改革、农村土地制度改革、农业规模化和机械化经营、培养新型职业农民、提高农民社会保障水平等方面，寻找突破口，进行有效应对。具体来讲，一是破除城乡二元体制，加快推进城乡一体化，全面深化包括户籍制度在内的各项改革。按照以人为核心的新型城镇化的要求，加快推进农民工市民化，鼓励和帮助城乡居民带着财产和家庭进行双向流动，自由地选择职业和居所，切实让城乡居民在城乡之间自主追求幸福生活。二是加快引导农村土地经营权有序流转，包括加强农村土地承包经营权流转的管理与服务、建立健全土地承包经营权市场、建立健全农业社会化服务体系等，以实现农业规模化、产业化、机械化经营，提高农业生产效率。三是加快培养"有文化、懂技术、会经营"的新型职业农民，加大对专业大户、家庭农场经营者、农民合作社带头人、农业企业经营管理人员、农业社会化服务人员、返乡农民工的培养培训力度。着力吸引一批拥有农业学科知识背景、立志农村经济发展的青年农业接班人加入到农业行业中来。四是建立涵盖农业在内的新型社会保障制度，使职业农民能与其他行业就业人员一样，享受均等的社会保障待遇。五是对于那些仍选择留守土地的老年人，我们不应当剥夺他们的劳动权利和耕种意愿，而是要通过采取各种措施，尽量降低农业劳动强度，保证他们享有健康幸福的晚年生活。

其次，应充分考虑我国地区发展不平衡这一实际国情。东部地区经济较发达，其农业现代化对农业劳动力起到了一定的解放作用，发达的乡镇企业也使青壮年劳动力可以"离土不离乡"，把种地当成一种副业（何小勤，2013）；而中西部地区经济相对落后，对于那些农业劳动力老龄化程度较高或速度较快的省份（如湖北、安徽、四川、吉林等），应给予更多关注。尤其是中部地区作为我国的重要粮食生产基地，其农业现代化程度低，农业劳动力老龄化程度较高、速度较快，不利于粮食生产和农业发展，国家应在充分考虑各省地理条件、经济水平、农业劳动力结构、人口流动特点等现实情况的前提下，依据全国主体功能区规划，从保障国家农产品安全以及可持续发展的需要出发，重点扶持中部地区农产品主产区建设，创造条件让城乡二元体制改革和农村土地制度改革等体制改革措施尽快在中部地区落地、落实，先试先行，加快引导农村土地经营权有序流转，增强农业综合生产能力，增加资金倾斜和技术投资，扩建粮食生产示范基地，提升农业现代化水平，着力增加粮食质量和产量。

参考文献

童玉芬：《中国农村劳动力非农化转移规模估算及其变动过程分析》，《人口研究》2010 年第 5 期。

Loren W. Tauer, "Productivity of Farmers at Various Ages", *North Central Journal of Agricultural Economics*, Vol. 6, No. 1, 1984.

郭熙保、赵光南：《我国农村留守劳动力结构劣化状况及其对策思考》，《中州学刊》2010 年第 5 期。

何昇林、吴沁珍、岳晓凤等：《农村青壮年劳动力流失引起的耕地撂荒及留守人群问题探究》，《安徽农业科学》2009 年第 19 期。

杨涛、朱博文、雷海章等：《对农村耕地抛荒现象的透视》，《中国人口·资源与环境》2002 年第 2 期。

李澜、李阳：《我国农业劳动力老龄化问题研究——基于全国第二次农业普查数据的分析》，《农业经济问题（月刊）》2009 年第 6 期。

李宗才：《农村劳动力老龄化研究及对策》，《科学社会主义》2007 年第 6 期。

李昱、赵连阁：《农业劳动力"老龄化"现象及其对农业生产的影响——基于辽宁省的实证分析》，《农业经济问题（月刊）》2009 年第 10 期。

Marion Clawson, "Aging Farmers and Agricultural Policy", *Journal of Farm Economics*, Vol. 45, No. 1, 1963.

杜鹏、丁志宏、李全棉等：《农村子女外出务工对留守老人的影响》，《人口研究》2004 年第 6 期。

白南生、李靖、陈晨：《子女外出务工、转移收入与农村老人农业劳动供给——基于安徽省劳动力输出集中地三个村的研究》，《中国农村经济》2007 年第 10 期。

庞丽华、ScottRozelle、Alan de Brauw：《中国农村老人的劳动供给研究》，《经济学

（季刊）》2003 年第 2 期。

罗敏、姜倩、张菊英等：《农村留守老人健康状况的影响因素研究》，《四川大学学报（医学版）》2011 年第 3 期。

周春芳：《发达地区农村老年人农业劳动供给影响因素研究》，《人口与经济》2012 年第 5 期。

李琴、宋月萍：《劳动力流动对农村老年人农业劳动时间的影响以及地区差异》，《中国农村经济》2009 年第 5 期。

何小勤：《农业劳动力老龄化研究——基于浙江省农村的调查》，《人口与经济》2013 年第 2 期。

课题组组长：张英洪

执　　笔：刘妮娜

2015 年 12 月 19 日

第十二篇 台湾地区人口老龄化问题
解决对策与启示

一 绪论

人口老龄化问题是人类进入 21 世纪以来所面临的重大挑战，世界各国逐渐意识到人口老龄化问题所带来的严重后果，积极研究并采取积极措施来应对人口老龄化问题所带来的负面影响。随着中国人口老龄化发展的不断加快，由此引发的社会经济问题引起了政府及社会各界越来越多的关注。中国是世界上人口最多的发展中国家，人口老龄化问题将对国家的经济社会可持续发展乃至综合国力的提升带来不可低估的直接影响。如何采取有效措施来应对人口老龄化问题，直接关系中国经济社会的持续发展，同时将深刻影响人民的生活水平。

（一）研究背景

随着我国经济社会的快速发展和医疗卫生事业的稳定进步，我国人口平均寿命不断延长，统计显示，新中国成立初期我国人口平均预期寿命是男性 39 岁，女性 42 岁，到 2010 年我国人口平均预期寿命达到 74.83 岁，比 10 年前提高了 3.43 岁。其中我国男性人口平均预期寿命为 72.38 岁，比 2000 年提高 2.75 岁；女性为 77.3 岁，提高 4.04 岁。男女平均预期寿命之差与 10 年前相比，由 3.70 岁扩大到 4.99 岁。[1] 与之相应的，老年人口的急剧增加对经济社会的持续稳定发展是巨大的挑战。根据中国老龄研究中心发布的《中国老龄事业发展报告（2013）》的研究结果，2012 年老年人口数量达到 1.94 亿，老龄化水平达到 14.8%。从 60 岁及以上人口占总人数比重来看，1982 为 7.6%，

---

[1] 刘铮、王希：《我国人口平均预期寿命达 74.83 岁，10 年提高 3.43 岁》，http：//news. xinhuanet. com/local/2012－08/09/c＿112677075. htm，2012 年 8 月 9 日。

1990 年达到 8.6%，8 年提高了 1 个百分点，2000 年达到 10.3%，10 年提高了 1.7 个百分点，2010 年达到 13.3%，10 年又提高了 3 个百分点，而到 2012 年，仅 2 年就提高 1.5 个百分点，呈加速趋势（见表 1）。中国老年人口比重的快速提高与近 30 多年的计划生育政策、人口出生率的下降及人口寿命的普遍延长有很大的关系。

根据联合国老年化标准，在一个社会中，60 岁以上的人口占总人口的比例达到 10%，或 65 岁以上人口占总人口 7% 以上，则标志着其进入老龄化社会。国家统计局资料显示，中国大陆地区已于 1999 年 10 月进入人口老龄化社会，成为世界上老年人口最多的国家。到 2005 年底，中国 60 岁以上老年人口已达到 1.44 亿，占总人口的 11.03%，预计至 2020 年老年人口将达到 2.4 亿，占当时总人口的 16% 左右。[①] 而中国台湾地区 1993 年总人口为 2096 万，其中 65 岁以上老年人占 7.02%，可见，中国台湾地区早在 1993 年就已经进入老龄化社会，[②] 比大陆早了 6 年。2010 年台湾人口增至 2316.21 万，其中 65 岁以上的老年人有 248.76 万，占总人口的 10.73%，相比 1993 年的 7.02% 提高了 3.71 个百分点，显示中国台湾地区老龄化呈快速增长趋势。

表 1　中国各主要年份老年人口比重的变化

单位：%

年份	60 岁及以上人口占总人数比重	65 岁及以上人口占总人数比重	80 岁及以上人口占 60 岁及以上总人数比重
1953	7.3	4.4	4.5
1964	6.1	3.6	4.3
1982	7.6	4.9	6.6
1990	8.6	5.6	7.9
2000	10.3	7.0	9.2
2005	11.0	7.7	10.5
2010	13.3	8.9	11.8
2012	14.8	—	—

资料来源：姚新武、尹华《中国常用人口数据集》，中国人口出版社，1994；中华人民共和国国家统计局《2010 年第六次全国人口普查主要数据》，中国统计出版社，2011。

[①]　《2020 年 60 岁以上老人将达到 2.4 亿占总人口数 16%》，http：//news. sohu. com/20060221/n241929409. shtml，2006 年 2 月 21 日。

[②]　孙铭宗、王军：《台湾地区"国民年金"制度述评》，《台湾研究》2012 年第 2 期。

中国大陆地区老年人口数量巨大，老龄化问题呈现发展速度快和地域不平衡等突出特点，这些问题一直困扰着我国政府部门。中国大陆老年人口占世界的1/5，占亚洲老年人口的2/5，且以每年3%的速度持续增长。按地域划分，东部沿海经济发达地区人口的老龄化程度高于全国平均水平，更高于西部经济欠发达地区；按农村与城市划分，农村老龄化程度高于城市。据统计，2000年农村65岁以上人口达到8.1%，高于城市的6.7%；同年，农村60岁以上老年人口占全国老年人口总数的65.82%，这种状况预计将一直持续到2040年前后。

在中国，自古以来爱老敬老养老就是中华民族的传统美德，面对不断加剧的人口老龄化趋势与挑战，应对不断产生的人口老龄化问题，建立完善的养老保障制度和体系，推动经济社会持续稳定发展，并保障老年人口安心养老，成为摆在中华民族面前的共同课题。北京是中国的首都，目前其老龄化问题非常严重。按照国际标准，我国上海、北京等一些大城市的老龄人口比率已经超过世界标准两到三倍。① 截至2010年，北京老龄人口已达235万，根据联合国标准已进入老龄化社会。人口老龄化不仅使劳动人口骤减、经济增长困难，同时也会伴随产生许多社会问题。

这些数据表明，中国大陆与中国台湾地区同样面临着人口老龄化加剧、地区不平衡问题等严峻挑战，系统研究并分析中国台湾地区与中国大陆，特别是北京的人口老龄化问题，研究先于大陆进入老龄化社会的台湾地区人口老龄化问题，有利于推动两岸相互借鉴与合作，解决人口老龄化问题，实现共同繁荣发展。

（二）研究意义

人口老龄化不仅是老年人口数量增多和比重提高的问题，而且是老年人的民生保障问题，是经济社会能否可持续发展的重大问题，积极应对人口老龄化是全社会的责任。人口老龄化是指老年人口在总人口中所占比例的上升，它是伴随社会经济发展而必然出现的社会现象，这种人口年龄结构的变化将对社会、经济、家庭等方面产生广泛而深刻的影响。

随着我国老龄化时代的到来，与老年人生活相关的社会经济问题随之产生，人口老龄化趋势所引发的对劳动生产率、产业结构、消费结构和生产结构问题的研究也得到各界广泛的关注。2011年末，全国60岁及以上老年人口已

---

① 刘芳：《老年用品市场调查报告结论》，http：//blog. sina. com. cn/s/blog_ 5d03ab5a0100c7ni. html，2009 年 2 月 20 日。

达1.8499亿，占总人口的比重达13.7%。[①] 数据表明我国已经步入人口老龄化社会，而且我国人口年龄结构也预示着20世纪60年代出生的人口，[②] 将在2025年左右达到我国第一次人口老龄化的高峰。统计表明我国老龄化的几个规律。①年均增加1000万人。截至2008年底，我国老年人口已增至1.69亿，占总人口的12.79%，且正以年均近1000万的增幅"跑步前进"。②2050年老年人口预计达到4.37亿。到2020年，我国老年人口将达到2.48亿，老龄化水平将达到17%；预计到2050年进入重度老龄化阶段，届时我国老年人口将达到4.37亿，占总人口30%以上，每三四个人中就有一位老人。③80岁以上老人正在超高速增长。据全国老龄办测算，目前全国80岁以上老人正在超高速增长，约为老年人口增速的2倍，预计到2050年5位老年人中就有1位是80岁以上老人。数据显示，目前全国各地除青海、新疆、西藏等地外，均已进入老龄化社会。[③]

研究人口老龄化具有以下重要的社会和经济意义。

（1）人口老龄化改变中国传统的养老模式。由于2013年底之前我国一直执行独生子女的计划生育政策，[④] 生育率持续下降使家庭供养资源减少，子女养老的人均负担成倍增长。特别是空巢老人家庭增多加剧了家庭养老的难度。我国人口寿命的持续延长将改变中国传统的养老模式，其主要表现为：一是高龄老年人数不断增多，造成家庭内代际数将相应增加；二是伴随着父母年龄的提高，子女的年龄也在相应提高，导致低龄老年人供养高龄老年人的新局面产生，家庭供养能力有所下降。

————————————

① 温如军：《老年人口状况调查报告表明60岁到69岁低龄老人比例过半　老龄委办公室副主任称——延长退休年龄或出台方案》，http://news.hexun.com/2012 - 07 - 10/143403237.html，2012年7月10日。

② 我国"婴儿潮"时代的人口于该时期出生。

③ 陈荞、郭鲲：《民政部：今年80岁以上老人可享高龄津贴》，http://politics.people.com.cn/GB/1027/11111096.html，2010年3月10日。

④ 20世纪70年代起中国开始大力推行计划生育政策。1973年成立了计划生育领导小组，1974年12月31日中共中央要求切实落实计划生育工作。1978年，我国宪法第一次写入计划生育的内容，规定："国家提倡和推行计划生育。"国家多次强调把计划生育工作的重点放到抓"一对夫妇最好生一个孩子"上来，这是解决我国人口问题的一项战略任务。1982年宪法第二十五条规定，"国家推行计划生育，使人口的增长同经济和社会发展相适应"，其后计划生育政策被确定为基本国策并公布施行。单独二孩，也叫做单独二胎，指中国政府制定的计划生育政策，只要夫妻双方一人为独生子女，即可生二胎（如果前一胎为多胞胎，则不适于此政策）。该政策于2013年重启，并计划于2013年底或2014年初试行。同时，关于2015年之后全面放开"二胎"的政策也正在拟议中。

（2）人口老龄化将大大提高中国的社会保障成本。主要原因：一是养老总支出持续大幅度增加，随着我国人口老龄化的进一步加快，离退休职工人数随之将迅速增加，相应的养老金支出以更快的速度增长；二是医疗保障费用持续大幅度增加，随着老龄化的进一步加快，老年人体弱多病，造成医疗保障费用大幅度增加。

（3）人口老龄化对劳动力市场产生巨大影响。主要表现在三个方面：一是对劳动力资源量和质的影响，由于人口老龄化使我国劳动力市场的供给逐步减少，同时影响到我国劳动人口的质量，从而导致劳动力资源从量和质两方面都受到较大消极影响；二是对劳动力年龄结构的影响，人口老龄化使我国劳动人口中中青年比例减少，高龄劳动力比例增加，与之相伴的是医疗保健等方面的投资不断增加而消费方面的投资减少；三是对劳动力参与率、效率的影响，人口老龄化带来的劳动力平均年龄偏大，创新性下降，影响产业结构的调整，使疾病等健康问题对劳动资源的影响力度加大，进而使我国劳动力的效率以及参与率呈下降趋势。①

（4）人口老龄化逐步改变中国消费倾向、消费模式及储蓄方式。按照人口生命周期理论，人口老龄化发展到一定阶段，会使整个社会的消费倾向增加，储蓄倾向降低。同时，我们不能忽视由于老龄人口增加已形成了一个"银发"市场，其中又蕴藏着巨大的商机。老龄市场具有以下特点：一是老年人口数量巨大，与老年人相关的消费产品需求巨大，由于医疗保健水平的快速发展提高、我国人口的平均寿命的明显提高且出生率有所下降，我国老年人口的数量在总人口数中的比例持续提升；二是购买能力较大，由于目前我国大部分老人都有养老金或是各类保险金，因而退休人员货币购买能力较强。人口老龄化在给社会带来问题的同时也给许多产业带来了新的发展契机。近几年来，我国经济持续较快平稳发展，依然保持 7.5% 及以上的高增速，因此国家对于养老资金方面的投入也在逐年增加，如 2012 年底，全国城乡居民参保人数达到 48370 万人，比上年底增加 15187 万人，13075 万城乡老年居民按月领取养老金（约占总人口数的1/10）。2012 年全国企业参保退休人员月人均基本养老金达到 1721 元，比上年增加 210 元。② 因此老人手中的自由资金增多，选择消

---

① 王立勋：《人口老龄化对北京产业结构调整的影响》，《人口与经济》2010 年第 51 期。

② 《去年企业退休人员月人均基本养老金达 1721 元》，http：//news. qq. com/a/20130125/000841. htm，2013 年 1 月 25 日。

费的空间增加。

中国台湾同大陆人民拥有共同的文化传统与相近的价值理念。中国台湾地区比大陆更早地进入了人口老龄化社会，两岸人口老龄化发展趋势与现实问题又具有很多相似之处。台湾地区官方统计数据显示，截至2013年底，65岁以上老年人口数为269.5万，占总人口的11.53%，与2008年相比增加了29.22万人，年均增加5.84万人（2008年底台湾地区65岁以上老年人口为240.28万，占总人口的10.43%）。据测算，中国台湾2020年65岁及以上人口占总人口比例将增加至14%，到2030年可能增加到30%，其老龄化速度仅低于日本。① 2010年底，北京65岁及以上的人口为170.882万人，占总人口的8.7%，与台湾相比仅低2.8个百分点。面对急剧加速的人口老龄化进程，中国台湾地区在20世纪90年代就开始了人口老龄化问题研究，从地方政府到民间机构，都积累了丰富的应对人口老龄化问题的理论与实践经验，建立了相对完善的社会保障体系，这为中国大陆应对日益严峻的人口老龄化挑战提供了有益的借鉴。本文希望通过系统梳理中国台湾地区人口老龄化的现状、发展趋势、存在问题以及相关对策等，为中国大陆，特别是北京人口老龄化问题研究和政府决策、社会对策等提供一定的借鉴。

（三）相关概念及指标

1. 老年人口

1982年，联合国老龄问题世界大会按照年龄老龄化的过程，把年龄分为四个阶段。第一阶段为45~54岁的高龄前期，生理上虽有初步变化，但是并不明显，如毛发开始变白或脱落，体型发胖或者变瘦，然而在这个年龄段人的精神状态一般仍然很好；第二阶段为55~64岁的高龄初期，发色有明显变化，面部出现皱纹，但工作以及领导能力还好；第三阶段为65~79岁的高龄中期，活动力减退，食量减少，体重减轻，受心理因素影响大，是死亡率较高的时期；第四阶段为80岁以上的高龄后期，会出现肌肉萎缩、身体伛偻、行动迟缓、五官不灵敏等症状，而且行为近乎天真，有返老还童的现象。

从生理层面看，人在毛发变白或脱落、眼睛浑浊、眼球或眼白变色、身高降低、内脏各器官的细胞数减少等特征出现时，即被界定为生理层面的老年人。从心理层面看，一个人"有无求新的欲望"和"有无成就的欲望"或对

---

① 《中国台湾地区"行政院经济建设委员会"的人口推计》，http://www.moi.gov.tw/。

机械、电器不感兴趣以及保守、固执、自私等老人心理现象出现时，就被认为是心理层面的老年人。从社会地位或角色来看，真正老年人口的定义应从社会地位和其在社会上所扮演的角色来看，若一个人从主要变为次要，或从重要变为无足轻重时，则被定义为老年人口。

2. 人口老龄化

人口老龄化是一种社会现象，其判断指标是地区老年人口系数，即一个地区老年人口占人口总数的百分比，是一个年龄结构相对数。目前，通常判断一个国家或地区是否进入老龄化社会所遵循的是 1956 年联合国《人口老龄化及其社会经济后果》确定的划分标准，即当一个国家或地区 65 岁及以上老年人口数量占总人口比例超过 7% 时，则意味着这个国家或地区进入老龄化社会。1982 年维也纳老龄问题世界大会，确定 60 岁及以上老年人口占总人口比例超过 10%，意味着这个国家或地区进入老龄化社会。[1] 老龄化包含两个含义：一是指老年人口相对增多，在总人口中所占比例不断上升的过程；二是指社会人口结构呈现老年状态，进入老龄化社会。[2] 老龄化产生的原因主要有三个：①育儿费用提高、生产生活节奏的加快、生活压力加大，造成生育率不断下降；②医疗技术进步，公共卫生和保健水平不断提高，人均寿命延长；③计划生育等政府限制生育政策。

人口老龄化与老年人口比重密切相关，而"老年人"的年龄起点标志值的选择则是影响人口年龄结构的重要因素。1956 年联合国出版的《人口老龄化及其社会经济后果》一书中，将 65 岁界定为老年人的年龄起点；1971 年美国人口普查局出版的《人口学方法与资料》中遵循了此标准，以 65 岁为老年人划分的起点；1982 年，联合国老龄问题世界大会又将老年人的年龄起点界定为 60 岁；1990 年瑞典人口学家桑巴德在《人口年龄分类和死亡率研究》一书中将 50 岁设定为老年人年龄的下限。因此，综合看目前老年人起点的国际通用标准是 60 岁或 65 岁。

除了目前国际通用的老年人口比例指标以外，联合国出版的《人口老龄化及其社会经济后果》（1956 年）中还提出其他的划分标准来判别人口老龄化的不同程度，将人口年龄结构分为年轻型、成年型和年老型三种不同人口类

---

① 《专家：破除养老"双轨制"需调整既得利益》，http：//www.js.xinhuanet.com/2013-09/03/c_117212887.htm，2013 年 9 月 3 日。

② 《中国人口报告上递决策层，放开全面二孩政策有望提速》，http：//roll.sohu.com.20151016/11423410415.shtml，2015 年 10 月 16 日。

型。根据联合国的标准和发达国家的实际情况，通常按照 60 岁或 65 岁以上人口所占总人口的比例情况划分不同的人口类型（见表 2）。

表 2 联合国《人口老龄化及其社会经济后果》（1965～1982）关于人口老龄化的标志

标准类型	老年人口界定标准	人口类型（以老年人口占比重计算）		
		年轻型	成年型	老年型
1965 年的联合国标准	65 岁及以上人口的比例（%）	4% 以下	4%～7%	7% 以上
1982 年的联合国标准	60 岁以上人口的比例（%）	5% 以下	5%～10%	10% 以上

此外，对于人口年龄结构也可以从少儿人口比例、老少比和人口年龄中位数等指标进行判别。人口年龄结构呈现老年型的标志包括：少儿人口比例（0～14 岁人口比例）低于 30%；老少比（65 岁以上老人与 0～14 岁人口的比）在 30% 以上；人口年龄中位数在 30 岁以上。

2010 年我国第六次人口普查显示，0～14 岁人口占总人口 16.60%，[①] 比 2000 年人口普查下降 6.29 个百分点，我国已进入严重少子化阶段；60 岁及以上人口占总人口 13.26%，比 2000 年人口普查上升 2.93 个百分点，其中 65 岁及以上人口占 8.87%，比 2000 年人口普查上升 1.91 个百分点。中国人口年龄结构的变化是随着中国经济社会的快速发展，长期实施计划生育政策的结果，人民生活水平和医疗卫生保健事业的巨大改善，生育率持续保持较低水平，老龄化进程逐步加快也是重要因素。

3. 衡量人口老龄化的常用指标

目前，世界各国的退休年龄并不一致，所以世界各国对人口老龄化的界定标准也不统一。比如，有的国家沿用 1965 年联合国提出的"65 岁以上人口占总人口的 7%"作为老龄社会的标准，而大多数国家则采用 1982 年联合国老龄问题世界大会提出的"60 岁以上人口占总人口的比例在 10% 以上"作为老龄社会的标准。为了能够有效分析人口老龄问题，有必要同时采用几种统计指标分析问题。目前，主要采用的统计指标有以下几个。

---

① 0～14 岁人口占总人口的比例在 15% 以下，为超少子化；15%～18%，为严重少子化；18%～20%，为少子化；20%～23%，为正常；23%～30%，为多子化；30%～40%，为严重多子化；40% 以上，为超多子化。少子化与老龄化有本质的区别。老龄化，是人们生活水平提高和寿命延长的必然结果，是民富国强的标志；"少子化"是生活压力加大和社会发展的必然结果。

（1）老年人口比重。老年人口比重，又称老年人口系数，指 65 岁及以上人口（或 60 岁及以上人口）占总人口的比重，通常用百分比表示。老年人口比重是在有关人口老龄化指标中使用最广泛、最直接的指标。老年人口系数的高低变化形象地反映老龄化进程的快慢程度，这一比重变动常常被用来衡量人口老龄化或年轻化的趋势。计算公式为：

$$老年系数 = （≥60 周岁或 ≥65 周岁人口数）÷ 总人口数 × 100\% \qquad (1.1)$$

（2）人口年龄中位数。人口年龄中位数是将总人口按年龄有序排列后，将总人数分成人数相等的两部分的年龄标志值。人口年龄中位数将区域人口分为人数相等的两部分，即一半人口在年龄中位数以上，一半人口在年龄中位数以下。年龄中位数的上升和下降可以反映总人口年龄变化情况。年龄中位数如果提高，人口一般会趋向或出现老龄化；如果降低，一般出现人口年轻化。当年龄中位数在 20 岁以下，其年龄结构为年轻型；当年龄中位数在 20～30 岁，为成年型或向成年型转化的结构类型；当年龄中位数超过 30 岁时，就称为老年型。

年龄中位数可按各年龄组的人数计算，其公式为：

$$年龄中位数 = 中位数组的年龄下限值 + \{[（人口总数）/2 - 中位数$$
$$组之前各组人数累计] ÷ 中位数组的人口数\} × 组距 \qquad (1.2)$$

年龄中位数也可按各年龄组人数的比重计算，公式为：

$$年龄中位数 = 中位数组的年龄下限值 + [（0.5 - 中位数组之前各组人口比重累计）÷$$
$$中位数所在组的人口比重] × 组距 \qquad (1.3)$$

如据台湾有关当局 2014 年 9 月统计，2014 年 1 月底，台湾地区年龄中位数：总人口为 39.2 岁，其中，男性为 38.5 岁，女性为 39.9 岁，为老年型。与 2010 年相比，分别增大了 2.2 岁、2.1 岁和 2.2 岁。[①] 台湾地区年龄中位数也能说明其老年型（化）程度加深。

（3）抚养比。抚养比，又称为抚养系数，是指在人口中非劳动年龄人口数与劳动年龄人口数的比，它表达的是一种没有自我抚养能力的人在总人口中的比重及这部分人口对劳动人口的抚养负担系数。由于总人口可以分为少年儿

---

① 《台湾人口》，http：//zh. wikipedia. org/wiki/；《各国中位数年龄列表》，台湾总人口中位数为 37.0，男性为 36.4，女性为 37.7（2010 年估计数），http：//zh. wikipedia. org/wiki/。

童人口、劳动年龄人口和老年人口三类，对应的，抚养比就分为少年儿童抚养比（少年儿童人口与劳动年龄人口的比）和老年抚养比（老年人口与劳动年龄人口的比）。二者分别表达的是少年儿童人口和老年人口对劳动年龄（通常为15~64岁）人口的抚养压力。二者相加即为总抚养比，该比值越大表明劳动力的负担越重。

$$少年抚养比 = (0~14岁少年儿童人口数/15~64岁人口数) \times 100\% \quad (1.4)$$

$$老年抚养比 = (60岁或65岁以上人口数/15~64岁人口数) \times 100\% \quad (1.5)$$

$$总抚养比 = (60岁或65岁以上人口数 + 0~14岁少年儿童人口数)/15~59岁或15~$$
$$64岁人口数 \times 100\% \quad (1.6)$$

（4）老化指数。老化指数，亦称老少比，指老年人口数与少年儿童人口数的比值，用百分数表示。该指标反映了人口年龄结构上下两端的相对变化趋势，其意义在于清晰地反映老龄化进程是来自老年人口（增加），还是少儿人口（减少）的增减变化。计算公式是：

$$老化指数（老少比）= [(\geqslant 65周岁人口数) \div (0~14周岁人口数)] \times 100\% \quad (1.7)$$

老化指数可以划分为以下三种情况：当一个社会的老年人口与少儿人口总量持平（老化指数 =1）时，表明老年化来自老年人口和少儿人口的影响因素大体相当；当老年人口少于少儿人口（老化指数 <1）时，表明老年化的影响主要来自少儿人口；当老年人口超过少儿人口（老化指数 >1）时，表明老年化的影响主要来自老年人口。

（5）老龄化率。老龄化率是用老年人口增长率与总人口增长率之比来表示，用以对比观测老年人口在总人口中的发展速度。当老龄化率 >1 时，说明老年人口比总人口增长快，老年化程度加深；当老龄化率 <1 时，说明老年人口增长速度慢于总人口，老年化速度减慢。

二　台湾地区人口老龄化现状及变动趋势

（一）台湾地区人口年龄结构日趋老年化

1. 老年人口急剧增加，老年人口比重稳步提高

2006 年底，中国台湾地区户籍人口登记数已达到 2287.65 万人，其中 65

岁及以上老年人口达到 229 万人，约占总人口数的 10%，而截至 2013 年底，65 岁及以上老年人户籍人口登记数增加到 269.50 万人，约占总人口数的 11.53%，7 年中绝对人数增加了 40.49 万人，年均增加 5.78 万人，年均增加 1.53 个百分点。中国台湾地区主管部门估算，至 2050 年台湾 65 岁及以上的人口将达到 695 万人，占总人口的 35.5%（见表 3）。

表 3　2003~2013 年中国台湾地区户籍人口登记人数及年龄结构统计

年份（年底）	户籍人口登记人数（人）	年龄结构百分比（%）		
		0~14 岁	15~64 岁	65 岁及以上
2003	22604550	19.83	70.94	9.24
2004	22689122	19.34	71.19	9.48
2005	22770383	18.70	71.56	9.74
2006	22876527	18.12	71.88	10.00
2007	22958360	17.56	72.24	10.21
2008	23037031	16.95	72.62	10.43
2009	23119772	16.34	73.03	10.63
2010	23162123	15.65	73.61	10.74
2011	23224912	15.08	74.04	10.89
2012	23315822	14.63	74.22	11.15
2013	23373517	14.32	74.15	11.53

资料来源：根据 2013 年中国台湾"户政司"资料计算得到。

从 1984 年起，台湾地区生育率已低于更替水平，逐渐转型为低出生率的阶段。这使 15 岁至 64 岁工作人口增加缓慢，加上医疗技术和科学的进步使死亡率逐渐下降，65 岁及以上老年人人口数由 2003 年的 208.87 万人，增加到 2013 年的 269.50 万人，老年人口急剧增加；65 岁及以上年龄结构百分比由 9.24% 提高到 11.53%，老年人口比重稳步提高。

2. 人口平均寿命不断延长，高龄化社会特征显现

100 多年来，台湾地区人口的平均寿命呈持续延长态势。1905 年，台湾地区人口平均寿命为男性 27.7 岁，女性 29 岁；1921 年，男性 34.5 岁，女性 38.6 岁；1951 年，男性 53.1 岁，女性 57.3 岁；1980 年，男性 69.6 岁，女性 74.5 岁；2001 年，男性 73.2 岁，女性 78.9 岁；2005 年男性则增为 74.5 岁，女性则达到 80.3 岁；2011 年最新统计显示台湾地区人口平均寿命为 77.56 岁，其中男性

74.65 岁，女性 80.73 岁。① 从现在来看，人口平均寿命的延长并没有停止的趋势。2005 年中国台湾地区百岁人口已达到 818 人，与 1996 年的 440 人相比，增长近一倍，这也是高龄化社会的明显特征之一。

3. 人口出生率不断下降，青少年总数及比重双下降

人口出生率的不断下降是造成台湾地区人口年龄结构改变的主要原因之一。2003 年，0～14 岁年龄人口数为 448.2482 万人，占总数的 19.83%；2005 年，为 425.8061 万人，占总数的 18.70%；2010 年，362.4872 万人，占总数的 15.65%；2013 年，334.7087 万人，占总数的 14.32%。可见，2003～2013 年，0～14 岁人口下降了 113.5395 万人，下降了 25.33%，即超过了四分之一，占比下降了 5.51 个百分点，0～14 岁人口总数和占比双双呈下降趋势。根据中国台湾地区主管部门的资料，以 1964 年计算，战后"婴儿潮"的家庭平均出生人口为 5.1 人，而至 2004 年，家庭人口的出生率平均每户 1.71 人，已急速下降并进入少子化时代。中国台湾公布的统计数据显示，2011 年台湾出生婴儿 19.8348 万人，人口出生率为 0.83%，但较 2010 年大幅增加了 19.1%。与老龄化严重的日本（2010 年人口出生率为 1.39%）、美国（2010 年新生人口 400 万，总人口 3 亿，人口出生率为 1.33%）相比，中国台湾地区人口出生率明显较低。② 台湾地区有关当局预测，至 2022 年，中国台湾地区人口出生率将达到零增长率，届时人口将出现负增长，中国台湾地区在 2004 年的生育率中，已是全世界最后一名。③ 台有关当局公布的人口推估资料显示，在缺乏奖励生育等政策诱因的前提下，最快到 2016 年，台湾地区当年的死亡人口将开始大于出生人口，总人口增长率将迈入负增长阶段。④

4. 老年人口抚养比逐年增加，老化指数快速上升

近 20 年来，中国台湾地区老年人口的数量逐年增加，人口老龄化速度明显增快，老年人口的抚养比逐年上升。2003～2013 年中国台湾地区抚养比呈

---

① 《全球各国人口平均寿命》，http：//bbs. tianya. cn/post-333 - 88951 - 1. shtml。参考资料网页，https：//www. cia. gov/library/publications/the-world/_ factbook/index. html，2011 年 3 月 27 日。

② 陈键兴、张云龙：《台湾去年新生儿近 20 万为 11 年首度回升》，http：//news. xinhuanet. com/2012 - 05/26/c_ 11204207. htm，2012 年 5 月 26 日。

③ 中国台湾地区"内政部"统计处预测，网址：www. moi. gov. tw/stat/index. aspx。

④ 《台湾生育率急降最快 2016 年将出现人口负增长》，http：//www. huaxia. com/xw/tw/00226072. html，2004 年 7 月 27 日。

不断下降趋势，由 2003 年的 40.97% 下降为 2013 年的 34.85%。而在老龄化指数和人口抚养比方面则呈不断上升趋势。2003～2013 年，中国台湾地区老龄化的指数由 46.58% 增加到 80.51%，增加了 33.93 个百分点；老年人口的抚养比由 13.02% 增加到 15.55%，增加了 2.53 个百分点，呈逐年上升趋势。老化指数由 2003 年的 46.58% 逐步提高至 2013 年的 80.51%，说明 2003～2013 年台湾老年化的影响因素主要来自少儿人口的快速减少，但老年化中来自老年人口增加的影响呈快速上升趋势（见表 4）。

表 4　2003～2013 年中国台湾地区抚养比及老化指数统计

年份	抚养比（%）	抚幼比（%）	抚老比（%）	老化指数（%）
2003	40.97	27.95	13.02	46.58
2004	40.48	27.16	13.31	49.02
2005	39.74	26.14	13.60	52.05
2006	39.12	25.21	13.91	55.17
2007	38.43	24.30	14.13	58.13
2008	37.70	23.34	14.36	61.51
2009	36.93	22.38	14.56	65.05
2010	35.85	21.26	14.59	68.64
2011	35.07	20.37	14.70	72.20
2012	34.74	19.72	15.03	76.20
2013	34.85	19.31	15.55	80.51

资料来源：根据 2013 年中国台湾"户政司"资料计算得到。

5. 人口老龄化转型过程时间短、速度快

区域人口转型是指一个区域从高出生、高死亡转变为低出生、低死亡的过程，也是 0～14 岁人口比例下降，60 岁以上（或 65 岁以上）老年人口比例上升的过程。欧洲国家从 1750 年开始人口转型，到 20 世纪 50 年代才完成整个过程，前后一共花了约 200 年的时间。1920 年中国台湾地区的死亡率开始下降，由 32.5‰ 下降至 1940 年的 20.50‰。死亡率下降的主要原因包括社会相对安定、社会趋于民主、医疗和公共卫生的改进、多种产业发展以及生活水平的提高等。到第二次世界大战末期，1943 年中国台湾地区人口死亡率降为 18.8‰。特别是第二次世界大战结束后，从国外引进医疗技术和药品，加上公共卫生的显著改进以及生活水准的不断提高，人口死亡率逐步下降，由 1958 年的 17.6‰，又缓慢下降到 2008 年的 6.25‰。据统计，2014 年 9 月中国台湾

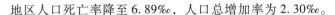

地区人口死亡率降至 6.89‰，人口总增加率为 2.30‰。

6. 男性平均年龄已趋近高龄化，女性人口普遍超过高龄化

随着医疗科学技术的快速进步和社会生产力的发展，人们生活水平和医疗卫生条件的不断改善，人类的平均寿命日益延长。自 19 世纪起，特别是 20 世纪中期后，世界人口平均寿命有了大幅度提高。[①] 中国台湾地区在人口老龄化的过程中，老年人口内部的年龄结构也在发生改变，老年人口高龄化是必然发生的现象。[②] 从各年龄组的老年人口占老年人口总数的比重，我们不难看出 65～69 岁及 70～74 岁的人口比重分别下降了 12% 及 2%，75～79 岁、85～89 岁、90 岁以上的人口比重分别提高了 3%、6% 及 2%，而高龄人口占老年人口的比重上升是人口老龄化非常重要的人口特征。[③] 2014 年，台湾有关当局公布第 10 次台湾民众生命表，台湾人平均寿命 79.12 岁，男性 75.96 岁、女性 82.47 岁，女人整整比男人长寿 6.51 年。[④] 统计数据显示，男性平均年龄已趋近高龄化，女性人口平均年龄已经普遍超过高龄化。

由于经济持续发展，社会长期稳定，教育与医疗水平不断提高，人们养老观念、生育观念转变以及人工流产合法化等诸多因素的综合作用，台湾地区仅仅用了 13 年的时间就已经完成了人口老龄化的转变，其 65 岁以上人口比重从 1980 年的 4.3% 上升至 1993 年的 7.09%，持续上升至 2013 年底的 11.53%（2014 年 9 月统计为 11.85%），并且台湾地区人口老龄化的速度仍呈加速趋势，比世界第一个迈入人口老龄化的国家——法国快了整整 77 年。根据台湾地区经济建设部门的预计，台湾从高龄社会进入超高龄社会（老年人口将超过两成）的速度，会比欧美国家和地区快。2060 年前，台湾 65 岁以上的老年人口比率就会比欧美国家和地区高。

7. 人口老龄化与少子化的危机并存且日益深化

中国台湾地区的人口老龄化与少子化危机同时存在。自 20 世纪 80 年代起，台湾地区的出生人口数量就从 40 余万人以每年 1 万～2 万人的幅度一路

---

① 2015 版《世界卫生统计》报告。2015 版《世界卫生统计》出炉，日本女性高达 87 岁，全球人口平均寿命是 7 岁，其中女性 73 岁，男性 68 岁，http：//www.3dmgame.com/events/201505/3499613.html，2015 年 5 月 15 日。

② 人口学称 80 岁以上的长寿老人为"高龄老年人口"。

③ 郑启五：《试析台湾人口老龄化的发展及其产生的问题》，《南方人口》1999 年第 3 期。

④ 《台湾女人比男人长寿平均寿命近 80 岁》，http：//news.sohu.com/20140905/n404096888.shtml，2014 年 9 月 5 日；《台湾人口》，http：//zh.wikipedia.org/wiki/，显示最新台湾人均寿命总计 79.84 岁，男性 76.72 岁，女性 83.20 岁（2014 年统计）。

下滑，并呈加速趋势。如表 5 所示，0～14 岁的总人数由 2003 年的 448.25 万人，下降至 2014 年的 329.15 万人，11 年共下降了 119.1 万人，下降了 26.57%，年均下降 10.83 万人；0～14 岁的年龄结构百分比由 2003 年的 19.83%，持续下降至 2014 年 9 月的 14.06%，共计下降了 5.77 个百分点，下降趋势十分明显。65 岁以上的总人数由 2003 年的 208.87 万人，增加至 2014 年的 277.41 万人，增加了 68.54 万人，增长了 32.81%，年均增加 6.23 万人；65 岁以上的年龄结构百分比由 2003 年的 9.24%，持续上升至 2014 年 9 月的 11.85%，共计上升了 2.61 个百分点，上升趋势较为明显。2009 年台湾地区出生人口数量不足 20 万人，仅为 19.13 万人，2010 年仅为 16.68 万，尽管 2012 年以来，出生人口数量略有回升，但台湾地区少子化的问题已经形成。台湾有关当局依户籍登记数据显示，2013 年至"户政事务所"办理出生登记数为 19.9113 万人，较 2012 年的 22.9481 万人，减少 3.0368 万人及 13.23%，但仍是 2008 年以来次高。[1]

表5 2013～2014 年 9 月中国台湾地区 0～14 岁及 65 岁以上人口相关数据统计

年份 类别	0～14 岁 总人数 （人）	0～14 岁 比重 （%）	逐期 增长量 （人）	65 岁以上 总人数 （人）	65 岁以上比重 （%）	逐期 增长量 （人）
2003	4482482.265	19.83	–	2088660.420	9.24	–
2004	4388076.195	19.34	– 94406.0702	2150928.766	9.48	62268.3456
2005	4258061.621	18.70	– 130014.5738	2217835.304	9.74	66906.5386
2006	4145226.692	18.12	– 112834.9286	2287652.700	10.00	69817.3958
2007	4031488.016	17.56	– 113738.6764	2344048.556	10.21	56395.8560
2008	3904776.755	16.95	– 126711.2615	2402762.333	10.43	58713.7773
2009	3777770.745	16.34	– 127006.0097	2457631.764	10.63	54869.4303
2010	3624872.250	15.65	– 152898.4953	2487612.010	10.74	29980.2466
2011	3502316.730	15.08	– 122555.5199	2529192.917	10.89	41580.9066
2012	3411104.759	14.63	– 91211.9710	2599714.153	11.15	70521.2362
2013	3347087.634	14.32	– 64017.1242	2694966.510	11.53	95252.3571
2014 年 9 月	3291485.368	14.06	– 55602.2664	2774118.180	11.85	79151.6699

资料来源：根据中国台湾"户政司"资料计算得到。

---

[1] 《2013 年台湾地区出生人口跌破 20 万人》，http://www.huaxia.com/xw/twxw/2014/01/3697970.html，2014 年 1 月 9 日。

8. 人口老龄化与少子化的危机长期持续恶化

表6来自台湾地区有关当局发布的《"中华民国"2012至2060年人口推计报告》，该报告对未来50年台湾人口结构及抚养比变化趋势进行了预测。报告显示，①0～14岁的人口总数及占比持续下降。由2012年底的341.2万人持续下降到2060年的185.9万人，年均下降3.24万人，占比由14.6%下降至9.8%。②15～64岁的人口总数及占比持续下降。由2012年底的1730.5万人持续下降到2060年的959.8万人，不足1000万人，年均下降16.06万人，占比由74.2%下降至50.7%，即下降至约超过一半。③65岁以上的人口总数及占比持续上升。由2012年底的260.2万人持续上升增至2060年的746.1万人，年均增加10.12万人，占比由11.2%增加至39.4%，即每2.5人中有一位65岁以上的老人。④抚养比和老化指数都迅速增加。抚养比由2012年的34.8%增加至2060年的97.1%，即由每3个人养活1个人，老龄化至约每1个人养活1个人。老化指数由76.3%提高至401.5%，增加了约4.26倍。

表6　未来50年台湾地区人口结构及抚养比变化趋势

年份	年底人口（千人）/人口结构（%）						抚养比（%）			老化指数（%）
	0～14岁		15～64岁		65岁以上		合计	抚幼比	抚老比	
2012	3412	14.6	17305	74.2	2602	11.2	34.8	19.7	15.0	76.3
2025	2918	12.3	16001	67.6	4736	20.0	47.8	18.2	29.6	162.3
2041	2438	10.8	13158	58.3	6979	30.9	71.5	18.5	53.0	286.2
2060	1859	9.8	9598	50.7	7461	39.4	97.1	19.4	77.7	401.5

资料来源："行政院经建会"《"中华民国"2012至2060年人口推计报告》。

（二）台湾地区人口老龄化的成因

中国台湾地区人口老龄化问题的主要成因有两方面。

（1）人口生产因素。一是人口生育率的持续降低，台湾地区生育率的不断降低使幼年人口数减少，老年人口所占总人口的比例则随之提高；二是预期寿命的不断延长，预期寿命的不断延长使老年人口的绝对数增加，占总人口的比例也相应增加。从20世纪60年代起，台湾地区开始以快速的工业化替代传统农业的经济体系，大力发展劳动密集型的出口加工业，这加速了人口的城市化，也促使台湾地区传统大家庭向现代小家庭转化。当局相关部门开始重视人口研究。1961年，"台湾人口研究中心"成立，1963年在台中市首次推行家庭计划实验。1964年，台湾"卫生署"成立"家庭卫生委员会"，全面推行家庭计划，口号是"实施家庭计划，促进家庭幸福"。① 1967年台湾有关当局提出"五三"口号，即提倡民众婚后三年才生育、间隔三年再生育、最多不超过三个孩子、三十三岁前全部生完（整个过程有5个3，故称"五三"口号）。从1971年起，每年11月为家庭计划扩大宣导月，提出"两个孩子恰恰好，男孩女孩一样好"及"三三三一"口号（"三三三一"指婚后三年生第一个小孩，过三年再生一个）。1979年，蒋经国先生指示："人口自然增长率10年后预期降至1.25%，并实施优生保健。"从1984年开始，台湾人口净繁殖率已降到人口替换率之下。考虑到生育率过低将导致人口老化、劳动力不足，当局为促进人口合理成长，1990年起，提出"适龄结婚，适量生育"，提倡适当婚育年龄为22～30岁。2001年，台湾有关当局宣导"两个孩子恰恰好，女孩男孩一样好"，特地将女孩放在男孩之前，希望消除重男轻女观念。在台湾，养育一个小孩，从出生到大学毕业，据估计需要新台币300万元，有的估计说要新台币500万元，负担不小。另外，生育价值观的大转变，"丁克族"的人数不断扩大，这些都严重影响出生率。中国台湾的生育率日趋下降，从10年前的1.77人降至1.1人，比日本（1.3人）、韩国（1.3人）、新加坡（1.4人）及欧洲国家（平均1.5人）还要低。35～39岁的女性，未婚率近30%。当局预估到了2017年，台湾65岁以上人口比率将达14%，正式迈入高龄社会。工作年龄人口与高龄人口的抚养比将恶化，目前的抚养比是7.0:1，2026年将是3.2:1，2056年是1.4:1。人口的负增长，与台湾经济基础的发展速度是不一致的，对此有关当局的政策是尽量鼓励民众生育。

（2）社会因素。社会经济快速发展，社会和谐安定，医疗卫生条件显著改善等社会因素也是导致人口老龄化的必不可少的条件。此外，结合台湾地区的特殊情况，第二次世界大战后"婴儿潮"时代出生的人一旦进入老年期，将会加速人口老龄化（见图1），人口组成也在人口老龄化的进程上起到推波助澜的作用。上述导致中国台湾地区人口老龄化问题的因素，在中国大陆同样具备。

---

① 黄卫军：《台湾的计划生育政策》，http://blog.sina.com.cn/s/blog_ 696aaf470100ka3n. html，2010年7月5日。

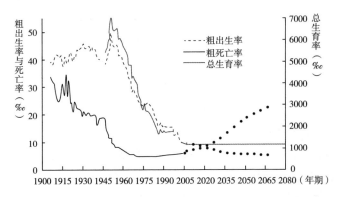

图 1　中国台湾地区 1900～2080 年人口出生率、死亡率和再生率趋势

注：1906～2004 为"内政部"刊布的实际资料，2004 年以后为人口推估的结果。

三　中国台湾地区人口老龄化问题及其对策

（一）台湾地区人口老龄化面临的主要问题

1. 老龄化促使社会经济体系、福利制度和医疗保障体系面临巨大挑战

随着台湾地区进入人口老龄化社会，特别是近年来老龄人口急剧增加，老龄人口比例迅速上升，台湾地区已经建立的经济体系、社会福利制度和医疗保障体系等面临前所未有的巨大挑战。养老保障和各种社会福利开支比例不断提高，而劳动人口占总人口的比重日益下降，人均需要承担的经费开支大幅度提高，现有的社会福利制度面临巨大挑战，现有的和计划发展的产业招募不到合适的劳动力，影响了产业竞争力。老龄化促使消费结构发生变化，产品结构不能得到及时调整，造成社会生产的产品结构失衡。老龄人口对医疗保障的需求急剧提高，医疗设备与人员开支大幅提升，医疗保险机构面对巨额的医疗开支和庞大的老龄就医人群，经费收支难以实现供需平衡，而降低医疗保险支出则无疑会降低医疗保险水平，多难的局面成为台湾地区政治社会经济发展面临的大难题。

2. 老龄化与少子化危机并存导致社会资源配置失衡，产生多元社会经济发展问题

中国台湾地区进入老龄化社会的过程中，同时伴随着严峻的少子化危机。老龄化与少子化危机并存叠加的现状导致台湾地区出现各种严重的社会经济问题，多元且相互影响的社会经济问题将对台湾地区未来的经济社会发展造成难以医治的长远消极影响。

（1）劳动生产结构恶化，经济发展难以持续。随着老龄人口比例大幅提升，出生人口比例大幅下降，台湾地区劳动人口的比例大幅降低，导致岛内产业结构出现巨大变化。未来，随着青壮年人口的急剧缩小，劳动力的主体趋于老龄化，很多具有生机活力的产业将由于缺乏青壮年劳动人口而日渐萎缩，这无疑将成为台湾地区经济持续发展的一个阻碍因素。如，2014年1月底台湾地区年龄中位数总计为39.2岁，其中，男性38.5岁，女性39.9岁。与2010年相比，分别增大了2.2岁、2.1和2.2岁。① 劳动力整体趋于老龄化。

（2）人口生育观念变化和生育意愿降低，改变了社会的生育文化。20世纪70年代以来，随着台湾地区经济长期持续快速增长，居民收入水平大幅度提高，人们的生活观念发生了重大变化。随着生活消费观念变化，人们生育观念也发生了变化。随着台湾地区老龄化进程的加速，劳动年龄人口的养老负担加重，相应的子女抚养成本也急剧提升，导致大批育龄人口因惧怕承担高额的抚养成本而不敢生育或延迟生育。久而久之，育龄人口的不敢生育或延迟生育逐渐转变为不愿生育和不能生育，年轻一代拒绝承担家庭责任，为"下一代奋斗"，逐渐变为"为自己而活"。随着这一代年轻人成长起来，成为社会栋梁，这种消极的人生观和生育价值观将直接影响区域人口结构，影响社会经济发展和政府规划决策，进而在社会上形成取代健康婚姻观和价值观的消极文化理念，即不生育或少生育，这种现象无疑将造成社会上人与人之间信任的缺失与责任心的下降，社会安全与发展动力难以持续和提升。

（3）老年服务机构严重不足，大量教育培训等社会资源闲置，社会资源供求失衡，社会经济发展后劲不足。随着台湾地区老龄化的快速发展、老年化危机的加深，各类为老年人服务的机构如养老院等严重供不应求。又由于少子化危机的存在，随着出生人口的快速降低，现有的幼儿园、小学、中学、大学、各类培训机构等教育资源将由于出生人口不足而逐渐出现闲置与浪费，教育成本也随之提高，为老年人和青少年服务的社会资源供求严重失衡。长此以往，台湾地区的教育等社会体系将面临生源不足、用户不足，老年人又面临所需服务资源不足的巨大问题。此外，随着台湾地区青壮年人口比例的下降，劳动力整体年龄上升，需要由青壮年劳动人口来承担的警察、军队、保安、社会治安等相关职业也可能由于后续人力资源的匮乏而出现招募人员短缺等问题，

---

① 《台湾人口》，http://zh.wikipedia.org/wiki/；《各国中位数年龄列表》，http://zh.wikipedia.org/wiki/。

社会安全难以保障，社会发展将出现严重的后劲不足等问题。

3. 台湾年金制度面临财源不足、行业不平和世代不均等严重问题

（1）财源不足。台湾地区现行职业类别社会保险及军公教退抚制度"确定给付制"，财务以"部分提存准备"方式运作，亦即保有一定安全准备金，并依财务状况调整保险费率。其中，"劳保"及"军公教退抚制度"因长期费率低收，加之人口持续老化，导致基金安全流量已不足20年。[①]

（2）行业不平。台湾地区现行各社会保险金及退休制度系依职业类别分立，各制度间有关投保薪资、缴费率、给付水准等之设计均不同，不易直接比较职业类别间之退休所得，或求其退休所得完全不同，主要原因是"劳工"退休所得之总所得替代率为50%～70%（以劳保投保薪资上限43900元为基准）；"军公教人员"含新旧制年资者，退休所得替代率约介于75%～95%（以退休时本俸2倍为基准），两者差距不可谓不大。[②]

（3）世代不均。2013年，台湾地区65岁以上人口约269.5万人，预估2060年，台湾地区老年人口约为2013年的3倍，达到746万人；工作人口则将由2013年的1730万人降至2060年的960万人。换句话说，2013年平均每6.7位工作人口抚养1位老人，至2060年平均每1.3位工作人员即需要抚养1位老人；倘若年金制仍采取现行之缴费与给付水准，势必造成未来工作人口沉重的负担（见表7）。

表7　台湾年金制度平衡费率及基金收支失衡预测年度分析

制度	现行费率/法定费率	平衡费率	基金余额（亿元）	基金收支失衡年度	基金用罄年度
劳保	现行：8% 法定：6.5%～12%	27.84%	4857（2013/5）	2018年	2017年
军公教退抚制度	现行：12% 法定：12%～15%	军：36.7% 公：40.7% 教：42.3% 平均：40%	5396（2013/5）	军：2011年 公：2020年 教：2018年	军：2019年 公：2031年 教：2027年

资料来源：《劳工保险普通事故保险费率精算及财务评估》（2012年9月）；《公务人员退抚基金第4次精算报告》（以2011年12月31日为精算基准日）。

---

① 陈小红：《台湾社会养老保险制度改革与运营状况》，应对人口老龄化：两岸的理论与实践学术研讨会论文，2013年。

② 陈小红：《台湾社会养老保险制度改革与运营状况》，应对人口老龄化：两岸的理论与实践学术研讨会论文，2013年。

（二）台湾地区应对人口老龄化的主要对策

1. 建立健全与老龄化相关规定，及时完善政策制度

20 世纪 60 年代以来，台湾地区先后制定了劳工保险法、公教人员保险法、国民年金法和就业服务法等，确保及早应对人口老龄化带来的各种问题。与大陆地区养老退休制度不同的是，台湾地区老年人口经济保障政策是根据身份分别制定的。

（1）制定劳工保险法。台湾地区借鉴了世界发达国家的社会保险制度，最早制定的社会保障制度是劳工保险法，这是由于劳工保险是世界各国普遍有的社会保险制度之一。1950 年 3 月，台湾地区的劳工保险法开始试行，其保障主要包括死亡和老年在内的物种给付。1958 年 7 月，台湾地区制定并颁布了劳工保险条例。在条例中，明确了老年人口退休金的支付方式、支付金额等。如投保 15 年以内者，以一次性支付为原则，缴纳保险费合计每满 1 年，按其平均月投保薪资发给 1 个月，而凡年满 60 岁且缴纳保险费满 15 年者，则可以按月领取老年退休金。2001 年 12 月 19 日发布并执行的劳工保险法，第 59 条规定："被保险人依前条第一项规定请领老年给付者，其保险年资合计每满一年按其平均月投保薪资，发给一个月老年给付；其保险年资合计超过十五年者，其超过部分，每满一年发给二个月老年给付。但最高以四十五个月为限，满半年者以一年计。"劳工保险法还考虑到被保险人的家属及亲戚，保险水平很高，如第 64 条规定："被保险人因职业伤害或罹患职业病而致死亡者，不论其保险年资，除按其平均月投保薪资，一次发给丧葬津贴五个月外，遗有配偶、子女及父母、祖父母或专受其扶养之孙子女及兄弟、姊妹者，并给予遗属津贴四十个月。"

（2）制定公教人员保险法。早在 1959 年，中国台湾地区开始实施的公教人员保险法，是最早的老年经济保障保险法，公教人员保险法第 2 条规定了保险的对象包括："法定机关编制内的专任人员，公立学校编制之内的专任教职员工，以及依据私立学校法规定依私立学校法规定，办妥财团法人登记，并经主管教育行政机关核准立案之私立学校编制内之有给专任教职员。"根据其第 3 条明确规定，公教保险包括养老项目。公教保险还规定了上述员工在退休之后要给予一定额度的退休补偿，并且明确提出了退休金的领取方式与领取额度。1979 年 8 月 30 日中国台湾地区主管部门通过公教人员保险法修正草案，草案中规定，公保人员月薪可达到退休前月薪的 90%，即年金替代率可达

90% 以上。2002 年 6 月 26 日修订的公教人员保险法第 3 条明确规定，"本保险包括残废、养老、死亡及眷属丧葬四项"。

（3）制定国民年金法。台湾地区制定的老年人口社会保障制度，以老有所养作为经济保障的核心，老有所健为医疗保障的基础，老有所安的退休年金制度为基础，并以老人需求为主、家属需要为辅的原则设计保障制度服务方案，所以中国台湾地区当局于 2007 年 7 月通过国民年金法，并于 2008 年 10 月 1 日正式实施。国民年金的法源依据——国民年金法，于 2007 年 7 月 20 日通过，同年 8 月 8 日公布，2008 年 10 月 1 日正式开办。国民年金保险属柔性强制纳保，符合纳保对象者会自动纳入，对于不缴纳的人（除配偶外）并无特别设立罚则，就是为了将不属于上述各类人员的民众纳入年金保险体系。根据国民年金法纳保对象的规定，"国民年金的纳保对象为 25 岁至 65 岁。年满25 岁的民众，一个月中只要有一天没有参加军人保险、公教人员保险、劳工保险、农民健康保险等职业保险者。劳保年金实施后，领取劳保老年给付，劳保年资小于 15 年者"。国民年金的保险给付包括老年年金给付、身心障碍年金给付、丧葬给付、遗属年金给付四个方面。其中，老年年金给付在被保险人年满 65 岁时开始申领，至死亡为止。此外，国民年金法第 31 条规定："该法施行时年满 65 岁的国民，在台湾设有户籍，且于最近 3 年内每年在台湾居住超过 183 日，而无法定例外之情形，也视同被保险人，可以申请领取老年基本保证年金，标准为每人每月新台币 3000 元，直至死亡为止。"如有以下情形则不能申请："经政府全额补助收容安置；领取军人退休俸、公务、公教人员领取月退休或是一次退休金者；领取社会福利津贴；最近一年个人所得总额超过50 万；个人所有之土地及房屋价值合计超过 500 万元以上；入狱服刑、因案羁押或拘禁。"①

除了建立健全养老保险制度之外，台湾有关当局还对中低收入的老年人口提供了各项政府津贴及补助，用于保障老年人口经济生活安全。2002 年，台北市人均每月补助为 13288 元新台币，高雄市为 9550 元新台币，金门及连江县为 6000 元新台币。一是中低收入老人生活津贴。台湾地区政府规定，"凡65 岁以上生活困苦无依或子女无力抚养的中低收入的老人，未接受政府公费收容安置者，其家庭收入平均每人每月未达到最低生活费用标准者"，每人每月发给 3000 元，1.5 倍以下者发给 6000 元。二是中低收入老人特别照顾津贴。

---

① 黄馨慧：整理《国民年金简报》，http：//www. tpcb. org. tw/national. html，2008 年 7 月 18 日。

"针对长期罹患慢性病且生活自理能力缺损，需要专人照顾，未接受收容安置、居家服务、未请看护的中低收入的老人，台湾地区政府给予特别照顾津贴，用以弥补因照顾家中老人而丧失的经济来源。"三是敬老福利生活津贴。为落实加强照顾老人生活的政策方向，协助维持经济弱势老人的生活安全，在国民年金尚未创立之前，由台湾有关当局发放敬老生活福利津贴，以作为国民年金规划完成之前的过渡措施。敬老福利津贴暂行条例于 2002 年 5 月 22 日公布实施，6 月 1 日起与各县（市、区）公开受理民众申请，并于 2003 年 6 月扩大服务对象（见表8）。

表8　国民年金被保险人所得未达一定标准 2014 年审核标准

单元：元

项目 ＼ 地区	台北市	高雄市	新北市	台中市	台南市	台湾省	金门县 连江县
最低生活费	14794	11890	12439	11860	10869	10869	9769
台湾地区平均每人 每月消费支出	18774						
台湾地区平均每人每月 消费支出 1.5 倍	28161						
补助 70%（民众 自付 363 元）	≤18774	<17835	<18659	<17790	<16304	<16304	<14654
补助 55%（民众自付 544 元）	18774 （不含）~ 28161	17835 ~ 23780 （不含）	18659 ~ 24878 （不含）	17790 ~ 23720 （不含）	16304 ~ 21738 （不含）	16304 ~21738 （不含）	14654 ~ 19538 （不含）

资料来源：http：//zh. wikipedia. org/wiki/国民年金#. E7. B4. 8D. E4. BF. 9D. E5. B0. 8D. E8. B1. A1。

　　台湾地区政府在建立健全养老保险制度以及科学细致的政府津贴补助的双保险结合之下，不仅保障了老年人口经济安全，使老年人过上了老有所养、老有所依的无忧晚年生活，同时相应地减轻其给劳动年龄人口所带来的负担，非常值得中国大陆地区参照和借鉴。

　　（4）完善就业服务法。随着台湾地区老龄化社会的发展变化，人们的就业观念，特别是老年人的就业观念（迟退休，不退休）出现迅速转变，老龄人口对自身社会认同也有更高的需求。因此，台湾地区相继出台了相应的政策法规，用以支持、鼓励并保护有劳动能力及劳动意愿的老年人享有继续劳动的权利，感受劳动带来的幸福与满足感。台湾地区于1991年修订了就业服务法，特别将"年龄"一项作为雇主对求职人员或所雇用员工不得歧视的内容。2007年进一步修订老人福利法，其第29条也规定"雇主对老年员工不得予以就业歧视"。公务人员考试规定中，对应考试年龄上限也同样做出了如下说明："为保障国民就业机会平等，雇主对求职人员或就职员工不得予以年龄方面的歧视。"

由表9所示，从台湾地区历年老年人口就业人数可以看出，1985～2010年，台湾地区60～64岁老年人口的就业人数从23.8万人上升至30万人，增加了26%；65岁及以上老年人口的就业人数由1985年的9.2万人上升至2010年的20.1万人，增加了1.18倍，就业比例也从1985年的1.24%上升至2010年的1.93%。这样，退休后尚有从业意愿的老年人口得到了充分的政策支持与法律保护，并享受着同劳动年龄人口一样的工作权利，这大大排解了退休后老年人内心的失落感，也缓解了人口老龄化给社会带来的劳动力短缺问题。

表9 中国台湾地区历年老年人就业人数与比例统计

年度	总计（万人）	60～64岁		65岁及以上	
		就业人数（万人）	就业比例（%）	就业人数（万人）	就业比例（%）
1985	742.8	23.8	3.20	9.2	1.24
1986	773.3	24.4	3.16	10.5	1.36
1987	802.2	26.6	3.32	11.2	1.40
1988	810.7	27.8	3.43	10.7	1.32
1989	825.8	29.2	3.54	12.1	1.47
1990	828.3	29.4	3.55	12.0	1.45
1991	843.9	30.4	3.60	12.9	1.53
1992	863.2	30.7	3.56	13.2	1.53
1993	874.5	30.4	3.48	14.2	1.62
1994	893.9	29.4	3.29	14.7	1.64
1995	904.5	29.4	3.25	15.6	1.72

年度	总计 （万人）	60~64 岁		65 岁以上	
		就业人数（万人）	就业比例（%）	就业人数（万人）	就业比例（%）
1996	906.8	28.1	3.10	14.8	1.63
1997	917.6	28.3	3.08	15.0	1.63
1998	928.9	27.5	2.96	15.0	1.61
1999	938.5	27.3	2.91	14.4	1.53
2000	949.1	26.7	2.81	14.5	1.53
2001	938.3	26.2	2.79	14.3	1.52
2002	945.4	26.4	2.79	15.5	1.64
2003	957.3	26.5	2.77	15.9	1.66
2004	978.6	26.5	2.71	15.6	1.59
2005	994.2	25.2	2.53	15.7	1.58
2006	1011.1	23.7	2.34	16.9	1.67
2007	1029.4	24.3	2.36	18.7	1.82
2008	1040.3	25.3	2.43	19.1	1.84
2009	1027.9	27.1	2.64	19.4	1.89
2010	1043.4	30.0	2.88	20.1	1.93

资料来源：中国台湾地区"户政部"官方网站，http：//www.moi.gov.tw/。

2. 健全社会养老保障体系，实行开放化多元式养老模式

中国台湾地区于 1993 年就进入人口老龄化社会，随着人口持续老龄化以及人口结构的快速变化，台湾地区政府、理论界以及社会各界对养老模式进行了深入的研究，逐步对养老模式达成共识，即采用"在地养老模式＋社区式养老模式"。所谓"在地养老模式"，是指让老年人口居住在熟悉的人文事物和地理环境中，也就是让老年人在原居住环境养老终生而不迁移的养老模式，"社区式养老模式"主要解决老年人孤独问题，非常符合老人乐于群聚的生活习惯。这既符合家庭奉养的传统观念，又符合中华传统习俗习惯。因此，台湾地区为满足日益增加的老年照顾安养需求，为台湾地区的老年人口提供了居家式、社区式及机构式开放化的、多元式的养老服务模式，根据老年人口的不同需求提供个性规范化、细致入微化的养老服务。[1]

---

[1] 李雯雯：《中国台湾地区人口老龄化现状、问题及对策研究》，吉林大学硕士学位论文，2013。

（1）居家式养老福利服务。早在 2005 年，中国台湾地区有关当局辅助各市、县的中低收入老人使用居家服务，其目的是适应老人居家安养需要，减轻家庭照顾负担。居家福利服务初期服务对象只限定于中低收入的老人以及身心障碍者，居家式养老福利服务属于长期照顾的一种。此后，鉴于经济条件较好的老年人同样需要照顾和居家式的福利服务，台湾有关当局于 2012 年 6 月起将居家式养老福利服务对象扩大到一般老年人。居家式养老福利服务内容主要包括：一是居家式医护服务，主要针对那些不需要住院治疗，但需要接受医疗和护理服务的老年患者，并为其提供连续性医疗护理服务，有专业医护人员熟知居家慢性病患者以及所需的医疗服务，协助患者及家属适应疾病，提高老年患者晚年生活的质量；二是居家式复健服务，主要分为居家式物理治疗和居家式职能治疗；三是身体照顾及家务服务，为部分失去自理能力的老人提供身体以及家务方面的帮助；四是居家式餐饮服务，根据老人的需求，为不同老年人口提供个别性饮食，既提供了营养均衡的饮食，也切实保证了食品卫生的安全；五是紧急救援服务，可以减缓意外事件以及紧急事件所带来的严重后果，为独居的老年人提供了生命的安全保障。

（2）社区式养老福利服务。社区式养老福利服务观念源于福利社区化的理念，福利社区化是将社会福利体系与社区结合，通过社区组织和财力资源规划，结合社区人力资源，提供给社区居民各种服务，以满足社区居民的福利需求。社区式养老福利服务主要是由社区为居住在家庭中的老人提供多种支持性服务，使老人的晚年生活品质得以提升并相应减轻家庭的负担。以高雄市推展行动式老人文体康休闲巡回服务为例，其目的为：①使本市社区长辈在轻松欢快的氛围下就近参与活动、接受服务、了解各项社会福利服务措施，以提升社区长辈或学校学生对社会福利的认知；②鼓励社区长辈走入人群及学生关怀长辈，推进人际互动，学习服务他人；③深入社区或学校推动福利社区化及本土化，使福利服务更贴近长辈需求。① 社区式服务的种类包括以下三种。①初级预防照顾服务。各地区政府建立初级预防照顾服务体系，结合社会团体参与社区照顾关怀据点的设置，由当地民众担任志愿者，给社区内老人提供社区式养老福利服务照顾，促进社区内老年人的身心健康，落实在地老龄化以及社区精神，发挥社区自助照顾关怀功能。②行动式巡回服务。替代定点兴建老人健康

---

① 《高雄市推展行动式老人文体康休闲巡回服务申请简章》，http://www.doc88.com/p-076198201724.html。

娱乐活动中心的功能，社区工作者利用巡回关怀专车方式深入社区老人聚集地，如社区公园或者庙会口等，为社区老年人提供福利服务、健康咨询、卫生照顾服务、推进人际互动等细致周到的养老服务。这充分体现了政府公共部门为民众服务，开拓服务输送渠道，让偏远地区受资讯不足、交通不便等情况困扰的老年人能够明确了解政府提供的各种福利服务。③餐饮营养服务。对于低收入者及中低收入老年人，政府有关部门给予每位老年人每顿餐补助50元，为了鼓励为老人提供送餐服务的志愿者，政府给予志愿者每人每天100元的交通补助。2004年起为加强推展并鼓励从事社区服务的民间团体，增设办公设施设备费、专业服务费、办公室租金等辅助项目。

（3）机构式养老福利服务。为了使老人能有多元化的养老福利服务选择，台湾地区政府的福利机构依据老年人口的需求提供各种机构式养老福利服务，即养老院养老福利服务。每个养老机构均在政府部门立案并具有相应卫生单位核发的营业执照，为老年人提供专业化的服务，俱全必备的标准设施设备，符合标准的干净舒适的环境卫生。截至2007年底，台湾地区建立了政府主管的养老机构1016所，国民党退役军官辅导委员会主管之荣誉国民之家14所，自费安养中心4所，共计1034所。在养老机构养老的老年人口合计为46699人，使用率为74.27%，约占老年人口的2%。养老机构遵循尊重老年人口的需求及意愿原则，为选择机构式养老的老年人口提供养老服务。

（4）制定照顾服务福利及产业发展方案。为应对岛内人口老龄化及相应老年人福利需求的日益增加，促进老年人服务产业发展，有效促进就业，扩大劳动力需求，台湾地区政府于2002年5月11日提出《照顾服务产业发展方案》草案，以结合社会各界力量，共同发展照顾服务支持老年人口事业。方案于2003年1月开始实施，至2005年12月底，该方案取得了明显成效。①引进民间参与组织补充多元化照顾服务体系。此方案致力于引进民间组织参与各项多元照顾老年人的服务项目，包括居家服务、日间照顾及打扫老人住宅等。增加了志愿服务人数，解决了政府志工人员少、被照顾老年人口数量多的难题。②扩大居家服务内容及项目。将居家服务对象由中低收入失能者扩大到非中低收入失能者，自2005年7月1日开办"极重度失能者居家服务部分时数补助"，开办至今，总服务人次、服务量、就业人次均逐年成长。③推动日间照顾服务内容。台湾地区自2004年起开始补助日间照顾之交通费。④广设"辅具资源中心"。1991年通过"身心障碍者辅具资源与服务整合方案"，并开办"身心障碍者辅助器具维修点计划"，目前共辅导22个地方政府设置

"辅具资源中心"及14家"医疗复健辅具中心",可增加辅具使用率并减少使用者负担。⑤增设"老年住宅业"。"奖励民间参与公共建设条例"自1993年开始增列"老年住宅业",并于1993年4月26日核定通过"推动民间参与老年住宅建设推动方案"。⑥调整外籍看护工的引进政策。本方案加强查缉违法引进外籍看护工,并以本地人力取代外籍看护工;1991年将就业安置费由500元调高至2000元;研议并协调外籍看护工申请机制与地区内照顾服务体系接轨问题,相关部门就开办事宜积极筹备中。⑦提升机构照顾老年人服务品质。为解决以往机构服务品质参差不齐、服务内容缺乏明确规范,有碍接受照顾者及机构经营者之双方权益之问题,本方案推动制定多种机构照护定型化契约范本,印制并分送各地方政府、消费者团体、消费者服务中心、老人福利机构及相关行政机关,供社会各界及民众参考。⑧规范照顾老年人服务人力培训与健全认证制度,促进照顾服务专业化,提高照顾老年人服务员服务品质和水平。统一居家服务员及病患服务员训练课程,由各部会协力培训服务人力。截至2005年10月各县市政府已服务12260人,累计1526382服务人次,服务总时数为2786678小时,累计14388就业人次。居家服务取得了明显效果。①

（5）开设老年课堂,丰富老年休闲娱乐文化生活。对退休老年人来说,拥有越多,越觉得自己拥有足够的收入和内在控制能力,可以选择足够的社区支援服务和丰富的生活,其退休生活才是满意的。台湾地区政府由此设立了各种多元化老年课堂以及文体休闲活动中心,确保让老年人老有所养、老有所依、老有所乐。例如,台湾地区设立"长青学苑",其目的主要是以为老年人提供休闲型、学习型、常识型和社会型的课程为主,充分丰富老年人的文化生活,既增长了知识,又满足了老年人自我充实的满足感。

3. 出台系列调控政策,鼓励促进人口增加

为了应对岛内人口老龄化与少子化的严重危机,台湾地区进一步提升人口的出生数量,改善由少子化带来的社会问题,先后出台了一系列激励政策,鼓励青壮年人口生育,并解决其抚养子女的后顾之忧。具体有以下几个方面。

（1）出台"青年安心成家方案",在房贷、租房等方面减轻年轻人的还贷负担,促使其"敢生"。政府提供最高可达720万元新台币的优惠贷款,并将贷款年限延长至30年,同时提供最高4600元的租金补贴,以便应对台湾地区

---

① 台湾"行政院经济建设委员会":《照顾服务福利及产业发展方案——第二期计划》,http://www.docin.com/p-659738684.html。

近年来日益攀高的房地产价格，鼓励青壮年结婚成家，进而有意愿生育子女，缓解少子化带来的日趋紧张的社会矛盾和问题。

（2）制定育婴留职停薪补贴、保姆托育补助以及 5 岁幼儿免学费等激励生育的措施。上述政策将从经济成本支持角度出发，鼓励岛内青年育龄夫妇敢生、多生子女，并从政府层面解决育龄夫妇抚养子女的后顾之忧，转变出生人口下降的不利局面，缓解出生人口日益减少的巨大压力。

（3）加大招收外地学生的力度，并拟扩大外来人才的数量。针对岛内高校招生困难，台湾地区于 2010 年出台"陆生三法"，积极招收大陆学生赴台就读，同时也加大对东南亚、中南美洲等国的招生力度。近期台湾地区积极奔赴越南等地，促成岛内 15 所大专院校与越南 21 所大学签订 78 份教育合作协议书或备忘录，并自 2008 年起接受越南 500 名精英教师赴台湾攻读博士学位。此外，台湾有关当局也考虑借鉴新加坡等国家和地区的经验，尝试对岛内移民政策进行松绑，希望广纳外来优秀年轻人才，进而扭转岛内"少子化"及"老龄化"日益严重的势头。①

（4）实施奖励生育政策。据台湾 TVBS 报道，现在为解决台湾生育率低的问题，岛内各县市府均用奖金吸引生小孩。例如新竹，生一胎就可以马上领到 3 万元（新台币）补助，苗栗县府过去生育津贴是 3000 元，县长刘政鸿鼓励大家多多"造人"，现在一口气提高 10 倍，可领到 3.4 万元津贴，但得分成 4 年领。如果生双胞胎乘以 2，领 6.8 万元，生三胞胎就乘以 3，领 10.2 万元，生得越多，领得越多。②但养育小孩的负担让民众依然没有安全感。政府的奖励措施效能后劲不足，对负担沉重的父母来说，儿童教育津贴严重缺乏。大多数民众的心态是："不生小孩，老了就要靠自己。现在大家都在计划怎么养老，而不是计划怎么照顾小孩。"

台湾地区社会老龄化的现状、做法及反思，值得大陆有关方面借鉴。从人口比例上看，两岸几乎同时步入老龄化社会，但是台湾地区早已开始鼓励生育，中国大陆则因人口基数庞大还在控制阶段；台湾地区虽然开始出现"M型社会"，至少其中产阶级已经出现和形成并持续了一段时间，而中国大陆的中产阶级尚未发育成型，很多年轻人已经为生活所迫晚生育甚至不生育了，这会不会在某一个时期造成人口的断层，值得观察和深入研究。

---

① 《老龄化是两岸共同面对的问题》，http：//news. hexun. com/2012 - 03 - 01/138812079. html，2012 年 3 月 1 日。

② 黄卫军：《台湾的计划生育政策》，http：//blog. sina. com. cn/s/blog_ 696aaf470100ka3n. html，2010 年 7 月 5 日。

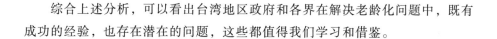

综合上述分析，可以看出台湾地区政府和各界在解决老龄化问题中，既有成功的经验，也存在潜在的问题，这些都值得我们学习和借鉴。

四 北京市人口老龄化现状和特点

（一）北京市人口老龄化现状和特点

1. 北京市人口老龄化现状和预测

（1）北京市已经全面进入老年型社会，老龄化程度将向高龄化发展。2010 年第六次人口普查时，北京市 60 岁以上的老年人口共 246.01 万人，与 2000 年（第五次人口普查为 170.2 万人）相比，净增加 75.806 万人，占总人口比重为 12.5%，10 年来比重基本没有变化，这主要是因为外来人口大多是年轻人，这在一定程度上降低了北京市老年人口的比重，而净增加的老年人基本上都是具有北京户籍的老年人；65 岁及以上的人口为 170.882 万人，占总人口的 8.7%（2000 年第五次人口普查时为 114.3 万人，占总人口的 8.4%），与 2000 年相比，净增加 56.58 万人，增加了 0.3 个百分点。2010 年 60～69 岁的低龄老年人口占全部人口的 9.12%，70～79 岁的老年人口占 5.89%，80 岁及以上的高龄老年人口占 1.82%。据专家预测，如果北京市保持现有人口增长率和人口老化率，到 2017 年，老年人口将很快超过 300 万人，占总人口比例接近 20%；到 2025 年达到 400 万人，老年人口占 30%，这一比例远远高于许多发达国家水平，且老龄化程度将向高龄化发展（见表 10）。

表 10 北京市六次人口普查各年龄组人口比重及抚养比基本情况

各年龄组人口比重	1953 年	1964 年	1982 年	1990 年	2000 年	2010 年
常住人口（万人）	276.8	759.7	923.1	1081.9	1356.9	1961.2
0～14 岁（%）	30.1	41.5	22.4	20.2	13.6	8.6
15～59 岁（%）	64.3	51.9	69.1	69.7	73.9	78.9
60 岁及以上（%）	5.6	6.6	8.5	10.1	12.5	12.5
其中：65 岁及以上（%）	3.3	4.1	5.6	6.3	8.4	8.7
总抚养比（%）	50.2	83.8	38.9	36.1	28.2	20.9
老年抚养比（%）	5.0	7.5	7.8	8.6	10.5	10.5
少儿抚养比（%）	45.2	76.3	31.1	27.5	17.4	10.4

资料来源：2011～2014 年《北京统计年鉴》。

（2）老年化的主要因素由少儿人口的减少逐步转变为老年人口的增加。自 20 世纪 70 年代末 80 年代初以来，北京市人口呈现老龄化趋势，此后北京市人口由成年型向老年型的过渡贯穿了整个 80 年代，到 90 年代第四次人口普查时，按照部分指标衡量（60 岁及以人口上占比超过 10%），北京市人口年龄结构已经进入老年型。第五次人口普查数据显示，到 2000 年，北京市已全面进入老年型社会，60 岁及以上的老年人口共 170.2 万人，占总人口的 12.54%；65 岁及以上的人口为 114.3 万人，占总人口的 8.42%。2010 年第六次人口普查数据显示，60 岁及以上的老年人口共 245.15 万人，占总人口的 12.54%，与 2000 年相比增加了 74.95 万人，增加了 44.04%；65 岁及以上的人口为 170.62 万人，占总人口的 8.7%，与 2010 年相比增加了 56.3 万人，增加了 49.27%，增速比 60 岁及以上的老年人口快 5.2 个百分点。

20 世纪 80 年代初，北京市人口的年龄结构基本属于成年型；90 年代初，北京市人口的年龄结构处于由成年型向老年型转变的阶段；到 2000 年北京市人口的各项指标值都在老年型标准线上，也就是说，2000 年北京市人口的年龄结构属于典型的老年型。2000 年老化指数为 62%，表明 2000 年北京老年化的因素主要来自少儿人口的减少；2010 年老化指数 101.3%，表明此时北京老年化的因素已转变为主要来自老年人口的增多。这表明从 2000 年至 2010 年北京老年化的因素从主要来自少儿人口的减少，逐步转化为来自老年人口的增加和少儿人口的减少的同等影响，老年化的加深主要来自老年人口的增长超过来自少儿人口的减少的过程（见表 11）。

表 11 老龄结构类型及北京市若干年人口结构类型

类别	联合国人口老龄结构类型			北京市			
	年轻型	成年型	老年型	1982 年	1990 年	2000 年	2010 年
0~14 岁人口比重（%）	>40	30~40	≤30	22.4	20.2	13.6	8.6
65 岁及以上人口比重（%）	<4	4~7	≥7	5.6	6.3	8.4	8.7
老少比（%）	<5	15~30	≥30	25.2	31.5	62.0	101.3
年龄中位数（岁）	<20	20~30	≥30	27.2	30.5	34.4	35.7*

*2010 年全市常住人口的年龄中位数为 35.7 岁，常住户籍人口的年龄中位数为 41.5 岁，常住外来人口的年龄中位数为 29.6 岁。

2. 北京市人口老龄化的主要特点

（1）进入老年型社会的时间早，人口老龄化与高龄化同步。一是北京市进入老年型社会的时间早于全国。北京市在 1990 年就已经进入老年型社会，而全国进入老年型社会的时间是 1999 年，北京相比全国提前了 9 年。二是人口老龄化与高龄化同步。随着北京市人口预期寿命的延长，特别是老年人口死亡率的下降，北京市人口在快速老龄化的同时，必然会伴随着人口的不断高龄化。三是老年人口增长率高于总人口增长率，导致北京市人口老龄化速度不断加快。2000~2010 年的 10 年，北京市人口由 1356.9 万人，增加至 1961.2 万人，年均增加 3.75%，而老年人口由 113.98 万人，增加至 170.62 万人，年均增加 4.12%，老年人口增长率高于总人口增长率 0.37 个百分点。四是老少比成倍增加。2000 年各项指标都显示北京市农村已经进入老年型社会，尤其是从对老龄化程度反映最灵敏的老少比就可以看出，1990~2000 年的 10 年，老少比从 31.5 增加到 62.0，到 2010 年北京市农村居民的老少比更是增加到 101.3，比 1990 年多了 2.22 倍，更说明北京市农村已经以非常快的速度全面进入了老年型社会。

（2）北京市农村人口老龄化明显加速。北京市农村人口老龄化程度不断加深的同时，人口老龄化的速度也在不断地加快。1990~2000 年的 10 年，北京市农村常住总人口增加 18.2 万人，年增长率为 0.61%，65 岁及以上的老年人口增加 5.56 万人，年增长率为 2.47%。老年人口相对年增长率为 1.85%。而在 2000~2010 年，北京市农村常住总人口呈现下降趋势，10 年减少 30.7 万人，年均减少率 1.05%。而 65 岁及以上老年人口总数却增加了 6.10 万人，在总人口不断减少的同时，老年人口增加数却高于前 10 年的 5.56 万人。受到总人口基数的影响，2000~2010 年老年人口年增长率略有下降，由 2.47% 降为 2.15%，变化幅度不大。① 值得注意的是，在北京市农村总人口大幅下降的同时，65 岁及以上的老年人口数在不断增加，相对年增长率由原来的 1.85% 增加到 3.20%，比前 10 年几乎增长 1 倍。这也充分说明了北京市农村老年人口的老龄化速度在不断加快。

（3）北京市农村人口呈现高龄化趋势。在北京市农村人口老龄化速度不断加快的同时，人口高龄化趋势也越来越明显。从表 12 可以看出，在 60 岁及以上年龄分组中，高龄老年人所占比重明显增加。这一趋势无论是在他们占总人口的比例中，还是在占 60 岁及以上人口的比例中都能明显看出。70 岁及以

---

① 孙娜娜：《北京市新型农村社会养老保险收支测算和政策模拟研究》，首都经济贸易大学硕士学位论文，2012，第 17 页。

上的人口比例明显增加。2010 年，70 岁以上的人口占总人口的 8.71%，而这个比例在 2000 年是 5.02%，1990 年是 4.35%。20 年增长了近 1 倍。而年龄越大增长的比例越大，如 70~74 岁，2010 年这一比例是 2000 年的 1.3 倍，75~79 岁是 1.8 倍，80~84 岁是 2.24 倍，85~89 岁是 3.0 倍，90~94 岁是 4.5 倍，95 岁以上是 5 倍，可见年龄越大的组，占总人口比例越大。高龄化的主要原因是人们生活水平不断提高，老年人口的医疗水平不断完善，农村老年人口的死亡率不断下降等。同时，现在人们越来越注重生活质量，而农村生活环境较城市更加优美，更适宜养老。这些都使北京农村人口平均预期寿命不断延长。随着老龄化速度的加快，高龄化越来越成为北京市农村人口的一个重要特征。

表 12　1990 年、2000 年、2010 年北京市农村 60 岁及以上各年龄段老年人口比较

年龄段	占总人口比例（%）			2000 年相对1990 年比重	2010 年相对2000 年比重
	1990 年	2000 年	2010 年		
合计	10.67	12.9	17.83	1.13	1.55
60~64 岁	3.50	3.66	5.35	1.05	1.46
65~69 岁	2.82	3.41	3.77	1.21	1.11
70~74 岁	2.03	2.42	3.17	1.19	1.31
75~79 岁	1.37	1.51	2.72	1.10	1.80
80~84 岁	0.70	0.75	1.68	1.07	2.24
85~89 岁	0.22	0.27	0.82	1.23	3.04
90~94 岁	0.03	0.06	0.27	2.00	4.50
95 岁及以上	0.00	0.01	0.05	—	5.00

资料来源：1990 年、2000 年数据为普查数据，2010 年数据为采用移动推移法计算得到的数据。

（4）人口年龄结构"两头小、中间大"，依然延续"人口红利期"。2010 年，北京市常住人口中，0~14 岁的少儿人口为 168.7 万人，占 8.6%（见图 2），15~64 岁劳动年龄人口为 1621.6 万人，占 82.7%，65 岁及以上老年人口为 170.9 万人，占 8.7%。可见，2010 年北京市常住人口的年龄结构依然呈现"两头小、中间大"的特点，表明北京市劳动力资源丰富，处于"人口红利"的黄金时期。北京市人口年龄结构的变动受外来人口流入影响较大，常住外来

人口的年龄集中在 20～39 岁，这部分人口占外来人口的 62.8%，其中 25～29 岁组占 19.1%。2010 年全市常住人口的年龄中位数为 35.7 岁，常住户籍人口的年龄中位数为 41.5 岁，常住外来人口的年龄中位数为 29.6 岁。可见外来人口的大量流入是北京市常住人口年龄结构变动的重要原因。伴随外来人口的不断流入，这种结构仍将继续维持一段时期。

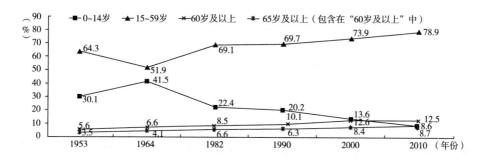

图 2　1953～2010 年北京市各年龄组人口比重变化趋势

资料来源：《中国统计年鉴 2013》。

（5）总抚养比稳步下降，少儿抚养比快速下降，老年抚养比由增大转为略减少。与 2000 年人口普查相比，2010 年北京市常住人口中的少儿人口比重下降了 5 个百分点；老龄人口比重微增了 0.3 个百分点；15～64 岁劳动年龄人口比重上升了 4.7 个百分点，人口老龄化进程减缓。数据显示，在北京市加速老年化的同时，少儿人口规模不断减少，北京市的老年人抚养压力不断加大。2010 年，北京市常住人口的总抚养比为 20.9%，其中，少儿抚养比为 10.5%，老年抚养比为 10.5%，与 2000 年人口普查相比（2000 年北京市总抚养比为 28.2%，其中，少儿人口抚养比为 17.4%，老年抚养比为 10.8%），总抚养比下降了 7.3 个百分点，主要是少儿抚养比下降了 7 个百分点，老年人口抚养比下降了 0.3 个百分点。换句话说，与 2000 年相比，每 100 名劳动人口所负担的被抚养的人口减少了 7.3 名，其中负担的少儿人口减少了 7 名，而负担的老年人口减少了 0.5 名（见图 3）。

（6）老年人受教育水平提高。北京市老年人受教育水平有较大提高，文盲人口比例大幅度下降。通过将第五次人口普查与第四次人口普查的数据对比可以发现，老年人受教育水平有明显提高。1990 年全市老年文盲人口共 56.1 万人，占老年人口总数的 51.3%。到 2000 年，老年文盲人口占老年人口总数

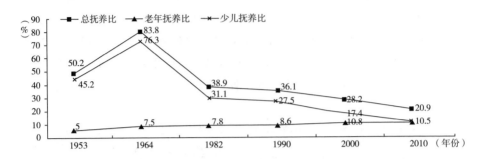

图3　1953~2010年北京市各抚养比变化趋势

资料来源：《中国统计年鉴2013》。

的26.2%，比1990年有了大幅度的下降。① 随着年龄的增长，原来处于较高受教育水平的壮年也逐步进入老年，造成北京市老年人受教育水平提高趋势明显。

（7）城市发展新区人口年龄结构最优。在四个功能区中，城市发展新区人口年龄结构优于首都功能核心区和生态涵养发展区。首都功能核心区人口老龄化较为严重，总抚养比为25.2%，老年抚养比为15.7%，均高于全市平均水平。生态涵养发展区总抚养比为26.6%，少儿抚养比为13.9%，老年抚养比为12.7%。这表明生态涵养发展区的劳动力人口向城区流动，少儿抚养比和老年抚养比也超过全市的平均水平。

（8）北京65岁及以上老年人口比例在四个直辖市中排名第三。2010年北京、天津、上海、重庆65岁及以上老年人口比例及其全国排名分别为8.71%、8.52%、10.13%、11.72%和第13名、第15名、第6名、第1名。北京的比例比上海、重庆分别低1.42个和3.01个百分点（见表13）。

表13　四个直辖市65岁及以上老年人口比例及其全国排名

城市	1953年		1964年		1982年		1990年		2000年		2010年	
	比例	排名	比例	排名	比例	排名	比例	排名	比例	排名	比例	排名
北京	3.31	20	4.10	6	5.65	4	6.35	5	8.42	4	8.71	13

① 北京市老龄协会：《北京市老年人口现状、问题及对策分析》，http://www.docin.com/p-793744932.html。

续表

城市	1953 年		1964 年		1982 年		1990 年		2000 年		2010 年	
	比例	排名	比例	排名	比例	排名	比例	排名	比例	排名	比例	排名
天津	3.20	22	3.92	8	5.58	6	6.46	4	8.41	5	8.52	15
上海	1.98	27	3.61	12	7.42	1	9.38	1	11.46	1	10.13	6
重庆	—	—	—	—	—	—	—	—	8.01	7	11.72	1

　　资料来源：刘爽《对中国区域人口老龄化过程的思考》，《人口学刊》1997 年第 3 期；2000 年、2010 年数据根据第五次人口普查和第六次人口普查汇总数据计算得到。

　　此外，随着北京人口老龄化速度快，同时出现社会养老压力加大、农村养老问题突出、高龄和空巢老人增长速度较快、养老方式面临挑战等严重问题。

（二）北京市人口老龄化对产业结构调整和优化的影响

　　联合国国际劳工组织把劳动年龄人口中 45 岁及以上的劳动者划分为老年劳动人口。按照我国现行的退休标准，男性为 60 岁，女性为 55 岁。为了计算方便，本文将退休标准统一为 60 岁，劳动年龄为 15 ~ 60 岁，其中 15 ~ 45 岁为青年劳动力，45 ~ 60 岁称为老年劳动力。北京市 2004 ~ 2008 年人口抽查数据调查显示，我国劳动力中的老年人口比例呈现稳步上升的态势，2008 年的男女老年劳动力人口比例相比 2004 年均上升了近 3%。

　　随着经济发展方式的转变、产业结构调整的深入发展，北京市开始谋划将产业空间分布格局分为四大功能区：首都功能核心区、城市功能拓展区、城市发展新区和生态涵养发展区。未来，北京将着眼于集约利用资源和加强保护环境，培育新的经济增长极，规范区域竞争秩序，按照城市空间发展战略和区县功能定位，加强规划和政策引导，促进重点产业和新建项目相对集中发展，逐步形成与城市功能、资源环境相协调的产业空间分布格局。这要求：一要全面提高劳动者的素质，以满足新兴产业和高科技产业对劳动力的需要；二要增加必要的社会投资，增加民营经济。具体分析有以下几个方面。

　　（1）从劳动力资源及素质角度看，虽然在未来一段时期内，北京市并不会因人口老龄化而出现劳动力的短缺问题，因为作为首都，北京很容易从其他省市吸引到优秀大学本、硕、博毕业生以及海归人员，他们都很年轻，在一定程度上降低了老年人口的比例，掩盖了北京市的人口老龄化问题，但人口老龄化会使北京的劳动适龄人口的数量和结构发生重大变化。从劳动适龄人口的内部结构上看，人口老龄化将造成劳动力年龄结构老化，表现为劳动力中青年劳动力比例的下降和高年龄劳动力比例的加大，主要体现为区域人口年龄中位数的上升。青年劳动力不足可能会影响劳动力的技术更新和产业结构的调整，从而影响劳动生产率的提高。

（2）从经济活动负担人口数量及比例的角度看，人口老龄化将使北京老年抚养比持续上升，即抚养老年的人数及比例大大上升，而抚养 0~14 岁的人数及比例则大大下降。统计数据显示，多年来，由于北京市严格实行计划生育政策和人口寿命的不断延长，出现了少儿人口抚养比不断下降、老年人口抚养比不断上升的趋势。老年人口抚养比从 1982 年的 7.8% 上升到 1990 年的 8.6%，2000 年已经达到 10.8%，2010 年为 10.5%，略为回落，而少儿抚养比从 1982 年的 31.1% 下降至 1990 年的 27.5%，2000 年下降至 17.4%，2010 年下降至 10.4%，近 10 年下降了 7 个百分点（总抚养比由 1990 年的 36.1%，下降至 2000 年的 28.2%，2010 年下降至 20.9%）。老年抚养比的上升和少儿抚养比快速下降，短期内会造成劳动适龄人口的相对上升，北京市 15~59 岁人口所占比例从 1982 年的 69.1% 上升到 1990 年的 69.7%，2000 年已经达到 73.9%，2010 年为 78.9%，在一定时期内造成就业形势的严峻。长期必然加重劳动年龄人口的负担，政府用于老年人退休金支出总额也必然不断增大，对于正处于转型和成长期的社会养老保障体制无疑将是巨大的挑战。

（3）家庭规模小型化，少年儿童的比重下降，有利于就业者全身心用于事业。一是家庭规模小型化。北京市家庭户规模从 1982 年的户均 3.7 人下降至 2000 年的户均 2.9 人，进一步下降至 2010 年的 2.5 人。二是少年儿童的比重持续下降。从北京市各年龄组人口比重看，0~14 岁占比由 1953 年的 30.1% 上升至最大值 1964 年的 41.5%，之后持续下降至 1990 年的 20.2%，之后又下降至 2000 年的 13.6% 和 2010 年的 8.6%。这种情况下，就业者用于照顾家庭的时间和精力就比较少，用于发展事业的时间就比较多，有利于提高北京各产业的竞争力。

（4）未来老龄化产业必将蓬勃发展。长期以来，北京市人口的老龄化改变了北京市抚养人口和被抚养人口、老年人口与青年人口、消费人口和生产人口之间的比例关系，而消费人口和生产人口之间的比例关系必然影响消费结构的变化，而消费结构的变化必然影响到产品结构、就业结构、投资结构等一系列结构的变化，从而引致产业结构的调整和优化。最明显的就是人口老龄化必将促进老龄化产业的兴起和蓬勃发展。

五　台湾应对人口老龄化的借鉴与启示

北京市在 1990 年就已经进入老年型社会，到 2000 年北京市人口的各项指标值都在老年型标准线上，也就是说，2000 年北京市的人口的年龄结构已经属于典型的老年型。海峡两岸同属中华儒家文化，一脉相承，两岸在人口老龄化发展程度和人口结构比例上也有诸多相似之处，台湾地区在人口老龄化问题上的研究与对策经验可以为北京所借鉴，两岸在共同应对人口老龄化问题上具有广阔的合作空间，都面临着人口老龄化的严峻挑战。在经济社会转型期，台湾地区应对人口老龄化的经验为北京缓解人口老龄化问题提供了有益的启示。

（一）加强宣传，积极重塑敬老、爱老、养老的美好道德风尚

在我国传统文化中，自古以来就把敬老、爱老、养老和孝顺老人作为我们中华民族的伟大传统美德传承下来，这种文化为老年人养老提供了强有力的道德规范。然而随着我国市场化经济的发展和城市化进程的加快，老年人养老依然存在很多问题。2012 年 7 月，全国老龄工作委员会发布《2010 年中国城乡老年人口状况追踪调查主要数据报告》（以下简称"报告"）。"报告"调查显示，城镇老年人担忧的主要问题有：没有钱治病（占 42.4%），养老金不够（占 35.4%），需要时无人照料（占 31.6%），没有生活费来源（占 27.5%），子女不孝（占 17.5%）。这五个问题在城镇老年人担忧的主要问题中分别排第四至第八。农村老年人担忧的主要问题中排第一至第三的问题为没有钱治病（占 59.1%），养老金不够（占 53.3%），自己没有生活费来源（占 51.1%）；排第六的问题是自己需要时无人照料（占 46.0%），排第八的问题是子女不孝（占 32.2%）。[①] 可以看出，我国老年人，特别是农村老年人养老存在严重的危机，如农村半数的老年人没有钱治病、没有生活费来源等。因此，政府和各类社会组织应借鉴台湾地区经验，通过大众传媒等多种形式积极宣传，引起社会广大民众对老龄化的关注。同时应充分利用广播、电视、报纸和其他媒体来加强宣传，加大力度弘扬敬老、爱老、养老等中华民族的传统美德，在物质、精

---

① 温如军：《老年人口状况调查报告表明 60 岁到 69 岁低龄老人比例过半　老龄委办公室副主任称——延长退休年龄或出台方案》，http://news.hexun.com/2012 - 07 - 10/143403237. html，2012 年 7 月 10 日。

神等层面真正关心、关爱、呵护老年人，维护老年人的权益与尊严，消除歧视甚至是虐待老年人的不道德行为，逐步形成老少共荣、家庭和谐的文明氛围。由于人才和资金紧张，在县乡各地采用各自为战的大规模方式进行社会养老保险宣传工作非常困难，应在国家层面加强广泛宣传，让每一个家庭都能理解这方面的运作机理，加深对农村社会养老保险的了解。在宣传方面，国家和省有关部门应承担更多的责任，这样做才能使工作效率大大提高。①

（二）完善养老法律体系，规范养老保障制度

在现代法制社会，仅以道德来规范老年人养老行为是远远不够的，老年人权益无法得到相应的法律保障。同时，在建立健全养老保障制度的过程中，对于养老金缴纳、运营、管理和支出等方面，需要有相应的法律法规来保障规范运行。因此，要从法律上保证老年人充分享有应得的权益，既要弘扬尊老敬老的道德风尚，又要制定健全相关的法律法规。台湾地区在此方面有很好的经验可供我们借鉴，如台湾地区政府多年来陆续颁布了数项关于老年人口的有关规定。①在健康方面，出台多部与养老相关的规定。1980年颁布老人福利法，确保照顾老年人的福祉与健康，同年又公布实施残障福利法，用以照顾失去劳动能力的老人。1964年颁布实施国民党退役官兵辅导条例，宣誓照顾因作战受伤致残需要长期医疗或疗养的退役官兵。2008年颁布实施国民党退役官兵生活指导管理办法，进一步强化了照顾失去劳动能力的退役官兵的相应细则。1994年公布实施全民健康保险法，为全台湾地区罹患疾病的老人提供医疗服务的相关具体细则，使其得以恢复健康或降低失去自理能力的风险。随着台湾地区健康意识的广泛传播，政府又相继颁布了口腔健康法、癌症防治法，有力推动了老年人口腔健康以及癌症的早期发现、早期治疗工作的开展。②在经济方面，用相关规定保障老年人口的经济安全。台湾地区相继颁布了劳工保险法、公职人员保险法、军人保险法、国民年金法，将退休老年人全部纳入养老保障体系，用相关规定保障了老年人口的经济安全。③在老年人参与社会活动方面，消除对老年人的歧视。1990年修改就职服务法，将在就职过程中"不得对老年人予以歧视"写入法规，切实解决了随着人口老龄化，老年人口快速增加而产生的老年就业歧视问题。2000年颁布志愿服务法以及2002年颁布

---

① 辛哲：《人口老龄化下农村养老保险问题的思考》，中南林业科技大学硕士学位论文，2013，第35页。

终身学习法，都从法律角度对老年人参与社会活动方面予以保障。而大陆这方面的相应养老保障立法较少，应逐步建立健全老年人口法律体系。虽然1996年我国颁布了《中华人民共和国老年人权益保障法》，它规定"老年人有从国家和社会获取物质帮助的权利，优先享有社会发展成果的权利"，老年人既可以得到社会、家庭等生活中的各项权益保障，也有为社会发展进步做出贡献的权利，但与之相配套的政策措施和细则十分缺乏，可操作性不足。因此，我国政府要先制定出完善的相关法律法规，以此来约束社会养老保险制度的运行。法律对于各种单位都有很大的约束力，是一种非常强大的工具。应详细制定与老年人养老相应的法律法规，关注老年人生活、工作和参与社会活动的各个方面，如老年人精神文化生活，老年人生活起居，老年人就业创业，老年人文化教育，等等。且法律和法规要经常修订，保证能与时俱进地解决老年人遇到的实际困难。

北京社会保障总支出从2002年的237.5亿元上升到了2011年的1341.9亿元，10年间，社会保障总支出增长了1104.4亿元，增长近6倍。北京社会保障支出的增长快于GDP的增长，这表明两者的增长并不协调。2011年北京市社会保障水平仅为8.26%，大致相当于西方主要国家1950年以前的水平。与此同时，北京市的社会保障水平涨幅并不十分明显，最高为8.26%，最低为5.08%，平均水平为6.53%，可见，北京市社会保障总体水平偏低，且增长速度比较缓慢。[1] 2011年北京社会保障支出总额占GDP的比重为7.36%，与发达国家1960年的社会保障支出水平相比差距依然巨大。这种差距主要是微观社会保障水平和社会保障制度覆盖面较小等原因造成的。[2] 北京人口老龄化的发展所呈现的加速趋势，势必对社会保障体系的运行造成巨大挑战，与此伴随而来的一系列问题也开始凸显。

（三）建立健全社会养老保障服务体系，科学确定保障缴费水平

台湾地区养老保障制度是由劳工保险、公务人员保险、军人保险以及国民年金几大体系构成，其中养老保险占主要方面。此外，政府还提供辅助性津贴，用以保证台湾地区老年人口的经济安全和正常生活。台湾地区养老保障体

---

[1]　郭会娟：《北京市社会保障水平适度性研究》，中国地质大学（北京）硕士学位论文，2013，第20页。

[2]　郭会娟：《北京市社会保障水平适度性研究》，中国地质大学（北京）硕士学位论文，2013，第27页。

系覆盖面广，水平较高，照顾老年人的服务周到细致，体系比较完善。这些成功经验可为北京市建立健全养老保障体系提供有益的借鉴。目前北京市养老保障体系比较单一，虽然覆盖面比较高，但是水平依然不高。对此，可以借鉴台湾地区经验，从以下几个方面着手。

第一，完善养老保险金的筹集和运营管理机制。首先，筹集公平化。由中央政府通过征税的方式强制收纳保险金，并建立个人储蓄账户。老年人退休后，根据储蓄账户上的缴费总额和投资回报，按年领取养老金。工作单位和个人按比例缴纳应承担的金额，个人和企业缴纳的保险应全部注入个人账户。其次，管理公开化。北京市政府应建立长效有力的监督管理机制，用于监管养老金的流向，对民众透明养老金的管理、运营流程。切实做到专款专用，坚决杜绝擅自侵占、挪用现象的发生。最后，运营合理化。保证养老保险金的保值与升值。在消费品价格上涨、通货膨胀的压力下，政府应对包括养老保险金在内的各种养老保障基金设定特殊的增值利率，以保证养老保险体制的资金安全。

第二，扩大养老保障体系覆盖面。自新中国成立以来，大陆地区实行城乡二元结构，形成了两种不同的资源配置，北京农村地区农民享受的社会保障完全不同于城镇职工，保障水平也远低于城镇职工。首先，农村低缴费标准造成基本保障得不到确保；其次，投保自愿性导致保障体系的覆盖面很低；最后，农村养老保障没有充分体现国家和集体的责任与义务。近几年，北京市政府和区县等承担的保险金比例有所上升，但依然低于对城镇职工所承担的保险金比例。上述原因造成了农村中很多老人老有所养的水平还很低。城镇中的离退休老人虽然已普遍享有退休保障，但处于体制外的经济困难的老人受经济条件的影响，无力购买养老服务。对于大陆地区养老保障体系覆盖面窄的情况，可以借鉴台湾地区的国民年金制度。大陆地区政府可以考虑把城镇居民的养老保障、农村居民的养老保障、进城务工人员的养老保障及征地农民的养老保障一并纳入其中。

第三，充分发挥企业在养老保障制度中的支柱作用。通过政策鼓励企业建立补偿机制，为职工提供更多的养老保障，同时强化个人自我保障意识。经研究测算，在我国城镇职工养老金来源中，基本养老保险占50%以上，企业年金不足5%。此外，商业保险所占比重也比较低，其余主要靠个人储蓄。要解决这种基本保险"一柱独大"的局面，可以参考台湾地区相关措施，如通过政策调控提高企业年金的社会化程度。大陆应通过提高企业缴费比例等办法，提高企业用于养老保险的资金投入，可以让退休人员得到更多的来自企业的资金补偿。

　　第四，扩大财政用于养老保障的支出。养老保险是参保人年轻时参加，达到退休年龄后再领取退休金的一种长期累进制的险种，单纯依靠退休金等是不能解决整个城市和区域所面临的人口老龄化问题的，政府要调整财政支出结构，创新养老体制，为应对人口老龄化奠定坚实的基础。近几年北京市财政支出增长很快，应调整财政支出结构，逐步扩大养老保险补助支出，确保养老基金充足，并不断提高养老基金水平。政府可以通过建设性支出债务化和适当压缩行政管理支出等来增加养老保险补助的资金来源。由于自愿性养老保险制度发展不健全，以及老龄人口的快速增长与人们价值观念的改变，强制性社会保险制度保障将无法满足老年人生活成本的上涨。北京农村人口大量流出农村和涌入城市以及"四二一"家庭结构（四位老人、两位父母、一个孩子）弱化了传统家庭养老功能，农村空巢老人人数剧增。在医疗保险制度方面，治疗范围、服务和药品仍具有局限性，同时在长期护理方面仍存在较大的供给缺口。必须对财政支出结构进行合理调整，尽可能多地让养老保险制度在农村社会拥有承担更多责任的能力。此外，调整财政支出结构，增加农村养老保险基金支持，可以有多种完善农村社会养老保险基金的补充方式，如开征养老保险税、遗产税、赠予税和农业特产税，土地转让收入和土地储备的价值基金按一定比例提取，国有股减持，养老保险社会渠道发行彩票等。北京市必须积极应对、提前规划，在城镇逐步建立健全老年人社会养老体系、老年人健康医疗保障体系和老年人社区照料服务体系。在农村建立健全社会养老保险体系、社会救济体系，重点关注孤寡老人、失独老人、残疾老人、空巢老人，不仅要保障他们的基本养老、基本医疗，同时要关心他们的心理健康。

　　目前，台湾学者提出台湾社会养老保障及服务体系存在缴费率、行业不均和世代不均等问题。① 我国立法时也应考虑未来大陆可能出现台湾地区目前潜在危机的问题。目前，北京市同全国一致采用强制要求用人单位和员工按照工资的一定比例向社会保障基金缴费的模式。与台湾地区相比，这种缴存比例并不低，但由于北京老龄化人口和退休年龄偏早问题较为严重，加大了养老金领取者的人数和养老金支出水平。2008 年，台湾强制将退休年龄由 60 岁延长至65 岁（发达国家和地区普遍将男女法定退休年龄由 60 岁、55 岁逐步延长到65 岁左右）。虽然北京市除应提高雇主和雇员的缴费比率外，还应根据人口平

---

　　① 黄玫娟：《台湾老年社区照顾的经验与启示》，应对人口老龄化：两岸的理论与实践学术研讨会论文，2013。

均寿命的延长同步适度延长退休年龄来缓解养老保险金支付压力，但是这种改革和具体实施进程明显不是短时间内能完成的，应当在稳慎的同时及时推进。因此要在较短时间内解决社会保障基金缺口，可通过适度调高社会保险缴费水平或提高缴存基数来解决。

（四）建立健全多元化开放式养老服务模式，构建老人福利服务体系

第一，健全开放式的多元化养老服务模式。随着北京市老龄化程度的加深，老年养老服务模式受到政府相关部门和各界的广泛关注。虽然近年北京市老年服务事业发展较为迅速，但整个老年服务业的发展总体上还处在起步阶段，在政策发展、服务项目规划、部门合作、服务人员培训等方面都存在很多缺失。相比中国台湾地区和发达国家及地区，北京市政府资金投入依然不足，政策支持不到位，使居家养老家庭负担过重，社区养老发展缺乏后劲，机构养老发展水平不高。中国台湾地区政府采取的多元化养老制度可缓解养老保险基金支出压力，这为北京提供了一些积极参考。一是大力发展居家养老和社区服务养老模式。对社区服务统一规划与设计，整合包括民政、卫生、教育等各部门在内的社区服务项目，根据社区老人的需求统筹规划服务内容，充分发挥各部门的作用且实现资源优化整合。同时加大政府对老年服务项目的资金投入和技术支援，在每个社区都建立老年人的活动场所，白天家庭成员外出工作，老年人得不到应有的照顾时，老年人可以选择去社区的活动场所享受养老服务，对于不便走动的老人可以选择让社区的工作人员来到家里为其提供服务。二是提高养老服务人员素质。设立养老服务人员培训机构，对所有上岗工作人员进行岗前工作内容的科学培训。提高工作人员素质和专业性，让老年人建立起对居家和社区养老模式的信心。三是建立长期有效评估监督机制，对居家养老模式以及社区养老模式的工作人员、工作流程、内容、项目给予量化考核和监督评估。四是提高社区养老模式工作人员地位，如增加适当的公务员编制等。

第二，创建三合一多元化养老服务体系。借鉴台湾地区经验，创建居家养老服务、社区服务、机构养老三合一的多元化养老服务体系，是北京市应对老龄化危机的新出路。目前北京社区居家养老服务才刚刚起步，养老机构总数不足且服务价格昂贵，超出一般工薪阶层支付能力。为此，北京市应通过全面开展居家养老服务战略整合社会资源，在社区层面普遍建立居家养老服务的机构

和场所，组建专业化、职业化与志愿服务相结合的居家养老服务队伍，为居家老年人提供生活照料、家政服务、康复护理和精神慰藉等方面的服务。同时，政府应出台针对高龄老人、生活自理困难老人以及纯老年人家庭人员等特殊老年人的居家养老补贴办法和服务细则，加大政府购买社会化为老年人服务的力度，并通过加大财政补贴力度等引导、支持社会力量兴办养老服务机构。北京市应积极借鉴台湾有关当局近年来推出的老年人服务，如营养餐饮、关怀问安、居家服务、日间照顾、短期或临时托顾等，同时兼并保健服务、卫教宣导、转介服务、咨询服务等健康管理服务。社区照顾中的医疗护理体系强调社区内的长期照护，例如居家护理、居家复健、社会福利协助、个案管理、家庭看诊、安宁照护等。① 社区照顾为使老人能在社区内持续生活所提供的各项必要照顾与协助服务，包括健康老人的生活照顾服务与长期失能者或慢性病患的长期照顾服务，以及急性病患或出院需照顾之病人所使用的医疗服务。这些老人福利服务及相应体系值得北京借鉴。总之，考虑到社区养老优势和国际实践经验，这种形式的养老逐步会成为居家养老的有力补充。那些经济条件优越、思想开明的老人，照顾老人有困难的家庭将会越来越多地选择机构养老，没有经济来源的困难老人则接受政府的福利性养老服务。有些老人不想离开熟悉的环境，无法接受机构养老，可为他们提供社区养老服务，兴办社区养老服务事业，提供餐饮、娱乐、保健、护理、医疗、上门接送、家庭卫生等服务，满足空巢又有一定自理能力的老人的养老需要；对那些居家养老、没有人照顾、不能自理或者行动不便的老人，提供居家辅助养老服务，如上门送餐、紧急救助、一键购物等服务。按照老人的自理能力将养老人群进行细分，对不同自理能力的老人实行分级护理、分级收费乃至免费服务。这就决定了北京市的养老模式必定是多元化的。

第三，建立老年就业机制。老年人退休并不意味着退出劳动力市场，开发老年人力资源是提高人力资源配置的一种行之有效的方法。目前在北京掌握一技之长的健康老人不在少数，如果能让这一部分人力资源得到有效发挥，不仅可以减轻社会保障支出压力，还可以从一定程度上丰富老年人的晚年生活，促进社会和谐发展。政府应出台相关政策建立适合老年人的就业机制，调节老年人与年轻人之间的就业需求，平衡二者供需数量和各类岗位。这样能够在一定

① 黄玫娟：《台湾老年社区照顾的经验与启示》，应对人口老龄化：两岸的理论与实践学术研讨会论文，2013。

程度上满足老年人的就业需要，让老年人继续参与社会经济发展建设，发挥余热，为社会创造财富，减轻政府养老负担，分享社会进步成果，使老年保障事业进入良性循环，有益于促进老年保障事业的开展。

第四，养老服务工作职业化，从业人员规范上岗。养老产业化发展，需要明确规范从事养老行业人员的职业。养老服务从业人员将是一个新的职业群体，借鉴台湾地区经验，给予养老服务各个环节（工作）以明确的职业名称，如养老保健员、老年护理员、老年心理辅导师、养老家庭医生等，这有利于对这些从业人员进行专业认证和标准化管理。对于有意从事养老服务工作的人员，分别从专业知识、服务技能、思想道德、身体素质等方面进行考核，通过岗前专业化的培训，合格者给予资格证书，作为对其职业技能的肯定和进入养老行业门槛的基本技能要求。也可以考虑设立养老服务各职业的国家执业资格考试，分职业和级别对从业人员进行认证，规范整个养老服务行业。

当前，我国经济环境发生了变化，家庭结构变得越来越小，有很多家庭已不再具备传统意义上的养老功能。而年轻人面对越来越大的就业市场的竞争压力，家庭在养老方面的功能开始弱化，居家养老的主体地位开始动摇。随着人口结构的不断老化和核心小家庭的出现，我国也将出现社区养老、机构养老、以房养老、以地养老、倒按揭、养老公寓等养老形式。[①] 可以预见，随着老龄化的进一步深化和家庭规模越来越小，社区养老和机构养老最终会取代居家养老成为主要的养老方式，这可能需要非常长的时间才能完成。就目前情况看，居家养老还是处于主要地位，并且由于制度变迁的延迟和惰性，一段时期内居家养老仍然会是主要的养老方式，家庭的养老功能仍然优于其他几种养老方式。

（五）构建统筹城乡社会保障发展的养老保障体系

我国二元经济结构使城乡差别客观存在，这决定了在相当长时期内北京农村和城市要分别实行适合自己特点的社会保障制度。这必然造成城乡社会保障不能按统一的标准、模式进行建设，而是要建立层次分明、标准不一的城乡社会保障制度体系。要逐步改变重城轻农的社会保障制度体系现状，就要逐步提高财政支出用于农村社会保障支出的比重，设计出合理的农村社会保障体系是

---

① 李中秋：《中国人口老龄化背景下的多元化养老模式研究》，西南财经大学硕士学位论文，2013，第 54 页。

关键因素之一。

第一，大幅增加对农村社保的财政补贴。目前，北京市社会保障水平虽然逐年提高，但农民人均转移性收入占人均纯收入比重介于 4.6% ~ 15.3%，而城镇居民人均转移性收入占人均可支配收入比重在 27% ~ 30%，两者相差较大，说明政府对农村转移性支出力度依然不够，应加大补贴力度，同时调动农民缴费积极性。北京市目前处于农村社会保障制度建设的关键时期，因此政府除了进行社会保障的制度设计、财政投入、运营监管等常规任务外，还必须确保实现和保证制度的建立、运行和发展，即政府提供更多的公共资源进行补充，充分发挥政府宏观调控和国民收入再分配功能，促进城乡经济的协调发展，对于无力参保的居民给予政府财政支持。2013 年北京农民人均纯收入达到 18337 元，具备了建立农村养老保险的基本条件，但随着居民消费价格指数（CPI）的上涨，农民日常开销也逐渐增多，扣除生活消费和生产支出后，其可支配收入有限，影响了农民参加社保的积极性。尤其 40 岁以上的农民群体参保困难更大，子女教育和医疗支出开销占家庭支出很大一部分，而该部分又是不可避免的。许多农民产生了自己吃自己、不如自己存银行的想法。因此，适时适度提高政府补贴标准，能够增强参保对农民的吸引力，提高农民缴费积极性，进而有利于减轻农民对提高缴费的压力。

第二，整合医疗卫生服务资源。2013 年北京市城镇居民人均家庭总收入45274 元，城镇是农村的 2.47 倍。北京市城镇居民可支配收入远大于农村居民人均纯收入，但在这种差距下，农村居民用于医疗保健的支出比重为8.6%，大于城镇居民医疗保健的支出比重 6.6%。这主要是由于农村医疗服务水平低、城乡医疗资源分配不均。随着农村经济水平的提升，农村居民对医疗水平的要求也不断提高。以往农村卫生室的听诊器、体温表、血压计"老三样"的常规诊断，已不能满足农村居民追求优质医疗资源和高品质医疗服务的要求。但由于长期存在的城乡二元化经济体制，导致医疗资源城乡分配不均，70% 以上的优质卫生资源都分布在城区，并且拥有多数技术水平高、优秀的医护人员队伍，城区医疗资源远远高出农村医疗卫生资源。这种低水平的医疗服务不能满足农民的医疗需求，致使农民对农村医疗机构信任度下降，更多的农村居民宁愿到城区医院半夜排队就医，也不愿选择"新农保"下的基层医疗机构。另外，这种选择进一步扩大了城区医疗机构的收入来源，使城区医疗进一步挤压乡村医疗服务行业，甚至造成医疗费用的上涨。在我国，医院通常将医生的收入和奖金与其所提供的医疗服务质量、昂贵的治疗方法或是提高患者医药消费挂钩，这样院方与患者利益不一致，就会出现小病大治、乱开大药方、用高价药及增加检查项目等违法现象。这种行为不仅造成了医疗资源的浪费，还增加了农民的经济负担，限制了新型农村合作医疗制度作用的发挥。针对这种问题，可从以下几方面改进。一是合理使用医疗保险基金，尽量减少不必要的医疗保险支出。通过加大宣传力度提高农村参保人员对医保政策的认识，使他们建立因病施治、适度消费的保障意识和消费意识。此外，参保人员与医疗机构应自觉遵守相关规定，根据病情合理检查、合理治疗、合理用药，避免造成医疗保险基金的浪费。二是对有违规就医行为的参保人员和医保定点机构加大惩戒力度，以最大限度地合理使用医疗保险基金。三是加强农村医疗队伍建设，地方政府可根据情况设立专项医护人员培养基金，通过定向委培方式为农村培养高水平的全科医师。医学院校也应根据农村地区的需要情况，适当调整专业和教学内容，以便为农村地区培养专业人才。四是优秀医疗机构可适当在农村集聚地开办小型分院，如三甲医院在农村地区开办分支机构，将高科技的医疗器械与优秀的医疗水平加入"新农合"参保范畴，在缓解城区医疗压力的情况下提高农村医疗水平，保障医疗卫生资源的优化配置，实现"新农合"的切实发展。

第三，缩小城乡支付能力差异。城乡居民收入上的巨大差距是实现城乡一体化的一个重大障碍，只有农民的收入实实在在地不断提高，并和城市居民达到了真正的平等，农民才有实力参与现代社会保障事业，所享受的保障待遇也才能大致和城市居民持平。在这个过程中，不断提高中等收入居民的比重，进而形成"橄榄型"的社会阶层结构，不仅能为农民提供较为充分的保障，还能减轻国家负担，从而为更多低收入人群腾出更多资源，提高农村社会保障水平，以实现城乡一体化。缩小城乡差距的根本渠道在于加快经济发展，要通过加快农业结构性调整，加快农村土地制度改革，加快农村新技术的运用，通过户籍制度改革，增加城市就业机会，引导农民合理有序地向城市流动，改进对城市劳动力市场的监管，切实保障农民权益与各项待遇等多种方式来提高农村社会保障水平。

综上所述，社会保障水平与经济的协调发展具有多方面重要的意义，它不仅是人类社会文明进步的重要成果，也是维护社会稳定、创造社会公平、促进社会和谐发展的推动力量。

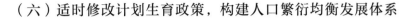

（六）适时修改计划生育政策，构建人口繁衍均衡发展体系

北京市第六次全国人口普查公报显示，全市常住人口为1961.2万人，外来人口在常住人口中的比重已由2000年的18.9%提高到2010年的35.9%，全市常住人口中，外省市来京人员为704.5万人。由于这些外来人口大多是年轻人，一定程度上满足了北京各类产业对智力和体力劳动者的需求，同时，缩小了老年人口的占比，掩盖了老年化的严重问题。由于我国的计划生育政策是全国性政策，因此，从全国来看，中国城市地区的人口已进入低生育率时代，如没有农村地区的青壮年流动到城市对其进行补充，若干年后我国城市社会必将产生许多西方发达国家目前存在的问题。对此政府相关部门应加强人口数据研究。在适宜的时候，不仅开放单独二胎，应全面开放二胎。应当允许有足够能力养育后代的家庭生育两个子女，如可以制定政策要求生育二胎子女的家庭提供一定数额的资金建立儿童福利基金，以保证对其后代的养育。

（七）适时延长退休年龄，积极推动老年产业的发展

随着经济社会的发展，2010年中国人口平均预期寿命已提高到74.83岁（第六次人口普查数据），与1980年相比（67.77岁），提高了7.06岁，与2000年相比（71.8岁），提高了3.03岁，达到中等发达国家水平，而我国的法定退休年龄又太小。[①] 由于我国人口预期寿命持续提高、计划生育使社保缴费人数相应下降，延迟退休成为一种必然趋势。全世界范围看，延迟退休年龄也是大势所趋。全球170多个已建立并运行多年养老保险制度的国家，正面临日益严重的支付危机。2008年，中国台湾地区强制将退休年龄由60岁延长至65岁，大多数国家或地区也选择把法定退休年龄逐渐延长至65岁或67岁。随着居民医疗水平的提高，可工作的时间也大大提高，退休年龄延后势在必行。延迟退休会使缴费时间变长、领取时间变短，使养老金压力减轻。有学者建议，法律考虑到公平可以"一刀切"，但政策则要区别对待，实行弹性的退休制度，"让大家自己有的选择"。[②] 具体可采取以下措施。

[①] 当前，我国法定的退休年龄是男职工年满60周岁，女干部年满55周岁，女工人年满50周岁。从事井下、高空、高温、繁重体力劳动和其他有害健康工种并在这类岗位工作达到规定年限的职工，男性年满55周岁、女性年满45周岁退休。

[②] 罗仕：《人社部专家建议退休年龄延至65岁93%网友不同意》，http://finance.ifeng.com/news/special/tuixiu2012/20120703/6696430.shtml，2012年7月3日。

第一，开发老年人力资源，积极采取高龄雇佣政策。政府应根据各行业的特点，考虑工作岗位、职工的身体状况，适时延长退休年龄。对雇佣结构和雇佣制度进行适当改革，充分开发老年人力资源，发挥老龄劳动者的能力，才能提早从根本上解决未来国家和社会劳动力可能出现匮乏的问题。为老年人就业提供政策支持，鼓励和促进各企业延长退休年龄。同时建立老年就业体系，通过设立银色人才中心，严格规定企业老年职工最低比例，对雇佣老年职工企业予以补助及相应贷款优惠等政策，让更多有劳动能力和意愿的老年人留在或走上工作岗位，努力做到"老有所为"，同时推迟养老金支付年龄，减轻政府养老金负担。

第二，大力发展养老产业。国外的老年产业已经形成了完整产业链，涵盖了老年人的生活用品、服饰鞋帽、医疗保健、健身运动、旅游教育等方面，不仅满足了老年人的日常需要，而且作为新的市场机会，促进了经济发展，提高了社会就业率。我国老年产业还处于起步阶段，政府应出台相关鼓励举措，给予政策支持，积极推动老年产业的发展。目前我国养老产业尚未形成一条完整的链条，要想发展好养老产业就需要整合资源，打造完整的养老产业链条，真正实现养老产业化、养老服务市场化。

参考文献

李书宁、张彩玲：《我国人口老龄化问题研究》，《辽宁经济管理干部学院（辽宁经济职业技术学院学报）》2012 年第 4 期。

景小靖：《北京市城乡失业人员再就业培训政策研究》，首都经济贸易大学硕士学位论文，2013。

郭会娟：《北京市社会保障水平适度性研究》，中国地质大学（北京）硕士学位论文，2013。

北京市统计局网站，http：//www. bjstats. gov. cn/nj/main/2014-tjnj/CH/index. htm。

孙娜娜：《北京市新型农村社会养老保险收支测算和政策模拟研究》，首都经济贸易大学硕士学位论文，2012。

辛哲：《人口老龄化下农村养老保险问题的思考》，中南林业科技大学硕士学位论文，2013。

李中秋：《中国人口老龄化背景下的多元化养老模式研究》，西南财经大学硕士学位论文，2013。

韩建平：《老龄化背景下养老保障制度分析》，西北农林科技大学硕士学位论文，2013。

课题组组长：张英洪

课题组成员：王　飞　　陈晓红　　刘　凯　　徐丽娜

　　　　　　任晋锋　　孙日焱　　陈少天　　闵施阳

　　　　　　刘雪艳　　陈亚青　　刘　胜　　池章铭

　　　　　　高亚琳　　张佳莹　　韩云飞　　王思奇

执　　　笔：刘　伟

·访谈篇·

1. 居家养老"不差钱"

受访者：鲍金刚

访谈人：陈明珠（中共中央党校）

访谈地点：北京市大兴区黄村镇狼垡二村会议室

访谈时间：2014 年 10 月 12 日下午 15：00～16：00

为了解城镇化进程中的老年人照料问题，本次调研我们来到了北京市大兴区黄村镇狼垡二村。这个村是北京典型的城乡接合部地区村庄，有"身在都市外，一步到京城"的优越地理位置。很长一段时间以来，狼垡二村村委在集体土地的规划使用上不断探索，坚持"土地只租不卖，实现永续发展"的理念，开辟了一种城郊农村城镇化"组团式发展"的新模式。2014 年这个村是大兴区人均收入最高的村庄，也是大兴区第二产业、第三产业发展最好的村庄。事实上，人均收入的提高，实现了狼垡二村村民从物质到精神的极大转变，在老年人照料方面表现得更是明显。而鲍金刚老人作为一名土生土长的狼垡人，对老年人照料问题有着自己的观点。

狼垡二村的老干部

鲍金刚，男，67 岁，1948 年 8 月 4 日生于狼垡二村，老人说自己近 70 年的光阴都是在狼垡二村度过，所以他很了解狼垡二村的发展。老人和老伴现住在狼垡二村 4 条 5 号的一套 20 世纪 80 年代盖起来的复式房子里，房子占地七分左右，有四室两厅，家里还有其他 4 套房子，老伴今年 70 岁了，老两口日子过得非常和美。

老人说，自己一辈子也没有离开过狼垡村，从 18 岁（1967 年）的时候他就当了狼垡大队的队长，后来做了 6 年村里的副书记，一直到 2004 年 8 月才从村干部的职位上退下来。从鲍金刚的描述中我们知道，狼垡村的发展始终走在大兴区乃至北京市的前列，如狼垡村在 1986 年就率先启动了旧村拆迁、居民上楼的工程。同时狼垡村的历届村委会始终坚持集体土地只租不卖的方针，不为眼前的利益所动。2004 年，由于种地的收益不大，狼垡二村当时就以每亩 2000 元的价格将土地从村民手中收过来，开始坚持不懈地用集体用地出租带来的收益推动产权制度的改革。2007 年 1 月 1 日，狼垡二村开始走按照持有集体股份的股数来分红的路子，本村村民能够持久不断地获得集体土地出租带来的收益，达到了造福于民的效果，推动了狼垡二村的城镇化进程。在这个过程中，鲍金刚说，狼垡二村的前任黄书记和他自己都坚持村里的土地不能卖。

从老人的视角来看，狼垡二村的发展比周边的村要好很多。由于集体土地使用得好，在狼垡二村的1800多口人中，已经没有贫困人口，在狼垡二村根本没有出现过因为拆迁或者补贴不到位等原因引起的上访。鲍金刚说道，现在狼垡二村的主要收入来源有土地的租赁收入，同时有集体经济的投资，如在公交驾校的入股，还有亿万购物广场的经营和出租等。老人说2013年全村集体经济的毛收入得有4000多万元，这笔收入65%分红给村民，剩下35%留作公积金或者再发展基金等，这样集体股每股的收益可以达到687元。据老人估计，未来集体经济的毛收入每年都还会增长几百万，所以狼垡二村的日子会越来越好过。

"不差钱"的豪爽老人

在访谈中，鲍金刚老人告诉我们，他现在在狼垡二村有几套房子，收入来源也多，不愁钱的事情，日子过得红火着呢！

股份收入

老人是村里的老干部、老党员，根据2007年1月1日改制后股份的计算方法，老人持有村集体的34股，其中土地股10股，人口股14股，劳资股10股（劳资股是指在1956～1982年参加过集体劳动的人每干一年获得0.55股），按照2013年每股收益687元来算，老人的股金收入达到了23358元。同时，老人老伴今年70岁整，也持有32股，这样全家股金收入45342元。

养老金

狼垡二村的养老金收入在参照国家标准的基础上还有提高。村里55岁以上的老人每月领取600元的养老金。鲍金刚由于是村里的老干部，他的养老金是每月700元，加上老伴的养老金每月600元，两口子每年的养老金收入有15000多元。

新农保

鲍金刚和老伴每个月还能领取800元的新农保，一年算下来也有近10000元。

出租屋收入

狼垡二村本地1800多户村民在改制后，基本都有两套以上的房子，这样就能够住一套房子租一套房子。由于村子处于城乡接合部地区，村子里的外来人口有 4 万多人，他们大多选择租住村民的房子开门面房、做小生意。鲍金刚老人自己的房子的门面就租给了一个饭店，粗略算来，每年老人能够固定获得的租金收入大约有 10 万元。

鲍金刚老人和老伴每年的收入至少有 20 万元，可以说生活非常殷实。老人也说自己根本不需要女儿给自己经济支持，她们逢年过节的过来家里热闹热闹，自己出钱都乐意得很，根本就不差钱。老人每年还会给四个孙子辈的孩子出点学费，每年 2 万元左右。老人的日常开支不是太多，买个菜，买几件衣服一年下来也就万儿八千的。每年红白喜事随份子的钱，有 1 万多元。老人每年都会去外地旅游，花费从几千元到几万元不等。老伴倒是个不喜欢外出的人，平时上午做家务，下午就跟几个好友打打牌，也会参加村里的一些文娱活动。

健康的身体最重要

鲍金刚和老伴虽然已经近 70 岁了，但是他们的身体非常健康，鲍金刚老人说自己一年到头来根本就不到医院去，医药费基本上不构成家里的一笔开支，平时自己喜欢遛弯儿。而老伴除了有一点血糖高以外，身体状况也非常好。老两口生活全部都是自理。

女儿们的幸福生活

鲍金刚有两个女儿，大女儿 48 岁，二女儿 35 岁，女儿、女婿也都住在狼堡二村。大女儿在村里的工业园区里做会计，二女儿在村里的物业公司里做会计，大女婿是村里的现任书记。女儿们自己在村里都有几套房子，两个女儿也各有集体的 24 股分红，再加上每年工资收入 10000 多元，老人说自己的女儿过得都挺好，自己不用为她们操太多心。同时老人也说自己也花不着女儿们的钱。

让老人骄傲的是他的四个孙子辈的孩子。最大的孙女在东方时尚上班，大孙子在武汉当兵，再过一个多月就要回来探亲了。小孙女在上高中，小孙子还在上初中。老人觉得儿孙满堂是自己最幸福的时候。由于住得近，女儿和孙子们一般每个礼拜都会到老人家里吃饭，一家人开开心心地在一块是老人最幸福的事情。

养老这事不用愁

对于养老这件事情，鲍金刚老人显得非常的豁达。他说自己和老伴自力更生的能力很强，不用政府补贴，也不用孩子们为自己担心。以前自己担心老伴年纪大了做家务会累，就想着找个保姆帮衬一下，结果老伴倒是给拒绝了，老伴坚持认为自己身体好得很，不用保姆，所以这事就作罢了。鲍金刚说家里也就洗衣做饭的活，这些老伴都能应付得来，随手换下的衣服老伴就给洗了，所以请保姆也确实是没有必要。至于要请人或者由专门的社会机构来提供照料服务，老人说自己现在身体健康，没有花那个钱的必要。

当被问到当自己和老伴年龄再大一些，生活自理能力不好的时候打算怎么办时，老人还是觉得不能给儿女添乱，他说到了那个时候他就会考虑自己雇一个保姆来照料自己和老伴的生活起居，老人不认为现在的保姆价格（现在狼垡保姆工资每月 3000～4000 元）很贵，老人认为自己要是真的不能自理了，就是一年给保姆十几万元也雇得起。

对于养老的原则，老人认为在自己家里养老是最好的，有经济能力的老人不能麻烦子女放下工作来照顾自己。在鲍金刚老人的观念里，将来自己的养老主要是靠自己，不行就雇保姆到家里照顾老人，子女可以抽空照顾一下，政府有补贴最好，没有也不能强求。

鲍金刚说，其实狼垡二村最近新建成了一个老年护理院，这个护理院的医疗设施和医护人员配备都是很先进的，一个月收费 3000 多元吧，但是真正住到里面的老人不是特别多，本村的老人住到里面的就更少了。这主要是因为村里的老人收入都不低，年龄越大的人股金收入越高，而且医疗保健条件和健康状况较好，很少有不能自理的，基本上老人们都是在家里养老。同时由于狼垡二村离北京市区比较近，村里虽然有不少青壮年劳力是在外面工作，但是一般也都是属于通勤一族，公交上下班，所以不会出现"空巢老人"的现象，更不会把老人送到护理院。

狼垡二村：像城镇的"农村"

狼垡二村是北京市大兴区数一数二的富裕村，完善的基础设施、穿梭的人流使这个村子完全像是现代化的社区。

如前所述，狼垡二村坚持集体土地只出租且出租收益与村民共享的原则，贯彻"吃透政策、把握形势、对外扩展、对内挖潜、科学发展"的发展理念，通过不断激活集体经济的增收能力，逐年提高村民的年收入，实现了京郊城乡接合部地区城镇化模式的有益探索。其中最出彩的就是狼垡二村的六项制度。

股金制。由于土地出租、集体经济入股等投资方式给村里带来了良好的经济效益，自 2007 年 1 月 1 日起，狼垡二村按照土地、人口和劳资三项标准，每位村民持有大小不等的集体经济股份，年终集体经济净收入按照 65% 分红、35% 留用再发展的比例分配，每个村民按照股份数取得很好的收入，现在持股数最高的村民大约持有 39 股。

粮油制。狼垡二村村民已经全部上楼，在没有耕地的情况下，村集体每年按照人口数给予村民每人每年 100 斤米、200 斤面、12 斤油的粮油补贴，这些粮食可以到村里的亿发购物中心领取，年终有剩余的额度可以兑换购买其他生活用品。

养老金制。村里每位 55 岁以上的老人每月 600 元的养老金，有独生子女的老人可以提前 5 年领取养老金。这些不包括国家规定的养老金每人每月 300 元的额度。

合作医疗制。村集体为村民统一缴纳医疗保险，所有村民完全免费获得良好的医疗条件。

体检制。狼垡二村的黄村医院是一座正式的村级医院，其医疗设施的配备达到了非常高的标准。狼垡二村利用良好的条件，给每位 20 岁以上的村民每年进行一次免费的体检。

教育激励基金。为了鼓励下一代多读书，村里特别设立了丰厚的教育激励基金。全村范围内考上高中的孩子奖励 2000 元，重点高中 3000 元，考上大学本科奖励 5000 元，"211"学校奖励 8000 元，"985"高校奖励 12000 元，硕士及以上奖励会更高。

此外，狼垡二村村委的组织结构采用了四套班子，分别为党支部、村委会、妇联和董事会，其中董事会负责集体经济运营的决策。每年村里都会召开股东大会，股东大会的代表由社员代表组成，每一位社员代表是十户推举出来的，大会主要讨论村里重要发展方式、年终分红比例、一年财政预算等问题，鲍金刚老人就是一位社员代表。为了共创文明和谐的狼垡村，大队里也组建了秧歌队，建设了台球厅等文娱设施，丰富村民们的日常生活。

通过这些制度，狼垡二村为全体村民提供相当好的生活和就业条件，现任村支部刘书记感慨地说："老百姓实打实的福利才是稳定的利器。"正是因为有了这些好的制度和工作方法，让老百姓的荷包鼓了起来，在养老问题上，鲍金刚老人才更加的有底气。

后 记

跟鲍金刚老人聊天非常有意思，从他的言谈举止中很容易发现这是一位曾经的老干部。他对村里的很多事情都有自己独特的见解，原则性也很强，并且对自己这一代村干部能够始终坚持以村民利益为主要出发点的做法非常骄傲。老人自己经济条件不差，也非常享受现在的生活状态，而且老人是一位非常独立开明的长辈，对儿孙疼爱，想到孩子们在自己家里聚会的场面，他都会笑得眼睛眯成一条缝。

农村地区的城镇化需要产业的支撑，因为只有良好的经济条件才能为更好地提供基本社会公共服务创造条件。在狼垡二村，人民的日子富裕了，脸上的笑容就多了，日子自然也就更加和和美美了。

2. 农村人的老年生活：离不开的家庭养老

受访者：北京市大兴区黄村镇狼二新村村民何士春
访谈人：吴闫（中共中央党校研究生院）
访谈地点：北京市大兴区黄村镇狼垡二村会议室
访谈时间：2014 年 10 月 12 日 15：00～16：20

何士春，男，一个土生土长的北京人，59 岁，小学文化程度，身体比较硬朗。曾经在大兴区电机厂工作，是一个车间技术工人，工作了 8 年。在狼垡二村村委会后勤负责保洁工作，已经做了 20 年。工作中勤勤恳恳，不怕脏累，平常喜欢一个人安安静静待着，有时候也会跟朋友一起聊聊天。老伴儿 61 岁，也是小学文化程度，在村大队做保洁方面的工作，已经做了 7 年多了。她身体情况稍差一些，有高血压之类的慢性病。但总体来讲，老两口平时的生活基本能够自理。

五口之家，安稳生活

居住状况：我们家里现在有五口人，我和老伴儿，儿子、儿媳还有一个三岁的孙女（有一个女儿，已经嫁出去了，现在住在丰台）。村改居之后，家里分得两套房子（各 80 平方米的两居室），儿子、儿媳和孙女住一套，我和老伴儿住一套。两家距离很近，平时有个什么事情相互照应也很方便。

收入状况：我现在的工作一年工资收入是 16000 元，老伴儿一年的工资收入大概是 7200 元。儿子和儿媳，都是大专毕业，在外面做临时工，他们具体做什么，我也不是很清楚，儿子的工作应该是跟宽带线路安装有关，他们每年的工资收入分别是 24000 元和 15000 元左右吧，所有的工资收入加在一起大约在 62200 元。除了日常的工资收入之外，根据村集体的分红政策和老年人福利，我们家里还享受股金分红和养老金福利，其中股金方面，我自己有 29.5

股，老伴儿 25.1 股，儿子 24 股，儿媳和孙女各 14 股（儿媳和孙女只算人头股），加起来一共 106.6 股，按 2013 年每股 687 元算，一年的股金收入能够达到 73234.2 元；在养老金方面，我和老伴儿每人每月有 600 元的养老金收入，此外老伴儿过了 60 岁，每月还有一个 400 元的国家补贴，这些养老金收入加在一起，一个月也可以拿到 1600 元，一年下来就是 19200 元（我们当时没有赶上分商铺，家里就没有多余的租金收入了）。把这些所有的收入算起来，一年的家庭总收入就是 154634.2 元，平均到一个月就是 12886 元。这个收入跟周边的其他村相比已经非常好了，生活基本上都可以照顾到的。

支出状况：我们现在的花销主要就是日常的生活支出，比如煤气、水、电费，平常的伙食费，看病拿药的支出，以及照顾孙女的费用等，这些支出加在一起，一个月基本上在 4000～5000 元吧。其中光是老伴儿看病拿药就要占 1000 元左右，孙女的花销也不小，基本上都是我们老两口出，一个月差不多也要 2000 元吧。不过我们老两口每月的收入有 6000 多元，基本上能够维持日常的生活开销，但如果有个病有个灾什么的，那就不好说了。

农村的传统就是养儿防老

照料情况：我和老伴儿生活都能自理，都还有工作呢，没什么地方需要照料的，买菜做饭、做家务基本上都没什么问题，平时儿子和儿媳出去上班，我和老伴儿还能帮着照看孙女。

（当被问到女儿会不会常回家看看，或者给一些生活补贴时，何大爷表现出些许不满）农村的传统观念就是"嫁出去的女儿，泼出去的水"，我的女儿嫁出去了，她在我们村里的股金就都没有了，基本上也不会负担养老的问题。

（谈到儿子一家是否会给他一些补贴时，老人表情也掠过一丝无奈）我不补贴他们就是好的了！年轻人嘛，他们自己平时打工挣的钱也不多，能顾住自己就不错了，一般也就自己留着了。当然了，手头宽松的时候也会给我们一些，几百元、一千元或者两千元的时候都有，逢年过节的时候也会往家买点儿东西，这个时间上都不固定，也不是很多，老北京有句土话叫"吃官饭，放私骆驼"，他们一家人的开销基本上还得靠我们俩呢！还好我们现在还能动，收入也还过得去，这些在农村也是很正常的。

对照料服务供给的看法：反正我觉得社会提供的照料服务我基本上是不会考虑的，我既不会请保姆，也不会去护老院，养老本身就是家庭的责任。我们家里并不富裕，不可能拿出那么多钱来去给护老院或者请保姆。现在我跟老伴儿相互照顾，没什么负担。村里的护老院现在已经在试运行了，里面也住了一些人，但我们本村的人基本上都不会去，主要是很多家庭一般都可以自己解决，村里也没有"五保户"，如果真的被送到那里（护老院）去，会被别人说闲话。现在请一个保姆每月至少是 3000 ~ 4000 元的开支，这个对我们这样的家庭来说比较困难，而且即便是拿得出这些钱，也愿意自己留着或者给儿子，总比就这么花出去强。

希望在照料方面得到哪些服务：我和老伴儿现在基本上生活都可以自理，还可以帮助照看孙女，未来的事情，走一步看一步吧，毕竟还没到那个时候。如果将来生病不能动，真的需要照料了，肯定也是儿子来承担，就算他们工作再忙，也得想办法腾出时间。儿子照料老人是农村的传统，是天经地义的，这个是更改不了的。对于政府和社会方面提供的照料服务，我们可能是不会考虑的。总之，我有一个切身的体会，就是你对自己的老人怎么样，孩子也会对你怎么样！

对医疗保障的需求胜于照料服务

需要政府或社会做些什么：现在村里每年都有定期的免费体检，但是这个体检说实话，没什么用，就是走个形式，也查不出什么情况来，即便是真的有问题了，就我们目前所上的这个医疗保险，也根本起不到保障的作用。现在的门诊报销一年就 300 元左右，大部分的费用都要自己承担，现在的医药费用也越来越高，病都病不起，如果我自己得了大病，我是不会去治的，根本看不起病。我们都是传统观念，在这个照料服务上没什么要求，但就是希望在医疗的政策上能得到政府和社会的支持。

对农民转市民户口的看法：我们家里现在都是农村户口，农村户口也可以享受村集体经济带来的福利，但是这个取决于我们村自身的发展状况。如果村里的经济发展不行，我们的生活也就跟着遭殃。虽然我们这个村的经济条件已经很不错了，我们的生活基本上比较宽裕，但是和城市的居民比起来还是有一定的差距。比如说在社会保障这一块儿，我认识的一个人，从国营的单位退休，一个月还能拿到 5000 多元的退休金，看病报销的比例在 70% ~ 80%，有的甚至达 90% 以上，我们就没有办法比。我觉得在城里，事业单位的居民就是比农民强。

后 记

何大爷是个比较固执又不善言谈的人，从跟他的交流过程中，能感觉到他有一些愤世嫉俗，同时也表现出一种对现实无奈，进而无所谓的态度。当谈到一些细节问题的时候，似乎有很多难言之隐。

何大爷是一个有着很强的"养儿防老"观念的人，他一方面对女儿外嫁后对家里关注变少表示不满，但另一方面也受到"嫁出去的女儿，泼出去的水"这一观念的影响而对女儿的行为表示理解。何大爷对政府和社会提供的照料服务不太认可，认为去养老院是一件不光彩的事。此外，何大爷一家的收入虽然在农村已经属于很不错的水平，但仍没有足够的经济能力去聘请保姆，即便勉强可以负担，他也认为这样是不划算或者不合适的，还是坚持将未来的养老寄托在儿子身上。

何大爷的情况在此次的访谈中也许是个案，但是在广大的农村社会来看，可能并不少见。老两口脱离土地，从事低端的服务业工作，他们的收入也许仅仅能够维持基本生活，儿女的学历也不高，只是靠打工来养家糊口。这个看似平稳和睦的五口之家，虽然不用饱受空巢、留守之苦，但是也经不起一丝生活变故的震动。他们徘徊在城镇化的边缘，虽然职业上已经脱离了第一产业，但是在生活观念和生活方式上与城市性还相差甚远。这不仅跟他们的收入水平和受教育程度相关，更重要的是在二元社会结构根深蒂固的影响下，受到传统观念的束缚。现代社会家庭功能的弱化在农村并没有得到体现，即便是建立了新的农村社区，乡土情结并不会随着土地的流转而消逝，生活照料在农村究竟会如何发展，是一个值得思考的问题。

3. 京郊一位富裕农村老年人的生活

受访者：北京市大兴区黄村镇狼二新村村民常宝华
访谈人：刘洋洋（中国人民大学社会与人口学院）
访谈地点：北京市大兴区黄村镇狼堡二村会议室
访谈时间：2014 年 10 月 12 日 11：00～11：40

2014 年 10 月 12 日，我们去了北京市市郊的一个村，狼堡二村，一个在改革开放浪潮中迅速崛起的农村，我们这次去的目的主要是访谈本村的老年人，以此为代表，调查北京市郊农村老年人照料状况。本村经济富裕，老年人的生活处境非常好，应该说在全国范围内也是较为富裕的。

我访问的老年人叫常宝华，男，在狼堡二村村委会负责后勤工作。老人家看起来精神抖擞，非常有活力，一点都不像老年人，走起路来非常麻利，看起来不到 60 岁的样子，但是已经 67 岁了。头上白发很少，牙齿也很健全，大方热情，让人感觉很好沟通。

常大爷的家庭基本情况

常大爷与配偶、儿子同住，儿子在房山工作，一周才回来一次，小孙子出生刚 3 周，儿媳妇在家里看孩子，家里主要是老两口在操持。家庭非常和谐，从没出现过很大的家庭矛盾，是一种令人羡慕的家庭环境。

常大爷受教育程度只有小学文化，但是中间当过 7 年兵，在条件艰苦的西藏拉萨地区，当兵的经历对常大爷产生了很大的影响，也练就了他坚韧的个性。常大爷 28 岁才结婚，在当时属于结婚非常晚的年龄。他的个人素质很高，在谈话过程中，能听出他对社会具有很强的责任感，也很懂得感恩，非常感激村书记这些年为他们做的贡献。

常大爷的经济收入状况

常大爷每个月都会从村里领到 600 元的养老金，一年有 7200 元，并且每个月国家给补助 55 元，但常大爷表示，这 55 元对他也没有太大的影响了，可有可无。另外，常大爷在村里工作，负责后勤，每年也大约有 2 万元的收入，而村里的股息分红以及自己的租金（常大爷有两套房，自己和儿子儿媳住一套，另外一套出租）加起来也有 3 万多元，这样老两口的收入一年也有 10 多万元。而支出也特别少（主要是买点蔬菜、日用品或者给孙子女买点东西），因为村里免费给村民提供油和米面，所以老两口的花销一年最多 1 万多元，也就是每年都会有 10 万元左右的纯收入，这对于中国农村大多数老年人来讲，是非常可观的收入了。

与子女之间的经济关系

常大爷从来不向子女要钱，用他自己的话说，自己有钱，自己的钱都花不了，干吗还要儿子的？以后走了钱不还都是儿子的？反而儿子有时候会跟他要点零花钱，每次也不多，就几百的样子，他说他知道儿子自己也在存钱，把钱都存起来了，跟他要，但是他也乐意给，老人的意思就是反正这些钱最后都是儿子孙子的，早给是给，晚给也是给。

老人的健康状况

常大爷的身体非常好，就像他自己说的，自己都不知道医院在哪里，几年内感冒都没有得过，而他的老伴也是，从来没有得过什么病，血压一直在 80/120，什么毛病都没有，对他们来讲，似乎医院都是不存在的，至少在这几年是这个样子。常大爷最自豪的一点就是自己做的菜非常好吃，全家人都喜欢

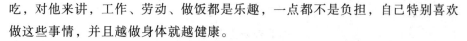

吃，对他来讲，工作、劳动、做饭都是乐趣，一点都不是负担，自己特别喜欢做这些事情，并且越做身体就越健康。

子女状况

常大爷有一个儿子、两个女儿，其中儿子年龄最小，刚 30 岁（老人本身结婚晚），孙子刚刚出生 3 周，儿子是房山煤矿上的职员，每年工资大约 4 万元，加上村里给的补贴和各种福利，一年也有六七万元的收入。大女儿和二女儿都在本村里，一个是上门女婿，另一个是嫁给了本村的人。两个女儿都在商场工作（具体工作常大爷不愿意透露），收入都在 2 万元左右，女婿的收入老人并不非常清楚，所以不知道女儿家具体年收入多少。

说起子女，常大爷满脸的自豪，因为三个子女都是大专文凭，老人说那个年代把三个子女都供着上大学是非常不容易的，那个时候村里的条件还不是很好，都是自己咬着牙把子女供出去的，不过常大爷说那个时候干劲十足，因为有盼头。现在终于让子女都走出去了。

家庭和谐

一谈到处理家庭矛盾，常大爷也是非常自豪，因为他处理矛盾特别在行，比如外孙子不听话了或者有别的问题，老人不打也不骂，等他平和了，再问："说说怎么回事啊？"（语气非常温和）家里有点小矛盾也会及时化解，用老人的话说，疙瘩越拧越紧，自己让一步什么都好说了，（家里其他人）也就觉得不好意思了，这样哪还有什么矛盾啊。

老人家有两个外孙子和一个亲孙子（老人认为儿子的儿子才是亲孙子），两个外孙都在读初中，老人的心愿很简单，就是希望能把自己的孙子辈都供出上大学，最好让他们上大学，读硕士、博士，出国留学，将来能有出息。老人的话非常明白，就是希望把钱存起来，让孙子们好好读书，不用操心家里。

对于村里社会化照料服务状况的看法

谈到社会化照料服务的时候，老人反映，村里有个护理院，但是像提供家务帮助、器具照料、康复服务等社会化照料的服务，村里还没筹备。不过老人自己说，村里也不需要这些服务，因为自己身体特别好，村里每年给村民安排两次免费体检，什么大毛病还没来就被及早发现治疗了。

说到是否了解正式社会化照料的企业服务，老人一摆手，说他根本不了解，也不关心。也许是身体真的特别好，自信心强，常大爷很随意地这么说。目前他跟老伴两个人都没有关心过自己的养老照顾问题，他们很明确地认为，自己不需要照顾，即使需要，那也是几十年之后的事情了，那个时候村里会更好，养老照顾对他们来讲不会成为一个问题。

对于未来养老的看法

最后一个问题我们谈到了常大爷的生活照料需要谁来承担的问题。我们假设过了几十年，老人岁数过百了，真的需要照顾了，政府、子女、社会等到底谁来照顾老人。常大爷顿了一会儿，显然他从来都没有想过这个问题。过了一会儿，他说自己还是要子女照顾，在他的观念中，父亲养儿子，儿子养父亲，这是天经地义之事，没有什么好讨论的，而且他说付出就有回报，自己对子女的好，子女心里知道，他也丝毫不怀疑儿子会负责起对他的照顾。

后来我说如果儿子真的很忙，没时间照顾老人，老人愿不愿意去养老机构，只是白天去，晚上再接回家，这样白天会有人照顾。老人还是一口否决了，说儿子忙，到时候孙子也该长大了，孙子也可以照顾。在这位老人眼里，到外面养老是肯定不行的，养老一定要在子女身边，传统观念非常强烈。即使是暂时让别人代替照顾，老人也是难以接受的。

后 记

整个访谈大约持续了40分钟，在这个过程中，常大爷声音洪亮，底气很足。常大爷在这个过程中提到最多的就是责任、感恩。他说其实很多养老问题、家庭矛盾都是钱闹的，在这个村，根本不存在这些问题，这要感谢他们的书记，为村里的老年人提供这么好的福利，现在不是子女不养老人，而是争着抢老人，因为老人有钱了，为父母养老根本就不是负担，所以村里从不会出现老年人的赡养问题。这一点他们整个村都非常感谢现在的刘书记。

老人多次谈到社会责任，在谈话过程中，看得出来老人非常有社会责任感，说自己一没文化，二没技术，但是当了7年兵，总归是有一些改变的。自己知道自己的责任，村里为每个村民做了这么多贡献，自己也要做出回报。老人在村里管理后勤工作，并不是贪图那点工资，而是为村里做一些力所能及的事情，这样也算是实现自己最后的一点人生价值了。

最后老人一直跟我讲一个道理，就是要保持一个好的心态，不管遇到什么事，都要能扛。他当年当兵的时候，在西藏连供暖设备都没有，还不是这么过来了，而且身体也特好，这就是心态问题，心态好了，什么病也没有了，但是心态不好，遇到点挫折就退缩，人还能做出什么事？

在这个访谈过程中，我看到的是一位有过各种人生经历，身体状况非常好，心态也好，有着非常强烈的社会责任感的常大爷，并且人生也很幸福，儿女都成家立业，子孙满堂，生活富足，也不必为了生计而奔波发愁。我想，这是每一位中国农村老年人都希望有的晚年人生吧！

4. 延庆县井庄镇北地村集中养老情况

老年餐桌的创办初衷

北地村是一个深山小村，全村 56 户，100 人，村域面积 1 万余亩，但人均耕地不足 3 分，种地收入寥寥无几。以前村民主要靠养山护林、外出打工挣钱度日，也有少数人靠做生意养家，和其他地方的农村一样，这里成了老人不愿离开也无法离开的地方，独居老人、空巢老人成了这里的普遍景象。由于村子偏僻，离城太远，交通又不方便，儿女们的回家看望成了老人们的奢望。因为大灶烧柴做饭的传统习惯，越来越多的老人们吃剩饭，成了家常便饭。2008年夏日的一天，我走访村民焦连英老人的家里，看到她有气无力的样子，我问她是否生病了，她说三天前吃了一顿剩米饭，接着拉了三天肚子，还自嘲说：刚刚活过来。说实话，这件事虽是个例，但对我的触动很大，我随即萌生了一个念头：如果有条件的话，一定要把老人们吃饭的问题解决了。令人高兴的是，在北地村村民的支持和"两委"干部的努力下，通过两年打拼，北地村集体经济有了大幅发展，集体真的有钱了，我心中"解决老人们吃饭"的愿望也理所当然地实现了。

北地村老年餐桌的经济支撑点

开办老年餐桌，解决老人们的吃饭问题，首先要有一个稳固的经济支撑，经济支撑来自产业发展，要想让老年餐桌顺利长久地开展下去，真正造福老年人，挣钱才是硬道理。2009 年，北地村作为井庄镇农村集体经济产权制度改革的试点单位，成功地完成了集体经济产权制度改革，并随即利用 110 国道两侧有利的地理位置开设停车服务区，实施公开招租。停车服务区的租赁经营，不但使村民们享受到了股东的利益，也使村集体收益有了较大提高，集体收益除了部分用于再发展以及村容环境建设等公共事务外，也是村公益事业（如老年餐桌、老年意外保险、合作医疗补贴等）不可或缺的经济支撑。当然，上级党委、政府以及各级民政部门更给予了我们大力的支持和帮助，使北地村的养老事业沿着科学、规范、良性、健康的轨道向前发展。

北地村老年餐桌的特点

中国已经步入老龄化社会，养老问题已经成为全社会共同关心的重大问题，随着政府投入的不断加大，养老形式的不断拓展，中国老人们的福祉也在不断提升。但是家庭养老的养老形式仍是主流，且在未来很长一段时期内占据主流位置。家庭养老模式尚存很多弊端，尤其在当今社会形势下，年轻一辈人始终生活在就业、生活等各个方面有形或无形的压力中，令他们无暇顾及老人们，再加上其他多种因素，家庭养老实际就变成了自我养老，尤其在农村、独居家庭和空巢家庭中，吃饭、看病正在成为令老人们倍感悲哀和无望的大问题（岁数大了，一日三餐、烧火做饭也是强力劳动，岁数大了，体弱多病这疼那疼，需要医生治病、需要有人照顾是何等迫切心情）。而北地村的老年餐桌是建立在以家庭养老为主、集体养老为辅的双养模式上，通过老年餐桌以及老年餐桌的配套医疗服务，完善了以家庭养老为主的养老模式，提高了老年人的幸福指数，减轻了年轻人的养老负担，同时缓解了社会养老压力，更有效缓解了子女们的心理和经济压力，提升了村"两委"的凝聚力和战斗力，也提升了北地村和谐水平。事实证明，老年餐桌的开办是正确的，成功的。

该村的老年餐桌建立在以家庭养老为主、集体养老为辅的双养模式上，服务对象涵盖了村里60周岁以上的26位老人和2位重残人员。

资料整理：杜树雷　刘妮娜

5. 生有两子，却过得依然凄苦

受访者：北京市平谷区山东庄镇西沥津村村民张德旺
访谈人：陈晓燕（中国人民大学社会与人口学院）
访谈地点：北京市平谷区山东庄镇西沥津村某街道
访谈时间：2014年10月19日 11：00～11：40

偶遇访谈对象

这是一个经济并不富裕的村子，全村852户，2792人，村民们大多从事第一产业，主要经济收入来自果树承包。我们入村的街道是一条很窄的土路，路面崎岖不平，布满石子，街道两侧的房屋还有很多是用石头堆砌起来的。

我们此次来到西沥津村的目的是寻找本村的失能或半失能老年人进行访谈，了解他们的生活起居照料情况。村支书于书记亲自带领我们入户访谈，原

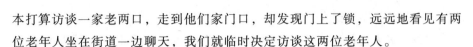

本打算访谈一家老两口，走到他们家门口，却发现门上了锁，远远地看见有两位老年人坐在街道一边聊天，我们就临时决定访谈这两位老年人。

我的访谈对象叫张德旺，看到我们走过来，老人的表情显得很迷惑和紧张。我慢慢走近，仔细观察了一下这位被访对象，这位老人身材瘦弱，脸色发黄，穿着一件军绿色的外衣，蓝灰色的裤子，很明显已经很久没有换洗过了。看到这些，我不知道，我面前的这位老人平日里的生活是怎么样的，他的子女又是怎么对待他的，带着这些疑问我尝试着向他开口询问，了解关于他的一些基本信息。

健康状况与经济状况每况愈下

老人说话含混不清，听力也很差，于书记见状也在一旁帮我询问，我也尽量用一些通俗的话大声地跟他交谈。

张德旺老人，男，出生于 1929 年，从未念过书。两年前，老伴因病去世，留下他一人独居。关于老人的经济状况，他只有政府给的每个月 350 元的养老金，2014 年重阳节的时候，村里第一次给 60 岁以上的老年人发过节费，老人领到了 200 元的过节费。但除此之外，张德旺没有任何其他经济收入来源。当被问到子女给不给他钱时，老人显得很气愤，也很无奈，两个儿子一年到头从来不给父亲钱物。两年前，张德旺老人的老伴因为肺癌去世，从此老人的生活真正跌入谷底。

老伴在的时候，还有人给他洗衣服、做饭，老伴一走，张德旺老人自己又不会做饭，他的生活变得非常窘迫。也是在两年前，张德旺老人患上了心脑血管疾病，而且现在还经常腰腿疼痛，走不了太长的路。所以在他仅有的 350 元养老金收入中，每个月要花 200 元买药，对于张德旺老人来说，这 200 元钱的医药费，已经是他能承受的最大限度了，他实在也拿不出更多的钱来买好一点的药，就只能靠吃便宜的药来维持生命。在日常生活自理能力方面，张德旺老人能够自己吃饭、穿衣、上厕所、上下床、进行室内活动，不能自己洗澡。在日常生活方面，张德旺老人无法完成做饭、洗衣、乘坐交通工具、上下楼梯这四项活动。

生有两子，我该如何养老

跟老人交谈得知，他有两个儿子，都在本村居住，而且住得离他都不远，大儿子初中学历，小儿子只上过小学，兄弟俩都在家务农，平时村里或者附近几个村子有需要找人盖房子干建筑的，他们兄弟俩也会出去给人盖房子赚钱。问到两个儿子一年的经济收入有多少时，张德旺老人摇了摇头，表示他也不知道，儿子们从来不会跟老人说，更不会给老人任何经济上的支持。

张德旺老人说他是从两年前得病的时候开始需要人照料的，而那时候老伴正好得了肺癌，他由于照顾老伴，劳累心急自己也患病了。但当他患病的时候，两个儿子和儿媳妇都不愿意照顾。张德旺老人说他非常胆小，不敢自己一个人住，想跟儿子住在一起，可是两个儿子都不同意，不愿意接收。上文提到张德旺老人不会做饭，那么他现在吃饭是怎么解决的呢？老人说，他现在就每天早上自己到巷子口的煎饼摊上去买个煎饼果子吃，早饭要花三五元钱。儿子们虽然不愿意把他接到自己家里住，但是同意老人午饭、晚饭到家里吃，每个儿子轮流管老人一周的伙食，儿子们也不来接，到了饭点老人自己过去。到这里，我们可能都觉得老人的吃饭问题好像解决了，但是接下来我又详细地问了一下，老人在儿子家是怎么吃饭的，跟不跟儿子一家坐在一张桌子前吃饭，吃一样的饭吗，平时都有什么菜？老人很无奈地说："每次都是我先吃完了他们家才开始吃饭，哪有什么菜，就是吃饼。"

访谈前听于书记介绍，每个镇都有一个敬老院，山东庄镇的敬老院目前收置了二三十位老年人，我问张德旺老人愿不愿意去敬老院居住时，他说非常愿意去敬老院，但是就怕花钱，他实在承受不起，儿子们也不会给他支付这个费用。老人还说，他的外甥还有其他亲戚也从来不会来看望他。关于自己今后的养老问题，老人表现得很消极，鉴于他自己目前的身体状况，他就打算靠现在每月200元钱的药物维持生命，每天去儿子家吃饭，晚上在自己家睡觉，保持这样的现状，对于一些养老政策他也没有精力去了解。

我们的老年人该怎样安度晚年

对老人的访谈只有短短的几十分钟，就是这短短的几十分钟却带给我极大的震撼。一直以来，关于子女不赡养老年人的报道层出不穷，但我们也只是作为旁观者、局外人去看这样的报道，从来没有近距离地走近这些无人赡养的老年人的生活。面对这样一位访谈对象，他当面给我讲述他的凄苦生活，讲述两个儿子的不孝，他的每一句话，每一个绝望的眼神，每一声沉重的叹息，都让人为之动容。我想，在今天的中国农村，与张德旺老人有着类似境遇的老年人应该不在少数，代际关系紧张、代际冲突引发的不赡养老人的现象也频频发生。身在一个有着悠久孝文化传统的国家，我们不得不重新重视起孝道的作用，呼吁今天的年轻子女不要忘记"树欲静而风不止，子欲养而亲不待"的悲哀。另外，随着人口老龄化的快速发展，国家和政府要在养老保障方面加大保障力度、扩大保障范围，为每一位老年人提供社会化养老的优良条件。老年人自身也要注重维护自己的权益，保持良好的健康状态和精神状态。只有全社会共同关注老年人，为老年人提供更多保障和服务，才能提高老年人的生活质量，让老年人能够安度晚年。

6. 生活在"雾霾"中的老人

受访者：北京市平谷区山东庄镇西沥津村村民张大爷
访谈人：刘洋洋（中国人民大学社会与人口学院）
访谈地点：北京市平谷区山东庄镇西沥津村路口
访谈时间：2014 年 10 月 19 日 11：00～11：20

西沥津村位于平谷区近郊，经济条件较差，村民除了种地收入，没有太多的其他收入，人均收入在 1 万元左右。该村老年人的生活现状基本上反映全国老年人的一般生存状态。

本次访问的对象已经有 80 岁的高龄，身体状态并不是很好，耳朵有些听不清，视力也不是很好，说话有气无力，见到他时，老人正一个人很落寞地在灰色的雾霾天里坐在村口街头。老人走路看起来非常困难，身上的衣服很脏，貌似很久没有洗过了，一脸病态的样子，但是老人见我们过来，非常开心。

张大爷的家庭基本情况

张大爷老伴已经去世 20 多年了，自己和儿子住在一块，有两个儿子，三个女儿。两个儿子轮流照顾大爷。大爷并不种地，平时吃饭都在儿子家，两个儿子一家轮一个月，大爷自己没有房子，老房子翻新后给了儿子。

张大爷没上过学，当过兵，但是没打过仗，退役后，政府没有给过补贴，转业回家后务农。

收入状况

平时两个儿子并不给钱，只是在老人生病的时候由两个儿子分摊医药费。张大爷的收入主要是新农保一个月 350 元，一年收入 4000 多元，过节的时候，村里会给老人一点钱，大约 300 元。老人还没有高龄津贴，因为他 2014 年刚到 80 岁。

老人自己跟着儿子一起住已经 20 多年了，从村里开始不吃大锅饭的时候就开始跟着儿子过了。老人自己不会做饭，一个月花多少钱自己没数，但是加上买药的钱，这钱肯定是不够的，而且孩子也不给钱。

身体状况

老人身体挺不错，没有什么病，就是以前得过脑血栓，还要吃药维持，后遗症就是手不灵活，做饭、远距离走路有困难。但是生活上还是基本可以自理，买东西也没什么问题。

子女情况

老大爷有三个女儿，大女儿还会管一管他，有时候给点钱，一年也就给个二三十元。子女们都没有文化，因为那个时候穷，上不起学。三个女儿都嫁到外地去了。两个儿子还在本村里住着。子女们都40多岁（具体说不上来）。

大儿子是开出租的，小儿子在平谷区打零工。三个女儿就是在家种点地，也没什么别的工作。五个子女一年也基本上不给老人钱。儿媳妇们都在家，也没什么工作，对老人也不好，生活上照顾得并不好，不是很孝顺。

两个儿子基本上只提供简单的照顾，给老人一个住的地方，管点饭。老大爷说得很含糊，说儿子不管他，其实生病了也管，说管呢，管得也不好。老人对自己的儿子还是很不满意的，觉得养女儿比儿子好。

养老意愿

村里对老人不提供照顾，也没有政府或者其他渠道的照顾。如果有养老院或者别的单位提供此类的服务，需要交一点钱，老人很想去。对于提供的这些服务，老人觉得生病照顾是最主要的，其余的例如吃饭，自己还是可以自理的。

老人觉得，从养老的角度看，政府好，因为政府每个月给他点钱。老人觉得，从政府、村子、儿女中选择，儿子养老还是最合适的，女儿虽然好，但是毕竟是外人了。从选择养老的地方来说，老人挺想去养老院的，但是如果子女很孝顺，老人也是很希望在儿子家养老的。

另外，老人觉得国家给的350元钱，使用起来很麻烦，自己去取老是记不住号码，所以希望可以简化一下程序。

后 记

从访问中，我很明显地感受到老大爷的不满和无奈，看得出来，老大爷的老年生活非常的落寞，没有娱乐生活、精神生活，甚至连最基本的物质生活都很难保证。虽然两个儿子也给老人看病，但是平时都不怎么喜欢照顾这个老人，老人生活很是孤单寂寞，要不然也不会一个人孤零零地在雾霾天气里坐在村口的街头。

　　对于儿媳妇，老人似乎并不想多说什么，虽然跟着儿子吃饭已经 10 多年了，但是老大爷自己也说了，儿媳妇不愿意给自己做饭，只有他们做饭的时候，自己才能吃，而如果是自己饿了呢？儿媳妇是不会管的。俗话说夫唱妇随，既然媳妇是这种状态，儿子们又能好到哪里去呢？

　　再说医疗，按老大爷说的情况，如果只是吃饭，国家给的 350 元钱也许就够了，但是如果还要买脑血栓后遗症所需要的药，钱就不够了，但是大爷说了，儿子不给钱，女儿也基本不给钱，那么这个差价怎么补齐呢？在我们的追问下，老大爷还是没有给出我们答案，这或许是老大爷年纪太大了，没有听清楚，又或许是老人实在是无奈，只有选择沉默了。

　　在这个物质社会中，道德与社会责任感几乎失去了其应有的作用，亲情似乎越来越冷淡、越来越无关紧要，尊老、敬老、养老、爱老似乎成了一种口号，没有什么实际的内容，大部分老人，就像残缺的夕阳，衬托出来的不是美丽和留恋，而是一种无奈的落寞和孤寂。

　　当我们要离开的时候，老人很吃力地站起来和我们握手道别，保持了一个军人所有的礼仪，看得出来，老人很喜欢我们跟他聊天，即使这不能真正地帮助他什么，只是陪他聊聊天，这位 80 岁的老人就显得那么满足。我们后悔没有给老人带点小礼物，时间已是接近中午，天空依旧是一片雾霾，衬托着老人一身破旧的衣服。雾霾似乎是上天有意衬托老人的灰色生活，是上天的一种无声的控诉，我们也带着无奈和沉重的心情离开了。

7. 老年人之后，谁来种地？

受访者：郭书昌

访谈人：梁栋

访谈地点：北京市大兴区沁水营村

访谈时间：2014 年 11 月 15 日

　　在沁水营村大学生村干部托娅的带领下，我见到了 67 岁的郭书昌，并对他进行了访谈。老人家里有老伴和儿子，共三口人。老伴的身板儿还算硬朗，所以仍和郭书昌一道打理田里的活计。郭书昌的儿子郭伟 28 岁，还没结婚，前几年大学本科毕业以后就一直在亦庄开发区一家外来的奔驰汽车厂上班，是车间的机械技术员，由于父母上了年纪不能做重活、累活，因此他每周休息的两天也常回家做农活。

村子里已经找不到年轻人了

郭书昌曾当过 30 多年的村生产队队长，由于热心、身体也好，还在负责沁水营水利设施的维修保养，为此，镇上支付给郭书昌每年 12000 元钱的工资。"现在常年留在村子里的人差不多都和我年龄一般大，有的比我小几岁，多数都是 60 岁往上的。这个工作吧，其实更适合年轻人来干。年轻人有想法、懂技术，可是现在村子里已经找不到年轻人了，除了正在上学的小孩儿就是老头、老太太。"

郭书昌家里有 2 亩 9 分 7 厘田，一年种植两季，一季小麦，一季玉米，郭书昌说现在小麦已经播下种出苗了，长势还算不错。这近 3 亩地的收成，每年可收入 6000 多元。

"大爷，最近几年田里的收入怎么样呢？"

"说到收入啊，我今儿给你好好算算种庄稼的每一笔账。先说玉米，玉米每年平均能收 1300 斤，市场价稳定在一块二。花销呢，玉米地要挠地，每亩地 40 元钱，一亩地要用到 5 斤到 6 斤种，一斤种的价格约为 8 元钱，一亩地要施复合肥 30 斤，肥料价格在一块五一斤，起苗的时候要追尿素，一亩地要追 100 元钱一袋的尿素，玉米田要上两次到三次水，一亩地水费要花 18 元钱，一亩地喷洒农药（除草剂和杀虫剂）要花去 20 元钱，现在收割都用机器，一亩地要花去 100 元钱，这只是玉米的收支。小麦呢，一亩地能收 1000 斤算是好的年头，小麦价格近几年也基本维持在一块二，小麦的花销和玉米差不多，程序也基本类似。所以，我这么一说，田里能收多少钱就一目了然了吧。"郭书昌说完，笔者也随着算清了这里面的账来账去，郭书昌一家种地总收入 8280 元，种地开支 2226 元，种地纯收入 6054 元。

当我把这个数字告诉郭书昌以后，他说："这还不算人工呢，我们两个人一年下来的人工费也要算在里面吧。而且，还没去除掉一家三口一年吃的粮食，在市场上买的吃穿住用的一切东西，如果将这些一并算进去，农业是不挣钱的，还赔钱。"

"大爷，国家不是有补贴吗？这部分的作用怎么样呢？"

郭书昌手一扬，皱了皱眉："这些补贴都很稀松，玉米一亩地直补 77 元，小麦一亩 115 元，小麦籽种补贴一亩地 50 元，从 2013 年开始，北京市单搞了一个防粉尘小麦直补一亩 40 元。"笔者算下来也有 840 多元。可是郭书昌说没有人会因为这千儿八百的补贴把自己留在村子里种地。"但是,有总比没有要强许多。"谈起种地的辛苦,"小伙子你是不知道种地的苦,毫不夸张地说,烈日暴晒下在田里施肥喷药,真能到了皮开肉绽的程度"。"我从十六七岁就开始种地了,经历了生产队和人民公社,那时候是因为队里的原因,我就像是被捆在了沁水营,到后来包产到户以后就又想大干一场,靠农业赚点钱,现在回想也没挣啥钱,种地顶多就是够吃够喝。多亏趁 10 年之前还能干得动,外出打工攒了点钱,不然手里的这个孩子都供不出去上大学。""我在田里摸爬滚打了 50 多年,种地对人的身体造成的损害太大了,你不知道农村人一到上了年纪就容易生各种病,这都是长年累月在地里干农活儿累下的。有时在地里干一天,往往都是中午头回到家里歪下就睡,连吃饭的力气都没了。"郭书昌摊开一双布满老茧的沟壑纵横的手,手心手背的沟沟坎坎儿里流淌着的是岁月的沧桑,冲刷着务农的艰辛。

土地去了哪里?

郭书昌说沁水营总共有 1100 口人,按照每人 9 分 9 厘(包括每人 4 分的菜园地和 5 分 5 厘的庄稼地)的地亩数来算,村子里只剩下不到 1100 亩的农用耕地,而以前每人能平均分到二亩多的耕地。那么问题来了,原来的 1000 多亩地都去了哪里?

郭书昌告诉笔者,随着前几年大兴区经济技术开发区的开工建设,大量外来企业和集团在沁水营周边地区投资建厂,1000 多亩地就顺势流转给了落脚的企业,农民也乐于从这些自己手中流转出去的土地中获得征地补偿,标准是所有农民每人每年 5000 元,年限以下次土地承包经营权的变动为止,那时根据土地政策再另出对策。这样,每家每户每年就可以获得 15000 元至 30000 元不等的补偿款,在郭书昌看来,这笔收入比单纯种那几亩地要强太多。村里人对这件事也比较支持,村民希望有更多的土地流转出去,那样将会获得更多的补偿款。

随之,郭书昌话锋一转:"好好的耕地,本来是长满绿油油的庄稼,现在全部建成了厂房,开掘了臭水沟。以后即使企业倒闭关门了或者迁出去了,耕地也没法种了,土壤再也恢复不到以前了,挺可惜的一事儿。"我们能够想见郭书昌话语里的喜忧参半,曾经是农民命根子的土地如此轻易地被毁坏,土地没了,唯剩下了孤零零的村庄和如浮萍般的农民,这样搞的结果便是村子不像村子,农民不像农民,农业也丧失了存在和发展的基础。1000多亩土地用于开发区建设后,只剩下了原有耕地一半的亩数,虽然现在每家每户依然有地可种，但是数量上却失去了意义，耕地的功能也更像是美国农民的"后花园"。"地的数量少了，比如村里有户只有一口人的一家，身体不好的时候就把自己的不到一亩地给撂荒了。手里的地少了就不容易珍惜。"

北京市政府鉴于近年来空气质量的急剧恶化和迫于社会舆论的压力，正在酝酿一个在北京郊区农村开展的"郊区百万亩平原造林计划"——在北京市郊区的农村平原地区抽出 100 万亩的耕地来种树。按照计划的内容，沁水营分摊了任务中的 1000 亩地，也就是说如果下一步计划顺利推进的话，沁水营现在仅有的土地也会全种成树，届时政府会给予每亩地 1500 元的补贴。对于沁水营的老百姓们来说，他们很欢迎这个政策，大家都能算得清里头的账，种树不用自己投资，而且从栽树苗到平时的管理都是上头派人来做，老百姓还能获得每亩地 1500 元钱，这都是纯收入，要比单纯地种地高出两倍不止。郭书昌告诉笔者，村委会统计过了，村里的人基本上都支持上面的这个做法，只有一两户要求保留原先的几分菜地。

将来谁种地？

郭书昌作为沁水营主管生产 30 多年的老领导班子成员，对村里的情况非常熟悉。

郭书昌告诉笔者，留在村子里的最年轻的劳动力也在 40 岁以上，每家每户都有承包地，只是土地的数量会有区别。年轻一点的、有精力的农民就会尝试新的生产形式，比如村里有 12 户养殖户，在自家或租借来的宅基地上养殖 40～50 头猪。田里有种植果蔬的，绝大多数种地的农民都在 60 岁以上，有些老人在收获期间力不从心，好在村民之间有互帮互助的传统，邻居之间互相拉拽，这样就可以将田里的粮食及时收割回家。

"现在种地的难度小了，村里都有小型的机械，比如拖拉机携带的喷雾器、旋耕犁，每家每户都有施肥机，收割机也不缺。浇地用电，开关一合就上水。所以，出不去的老人都不会放弃家里的几亩地。"

"如果年龄再大些，身体实在承受不了了，土地谁来种呢？"

"谁来种地，这个问题真的说不清楚。年轻人现在都有正式的工作，指望他们回乡是没戏的。现在的年轻人哪吃得了这份苦，平时很少接触农活，种地的技术活如浇水、施肥，他们都干不顺手。"

8. 退休后再回乡种地

受访者：赵某（受访者不愿透露姓名）
访谈人：张雨薇
访谈地点：北京市密云县穆家峪镇碱厂村
访谈时间：2014 年 11 月 11 日

2014 年 11 月 11 日，历经将近 4 个小时的车程，我们到达了北京市密云县穆家峪镇碱厂村展开调查。

碱厂村，位于北京市密云县穆家峪镇东北部，潮河主坝下游，距密云县城20 千米，东至 101 国道，南至篓子峪村，西至密云水库，北至第一、第二溢洪道，距穆家峪镇 6 千米，下辖北碱厂、南碱厂两个自然村，村域面积 6 平方千米。2013 年末，辖区共有 689 户，1420 口人；男 680 人，女 740 人。碱厂村耕地面积共计 2141 亩，人均 1.5 亩；山场面积 4600 亩，主要以果树业、种植业、渔业、旅游业为主。粮食作物以玉米、花生为主。截至 2012 年末农村经济总收入3824 万元，其中，一产 876 万元；二产 1464 万元；三产 1484 万元。

我们调查的对象是 60 岁的赵某。退休之前，赵某是统计局的公务员，有城市户口；赵某一家共 3 口人，只有老伴一个人是农村户口，他们有一个 34岁的儿子，在北京电网工作。

对于土地，赵某有着难以割舍的情感。

"您喜欢种地吗？"

"那还挺喜欢的。土地是根儿，土地是老百姓的根儿，跟城里人不一样，城里人不懂，就觉得没事种种地好玩，没了就没了，农村人不是啊！"

因此，退休后的赵某带着落叶归根的心情回到了家乡，重新拾起了锄头。起初，赵某家有平地 1 亩，山地 2.5 亩，承包期均为 30 年。2011 年，赵某把自己的 1 亩平地流转给了集体用以种植葡萄，但 3 年来，因葡萄品种和销路等问题收益不好，2014 年天旱更是"基本颗粒无收"，政府也撤销了对葡萄的补贴，因此土地又重新回到了村民手里。

2014 年，赵某的 1 亩平地主要种植了玉米，间作黄豆、油葵，玉米总产量约为 1425 斤，赵某自己和老伴一年共消耗 200 斤，剩余粮食按照每斤 1.2

元的价格卖给来村里收玉米的商贩，这项收入为 1470 元。2 亩山地主要种植果树（李子、桃子、苹果）和油葵，"种果树也就自己凭感觉种，村里没有技术服务，一年收不了多少，自己吃点，主要是卖给来密云水库玩的游客"。油葵"一亩地产百十斤葵花子"，在村里作坊榨出近 40 斤葵花油，全部供自家食用。

对于今后的发展，赵某表示自己早已力不从心。

"想过搞采摘园，但是地不够啊，就那么 2 亩搞不起。采摘园至少 10 亩才搞得起。"

村内状况如何？赵某告诉我们："现在村里基本都是 50 多岁的人在干农活，年轻人打工的打工，留在村里的当木匠、做瓦工，很少有愿意种地的。"

尽管赵某和他的老伴都知道现在的年轻人不愿种地了，但他们还是要把土地给儿子留着，"自己有地好，想着退休了还能回来种种"。假如真能如两位老人所想，自己种地直到儿子退休回来接着种，这也是一种农业模式，但是这种老年农业事实上面临着诸多困境。目前，距离他们儿子退休还有 20 多年，这就意味着他们要种到 80 多岁，这显然并不现实。而在他们已无力种地，儿子却尚未能退休回家的这一段时间内，土地将何去何从？

赵某有三个选择：流转给企业、村集体或亲友。

赵某对把土地流转给企业这件事十分反感。而对于知名企业下乡、流转土地、发展现代农业这一说法，他哈哈一笑，直接反问说："哪有这样的企业？"

对于村集体，赵某也并不信任。他表示："村集体 3 年来种植葡萄一直都在亏，两年之所以还能维持下来也主要靠的是政府补贴。"

而流转给亲友也面临着如亲友年纪渐长无法承担太多的土地、农村年轻人不愿种地等诸多问题。

退休后回乡种地的老人，脱节的父子传承，无人继承的土地……这一切，又将何去何从？

9. 开荒种菜只是为了生计

受访者：周永章

访谈人：唐欢

访谈地点：北京市昌平区北七家镇

访谈时间：2014 年 11 月

北京市昌平区北七家镇白庙村一带是一个"蚁族"聚居地，便宜的房价吸引了大批全国各地到北京奋斗的青年。每天早晚上下班高峰期可以持续三四个小时，快速公交三号线挤得水泄不通，每个站台车外的人似乎比车内的人更多。离白庙村最近的快速公交三号线公交站叫王府温馨公寓站，白天这里很安静，一旦到了下午五六点，直到夜间十点左右，这个站台边上就会有很多小商贩，卖蔬菜、水果、烧烤、糕点、袜子、衣服，摊贩自带的黄灯和路灯交相辉映。从一班班挤得满满的快三公交车中出来的刚下班的青年，经过这条辅路，购买晚上的菜肴和零食，显得好不热闹。我的访谈对象周永章就是这条"街市"中的一员。

周永章，73 岁，河南人，1999 年来北京打工，到 2014 年已经 15 年。他和老伴儿一块儿蹲在一个小角落，身前地上摆着一个小摊，上面零零散散有几种蔬菜，前方还有一个小牌子，写着"自己种的菜"，还写了一首打油诗，大意是说他的菜是不施化肥农药的绿色蔬菜，吃这些菜安全健康。我看了看那些菜，就只有菠菜、油菜、胡萝卜，几棵葱，还有一两个南瓜。老人家哪儿来的土地，又怎么种地的呢？这引起了我的兴趣。

周永章老两口听说我是研究生，要跟他们聊聊生活，非常高兴，极力邀请我去他们家坐坐。临时搭建的 20 平方米的房子里，左边靠墙放了两张床，里面的那张床的旁边有一张桌子，上面有一台电视，还有一些生活的小物品。床的对面散落着一些简易的炊具。老两口的生活起居就在这个狭小的空间中进行。

周永章 1941 年出生于河南省一个农村，家里有两个兄弟。周永章很爱学习，直到现在还喜欢写点诗和文章。他说当他十几岁的时候，特别想上学念书，但是那时候"大跃进"闹饥荒，他去了学校，别人说他"个子大"，叫他回家劳动种地，后来他念了一段时间的书就回家干农活了。对此，周永章一直很遗憾。

1960 年，周永章当兵入伍来到北京。然而，1963 年，因为老家的哥哥身体不好，他又被叫回家。按周永章的说法是"忠孝不能两全"，所以他退伍回了家。1964 年与老伴儿成了婚，生了两儿两女。

虽然回了家，但周永章并不想和其他人一样干农活，因为他知道种地不挣钱。那时候搞生产队，大家集体劳动，按劳力记工分，然后按工分分配粮食。周永章就想着拉驴车运货挣钱，然后用钱买工分。周永章感叹道："拉车不容易啊，空车还好，上好架子，可以坐在上面，但是要拉货的时候，就得在下面牵着驴走。上货卸货都很累，还得跟着驴不停地走。"周永章拉车拉了十几年，后来改革开放了，周永章一家就在村里一边种地，一边搞乡村演出，别人家办事，他们就去吹唢呐、演戏剧、唱歌挣钱，一干就是20多年。辛苦的奋斗并没有白费，让周永章自豪的是，1989年他在老家盖了两栋楼房，没有借别人一分钱。他认为如果和其他人一样只是种地的话，这是不可能的。

1999年，年过半百的周永章和老伴儿又来到了曾经当兵的地方——北京，希望二次创业，把房子和土地留给了两个儿子。

周永章1999年刚来北京的时候是搞建筑，在昌平的建筑工地干了50天左右，由于建筑工地的活儿实在太累，那时已经58岁的周永章实在吃不消。他想既然来了还是留下吧，就选择了农业，在昌平北七家镇白庙村的蔬菜大棚种地。白庙村的土地被一个企业承包了50年，其中搭了20个大棚，一个棚有一亩半的土地，在这些大棚里面种了40多种蔬菜。刚开始周永章只是在大棚里干干农活，种菜施肥。但是他并不甘心只是做这些，他自学了5本厚厚的关于农业技术的书籍。过了3年，也就是2002年的时候，周永章成了这片蔬菜大棚的技术员。成为技术员以后，周永章住在大棚边，管吃管住，工资从一个月300元慢慢地涨到了一个月400元。一直到了2008年，老板把地转租给了另一个老板。这个老板用这块土地来种树苗，原来的蔬菜大棚没有了，周永章不能继续种地了，但他还是留了下来。老板让他在这里看护这个林场，还是住在原来的小房子里，管吃管住，水电免费，每个月还给1500元的工资。

周永章种地种习惯了，现在不能种了，倒觉得有些不习惯，自己学的农业技术也没有了用武之地，再加上在外面买菜也是一笔开销，于是打算自己开荒，开一片地种菜。2008年起，周永章就在屋后的空地上开荒。这片土地有很多石头砖头，周永章费了很大力气，开了大约一亩地。刚开始的时候，土地不肥沃，种出来的菜很小，就自己吃。渐渐地周永章开始种菜卖，在这片土地中间，他自己搭了一个简易的塑料棚，以便一年四季都可以种菜卖。到2014年，周永章已经种菜卖了三四年了，而这片土地也给周永章带来了良好的收益。

周永章对这片土地带来的收益很满意，俗话说"一亩园，十亩田"，即一亩菜园的收益相当于十亩田的粮食的收益。周永章用这片土地种菜，找附近的人家要来粪便自己做粪肥，种菜不用农药化肥，节约了很多的成本。蔬菜两个月就能长成，周永章把这块土地隔成一小块一小块的，可以在不同的小块土地上轮流种不同的蔬菜，就能保证每个时期都有新鲜的蔬菜可以卖。胡萝卜3元一斤，菠菜2元一斤，油菜2元一斤，大葱1.5元一斤。据周永章说，一分地里的蔬菜一年可以卖出1000元。所以这块一亩左右的土地每年可以为周永章带来1万元左右的收入。

周永章总是挂在嘴边的话是，"人生在世一瞬间，要越山河于险滩"，"只要不做亏心事，三好三老大如天"。从这些话中就可以看出周永章骨子里的那种斗天斗地的干劲，一生不怕折腾。他认为人生最好的事情，就是做一个好人，能够和老伴儿白头偕老，挣足了钱，回老家颐养天年。

10. 返乡创业的青年农民

受访者：彭玉奎
访谈人：王程
访谈地点：怀柔区喇叭沟门乡
访谈时间：2014年11月15日

怀柔区的喇叭沟门乡，位于北京城中心以北大约150千米的山区，这里再往北便是河北的丰宁坝上，因此，便有了北京的"北大门"之称。沟门乡的苗营村是由100余户、300多名村民组成的满族村。和很多村庄一样，村子里的主要居民是年龄在50岁以上的中老年人，36岁的彭玉奎是村里最年轻的劳动力了。

彭玉奎家六口人，他的父母、妻子和两个孩子。2008年，因为父母的年迈和第二个孩子的降生，他主动放弃了位于怀柔市区的统一集团食品厂工人的工作，选择回村。

"当时自己也纠结了一番，可是能有什么办法，爹妈就我一个儿子，老婆又刚刚生了第二个小子（大儿子今年9岁，二儿子今年7岁），在外边挣钱多点儿是多点儿，但毕竟离家太远，照顾起来实在不方便。"

"后来自己想了想，觉得也不能一辈子在外打工，都是流水线上的活儿，也挣不来几个钱儿，回家就回家吧，找点儿事儿干兴许比打工能强点儿。"

就这样，无奈中孕育着新的希望，怀揣着对于家庭沉甸甸的责任和对于事业的些许抱负，彭玉奎回到了农村的家中。

　　"刚回来还挺不习惯的，虽然打小在这长大的，可现在村里面没几个同龄人了，都出去了。"
　　"开始就是围着老婆孩子转，家里一共有6亩地，种点儿玉米和油葵，种地挣不了几个钱，还辛苦。上班上的，多少年不下地干活了，乍一干活，还真不习惯。"

彭玉奎一件一件回忆着刚从城市返回乡村的种种事情，相比于家庭团聚带来的温暖与幸福，从城市"工人"身份到乡村"农民"身份转换带来的不适以及收入上的差距却也给他带来了不少的烦恼。在跟彭玉奎的谈话中，我们听到的是一个青年返乡农民不安分的内心，虽然回到了村庄，回到了土地，却不甘接受"面朝黄土背朝天"的农耕生活，经历过繁华的他是否依然对曾经的生活方式心存眷恋，他对父辈们的生活方式又有着自己怎样的理解？

彭玉奎抱怨着农业收入满足不了家庭经济的需要，说村里边种地的大多数都是他父母这个年纪的，他们对地有感情。40岁以下的人很少有围着庄稼转的了，年轻的对土地没有感情。据彭玉奎的描述，回乡不到两年，邻村一处养鸡场转让，在经过一番考虑之后，他决定凑钱进行自己回乡之后的首次创业尝试，包括承包场地、设备等养鸡场设施，引入鸡苗、购买饲料等费用，彭玉奎先后共投入了七八万元，在村子里办起了规模约3000只鸡的养鸡场。

"当时也是充满干劲，一股脑地想把鸡场办起来，这些年不是流行规模农业嘛，那时候也想好好发展发展，弄成规模鸡场"，回想起初办养鸡场的场景，彭玉奎有些激动地对我们说，仿佛又回到了当时创业的时刻。

　　"养鸡需要较大投入，向银行贷款很难，基本上是自己的存款和从朋友那儿借来的。刚开始养时效益还凑合，3000只鸡的规模也不算小，一只鸡苗3元钱，3000只就将近10000元；除去鸡苗，饲料和疫苗也是最主要的部分，一个半月出栏的话，一只鸡养的成本为十四五元，一只鸡5斤的话能卖二十一二元钱，顺利的话这样一栏能挣个15000元左右。"
　　"农村有句话，叫作'家财万贯，带毛儿的不算'，用饲料塞起来的鸡虽然长得快、周期短，但是最大的问题是抵抗力差，一生病接二连三地死。

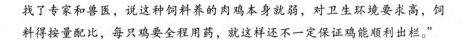

找了专家和兽医，说这种饲料养的肉鸡本身就弱，对卫生环境要求高，饲料得按量配比，每只鸡要全程用药，就这样还不一定保证鸡能顺利出栏。"

本想通过开办养鸡场发财的彭玉奎显然对于科学养鸡的技术和知识储备不够充足，过高估计了 3000 只鸡苗的出栏率，没想到上了规模的养鸡场带来的是与之成比例增长的风险，密集的鸡笼使鸡病更加易于扩散，而这样的结果，对于一个返乡进行创业的青年农民来说，也无疑是个巨大的打击。

"养鸡实在是太麻烦，看着这些鸡一只只病死实在是难受啊，后来，合同到期之后也就没再续约，算算两年下来，没赔也没挣，风险实在是比预想的要大。"

就这样，在遗憾中，彭玉奎结束了他返乡之后的第一次创业，这次开办养鸡场的经历，让他体会到农业养殖业的辛苦，或许在大棚里养鸡没有在土地上劳作那般汗流浃背，却也要付出足够多的精力与耐心，用彭玉奎自己的描述说，"养鸡既得懂技术，又得懂市场"。

现在的彭玉奎，早已走出了当年创业失利的阴影。他的两个儿子，一个 9 岁，上三年级；一个 7 岁，上一年级。他的妻子不久前也在怀柔区雁栖湖的星级酒店找到了一份稳定的服务员工作，前阵子执行完毕 APEC 会议的服务工作，刚刚放假回家。至于彭玉奎本人，他在种着 6 亩地的同时，跟着村里的农业技术员在外做一些兼业，日子过得也算稳定和安宁。

对未来的打算，彭玉奎的回答是："有机会的话还是出去。孩子现在都上学了，操心也少点儿了。有好的工作机会还是出去工作，村里年轻的太少了，跟我这么大岁数的没几个在家的，还是外边机会多、挣钱多。"

11. 两亩地的"地主"

受访者：赵廷阳
访谈人：谢彤华
访谈地点：北京市密云县穆家峪镇碱厂村
访谈时间：2014 年 11 月 11 日

56岁的赵廷阳，家中有一位九旬老父、两个女儿，大女儿出嫁不久，小女儿仍在上学。按他自己的说法，自己便是"上有老下有小"的典型，靠着家里的两亩地，只能勉强弄个全家温饱，"养个学生也养不起"。

他给我们算了一笔账，两亩地如果全部种上玉米，玉米的产量是一亩1000斤左右，两亩土地便有2000斤玉米，2014年玉米是1.08元一斤出售的，那算下来，玉米的收入也就2000多元钱，这是不除去生产资料投入的收入。"2000多元钱也就够闺女两个月的生活费。"赵廷阳介绍说，他们家现在的家庭收入大约一年有2万元钱，这全仰赖他出外打工所得，而其中，农业收入只占10%的比例。他屡屡感叹："种地，只能解决温饱啊！"

1996年，为了供两个孩子读书、增加家庭收入，赵廷阳在村外租了集体的两亩半土地，发展鸭子养殖。但2013年鸭场陷入了困境，资金出现了问题，而据赵廷阳介绍，在密云养鸭子并不享受国家补贴，赵廷阳的养鸭场就这么陷入了"无限期"的歇业状态。如今的赵廷阳，凭着前些年敢闯敢实践的经历，在碱厂村村委会担任农业技术员的职务。

2011年，碱厂村为建设葡萄园，向村民承租土地，北村三、四、五、六队的土地便"收归"集体。赵廷阳的2亩土地因此也并入集体葡萄用地。

"我是很乐意把土地租给集体的，省事呀，自己不用想着买种、施肥等等，也不管买卖，一切都归集体管了，我们还可以拿补钱，一亩地大概几百元钱吧，很合适。而且那两年我还在养鸭子，种地的事基本忙不过来。给集体对我来说还是很合适的。我们还可以去葡萄地里出工，赚取工资。"集体葡萄园的出工是一天60元，一年一结，年底统一结算，发放工资，出工很自由，"有时间就去，没时间拉倒"。

但并不是所有村民都像赵廷阳一样，乐于把自己的土地租给集体。有的人是为反对而反对，他们由于对村干部不大满意，即使合算，也执拗着不出租；有的是由于自己想种，计算下来也合适，就自己种着。而对村里的多数年轻人来说，租给集体是一个非常合适的"买卖"，自己懒得种地，荒着也是荒着，租给集体好歹还有一笔收入。

未来怎么种地？

公社化时期的劳动生产带有"强制性"，农民的生产积极性不高，尽管引进了现代科技，使生产力有一定的提高，但对于只是赚取工分的农民来说，生活水平并没有很大改善；家庭联产承包责任制之后，获得了"自由"的农民可以更好地规划自己的农业生产，开展"理性小农"的实践，但由于土地过于零碎分散，无法进行规模化的生产操作，机器等现代生产方式成本过高，家庭无法承受，因此，农民从农业上获得的生计支持也仅是达到维持家庭温饱的程度；近年来国家提倡的集体化经营的方式也由于管理不当、投资失误以及没有强有力的带头人的引领，一度陷入农业低效益的怪圈。对于碱厂村来说，贫瘠的土地、穷苦的农民，既不可能返回公社化时代的农业生产方式，也不能通过自己的家庭种植而扩大收益，目前，集体化经营也基本宣告失败，那么，未来，碱厂村的农民们又应该以何种方式来继续土地耕种的经营呢？

问："您觉得未来可以以农业为生吗？"

答："现在的小农户肯定不行，你看我那两亩土地，种得再好，也卖不了多少钱啊！除非扩大规模，一个人至少要种 10 亩地才能有所收益。要成规模，最好还要买机器，不一定是要大机器，就是那种大棚也能进的小机器就行，两人一抬就走的那种，手扶的，轻便，好用。"

问："也就是说，还是要搞集体化操作？"

答："要集体化，但是现在的集体好多弊病，好比说好多人就只是来凑数的，只出工不出力，没有生产积极性。所以，我觉得，未来的集体还是合作社比较好，和自己的利益挂钩。几家集合在一块，大家一起搞。现在的专业合作社不行，只是徒有合作社的帽子，实际上没有什么作用。"

"唉，现在的合作社搞不起来，没有领头人啊！现在的老百姓，眼睛都只看着眼前利益，没有见过世面，人家说怎么弄就怎么弄，给你自由去弄了，也没有想法，不知道从什么地方下手，不知道怎么做。所以，还得是要有引领的人，带着大家一起干。另外，国家的补贴支持也是相当重要的。"

"再过几年，年纪大了，也种不了地了，把土地租出去，不是现在国家都提倡流转吗？那我就把土地都流转出去，做我这两亩地的'地主'，哈哈……"赵廷阳的笑声，缓缓地，带着一种无奈的悲凉，融化在夕阳淡黄色的光晕里，融化在碱厂村荒凉的土地上。

12. 葡萄园里的专家

受访者：香逸葡萄园技术员董志军
访谈人：张海龙

访谈地点：北京市顺义区北务镇香逸葡萄园

访谈时间：2014 年 11 月 13 日

香逸葡萄园，位于顺义区北务镇北务村，2011 年开始建设，目前的葡萄种植规模是 200 亩，有葡萄 4000 余株，而且规模还在扩大中。葡萄园有香味葡萄区和无核葡萄区两个园区，年可产优质无公害葡萄 10 万斤，每年的 9 月和 10 月是采摘和收获的旺季。2014 年 11 月 13 日，我们调研小分队在担任村干部的师兄周洋的带领下，来到了香逸葡萄园。

虽然是冬日，但在日光温室的保护下，葡萄园里还是有些许的绿意。在绿荫下，我们见到了在葡萄园里忙碌的董志军夫妇。

董志军，49 岁，河北省秦皇岛市昌黎县人，她和丈夫在葡萄园一起担任技术员。家里还有儿子、儿媳和刚出生不久的孙女。儿子在老家昌黎的一家印刷厂上班。董志军夫妇从 1998 开始在老家的一个苗木繁育基地上班，根据苗木公司接到的苗木订单，到全国各地的葡萄园担任技术员工作，先后去过福建、新疆等地的葡萄园，2006 年被公司安排到北京的一个葡萄园，2010 年从苗木公司离开，来到了顺义区北务镇香逸葡萄园做技术指导。

董志军和丈夫当初选择到苗木公司打工的一个很重要的原因是家里地太少了，打工能有更多的收入，又不至于荒废了自己家的地。"家里的地太少，才 2 亩地，那个时候上班，就利用中午休息时间干地里的活。""当时村里开始发展葡萄种植产业，如果家里土地比较多，通过种植葡萄，再加上在当地打一点零工，也可以获得比较高的和稳定的收入。如果有七八亩地，一年收入可以有四五万元的。再加上打个零工，供一个孩子就富富有余了。"但是像董阿姨他们家，由于地少，仅靠种葡萄就不足以维持生活了，所以才出来打工。

董志军和丈夫在葡萄园从事的主要是技术方面和部分管理的工作，虽然一年到头没有闲的时候，但是并不太辛苦，而且收入也比较高（夫妇俩每个月的收入加起来 1 万多元）。他们平常的主要工作是根据自己掌握的种植葡萄的技术，根据气候时节和葡萄长势，安排相应的农活给附近两个村（北务村和郭家务村）来葡萄园打工的农民。浇水、施肥、除虫、架秧、花前花后的管理、套袋、采摘，都是由董阿姨夫妇带领来葡萄园打工的北京当地农民完成的。技术员对葡萄园的管理至关重要。按照葡萄的生长规律，一般在定植 4 年之后产量能够达到一个比较稳定的水平。董志军告诉我们，他们在上一个葡萄园干满 4 年之后，没有再与公司续约，而是来到了这里。结果那家葡萄园由于管理不善，出现了大幅度减产。

"那您儿子他会种地吗？"

"不会，早先连地边都不知道在哪儿。"

"从来没有干过农活吗？"

"没有。我们说去上地里招呼你爷爷奶奶回家吃饭，都不知道地边在哪儿，因为他 9 岁我们就把他扔到家里，我们就出门了。13 岁上初中，然后就是一直住校，然后上高一，跟我们上福建待了半年，接下来当兵就走了。当了 5 年兵，就回家，待了 1 年就结婚了。结完婚就在城里头上班。几乎就是没接触到农业。接触到的就是葡萄，也就是放假期间跟我们住一个月俩月，就是在葡萄园里头。"

董志军的儿子 26 岁，高中一年级辍学后在部队当了 5 年兵。退伍后在老家河北省昌黎县的一家印刷厂上班。董志军夫妇虽然很想把种葡萄的技术传给儿子，让儿子接过这个饭碗，但是儿子对从事葡萄种植没有兴趣。"我们村像他那么大的孩子也没有接这个饭碗的，都想着做买卖。我儿子他现在学做印刷机长呢。他这一口饭学好了将来到北京一个月也能挣七八千块钱。"

虽然董志军夫妇在北京的葡萄园里做技术员，工作比较轻松收入也很高，但是谈到将来自己年龄再大一些的打算时，董志军对未来的打算基本是明确的，那就是回老家种葡萄。

"我们还没到 50 岁，还可以再拼六七年吧，按照我们现在的收入可以赚个几十万块钱，回家种自己家的两亩地，不指望挣大钱，有吃有喝就行了。"当谈到种葡萄时，董志军对自己和丈夫种葡萄的技术充满了自信。而且董志军还想到通过设施农业来弥补自家地太少的不足，增加收益。"现在我们老家那边种暖室的特别多，效益也高。收入是露天种植的两三倍。"

13. 扎根延庆 22 年的中药园主人

受访者：霍志伟
访谈人：康娜
访谈地点：延庆县张山营镇黄檗寺村
访谈时间：2014 年 12 月 10 日

受访者霍志伟，男，43 岁，来自河北省安国市，已婚。自己和妻子、儿子生活在延庆县张山营镇黄檗寺村，种植药材 22 年，女儿在老家。

经营规模较大，有长远规划

1992 年，霍志伟经亲戚介绍从老家来到延庆县张山营镇黄檗寺村，主要从事中药材种植，他将药材种植土地取名为"艾药园"。儿子 18 岁，已经不上学了。女儿 22 岁，护理专业，毕业后回老家开诊所。

他从集体承包 80 多亩土地，并打算 2015 年扩大到 100 亩以上。现土地租金为每年 800 元/亩，约定每 3 年递增 10%，合同期为 15 年。

中药材种植主要不是为了销售，而是计划将来扩大药园规模与影响，发展成中药观光旅游。据他自己说，这在全国很罕见。

他本人对中药"情有独钟"，出身于中药世家，老家那边也有很多专门种植中药材的。他以前经常是老家、药园两头跑，现在基本都待在这边。药种从全国各地引进，大部分是从老家买。

药园各方面的投入较大，包括人力、药种、水电等。主要是人力投入，夏天最多的时候雇 26 名劳动力，每天 100 元工钱。冬天则雇几个人负责看门。劳动力大部分是从老家雇，干完活马上结算，不拖欠工人工资。

最近一两年他已经投入了 160 多万元。自己还做一些生意，以贴补中药园的支出。所有的投入都是自己的积蓄，没有向银行贷款。他觉得自己已人到中年，没有年轻时的冲劲儿，欠外债的话会觉得压力大。种植药材有风险，他认为如果遇到了灾害就自认倒霉，属于"命中无财"。

富有创意的药园经济

霍志伟在药园接待过几位中医药大学的领导，中科院也派来几名博士生，在他的药园做实验。他对中药种植很自信，祖辈都是做中药的，父亲和弟弟开了一家公司，觉得自己的经营经验、人脉资源都很丰富。

每当夏天，他的药园会接待很多游客来观光拍照，药材结的花都很漂亮。观光免费，如果采摘药材的花是 4 元/支。另外他也会卖一些中药材，有黄芩、紫苏等。这些药材有的要两三年才能采摘，收益较慢。种植药材不用打农药，延庆这边气候冷，病虫害很少。

未来几年的发展规划主要有两个方面：带领当地百姓种植药材，进行深加工；发展冬季旅游观光。他给我们品尝了自己生产的紫苏油，原料是自己药园产的紫苏，成品是在老家河北那边加工而成的，口感非常好。

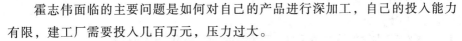

霍志伟面临的主要问题是如何对自己的产品进行深加工，自己的投入能力有限，建工厂需要投入几百万元，压力过大。

希望得到当地的支持

这么多年来霍志伟没听说过政府针对外来务农人员有什么支持政策，自己也去村委会里申请过一些项目，都没有批下来，原因都是药园还不够规模，所以打算明年扩大药园面积。他听说过合作社，但是不打算加入，计划自己组织一个合作社。

当被问到是否遇到什么困难，霍志伟说起了在承包土地方面与当地老百姓的关系问题。除了他承包的 80 亩左右的土地，附近的其他土地一般都是果树林，在与老百姓协商承包过程中可能会出现纷争。老百姓不清楚一棵树的收益到底有多少，会和承包人"乱要价"，这样又是很大的投入。另一个问题是药园在夏天的灌溉问题。霍志伟在药园里打了两口井，但还是不够种植灌溉药材的需求量。

霍志伟打算抓住北京申办冬奥会的机会，把自己"艾药园"的品牌打出去，走向全国乃至世界。冬天延庆的旅游特色主要是冰灯、滑雪、温泉洗浴等，游客可以在游玩了这些项目以后，来到他的药园。所以在扩大了药园规模之后，就要搭建大棚，这也需要很大的资金、人力和设备等投入。

生活态度积极，对经营前景乐观

霍先生非常好客，举止投足也表现出是见过世面的生意人，他的思维很活跃，勇于创新。

在与霍先生相处的几个小时里，可以很明确地感觉到他非常享受生活，药园里有一个他自己的温室，里面装修的风格都是与中药材相关的，很多从药园产出的药材都挂在墙上，古色古香。茶几上还放着很多的盆栽，室内也放了很多的大型盆栽植物，里面的温室则储存了很多中药材幼苗，如幸运草等。

他讲到，自己首先是喜欢中药，不然这么多年根本很难坚持下来，他也注重养生，经常食用自己榨的紫苏油等。置办这个药园，倾注了他很多的人力、物力和财力。他用自己做生意积累的钱，大把地投入这个药园。虽然每年都是在投入，没有收益，但是他坚信在未来几年会发展得越来越好。我也相信他的事业会越来越好，帮助到更多的当地村民。

14. 来京务农 18 年，子女成长为新北京人

受访者：许珍军

访谈人：代富国

访谈地点：房山区青龙湖镇果各庄村

访谈时间：2014 年 12 月 10 日

受访者许珍军，男，46 岁，初中文化程度，来自河南省郸城县。与老婆孩子一起在北京务农生活 18 年。儿子在房山平安保险公司工作，女儿嫁到了北京的一个郊区，父母和亲戚都在老家。

举家在京，不选务工选务农

许家 1996 年开始来北京包地务农，已在北京郊区生活了 18 年，属于较早来北京包地务农的人员。他们来北京包地之前，在老家也是务农。当时通过老乡介绍，知道北京这边有土地可以承包，觉得来北京包地种菜，工作比较自由，不像其他打工者那样，工作强度大，而且不灵活。来北京包地务农，与在老家务农以及外出打工相比，收益水平较高。这是他们比较倾向于来此包地务农的主要原因。

当时来包地时，就是全家人都过来的，主要原因是，在种植土地时，单独一个人很难进行耕作。为了工作和生活便利，还可以照顾到家庭，全家人便一起过来了。家里的老人还在老家，也是一直在家务农。长辈对自己经营农业没有什么影响，他们的身体状况还不错。子女当时跟着一起过来，都在北京本地上的学，目前也都在北京。

在家庭收入方面，除了农业收入之外，许珍军夫妻两人没有其他的收入来源。平时也没有打零工，一年四季都在种地。儿子在附近的平安公司卖保险，据说每年收入在 20 万元左右；女儿嫁到了附近郊区的家庭。

许珍军夫妻居住的地方是自己在大棚边搭建的简易房子，居住条件非常简陋，儿子仍然跟他们住在一起。他们没有考虑过回老家生活，除非老家有特别的情况才有可能回去。

经营规模不大，投入负担不断增加

许家当时来北京包地时大概租了 7 亩地，主要是从村集体手里承包过来的，

也签订了合同，但当时所签订的合同都是些短期的合同，变动性比较大。当时的土地租金还是挺便宜的，大概 200 元/亩；后来 500 元/亩，1000 元/亩，2014 年所承包的土地租金是 2000 元/亩。土地租金一直在上涨，主要原因是北京周围的农业土地越来越少，还有各种消费不断增加，加剧了土地租金的不断上升。

许珍军所承包的土地面积是 3 亩，以后也想多承包一些土地，但由于土地少，估计扩大租地的难度很大。他所承包的土地，与村里签了 10 年的合同。以后是否还选择从事种植农业，主要看自己的身体状况而定。

许珍军此前在其他村租地，2014 年才到果各庄村。大棚也是刚建的，共有 3 个大棚，每个大棚的投入有 1 万元左右，主要用在大棚的建设方面和购买农资等。从开始到此包地，10 多年来基本上没有遇到过大的资金问题，短暂的资金问题主要通过向亲戚朋友借钱来解决，但卖完蔬菜后可以马上归还。

种菜收入还可以，但好菜卖不出好价

许家当时来此务农主要是种植蔬菜等经济类的作物，主要原因是种菜收益较高。2014 年和以后的打算同样是选择种植蔬菜，以叶菜为主。许珍军种植蔬菜的产量和本地居民及同行相比，基本持平。提高产量的主要措施是依靠自己长期的种植经验，种植过程中也没有遇到过比较大的困难。

本地所种植的蔬菜基本上属于有机绿色食品，在种植过程中很少使用农药，主要采用有机肥，产品的质量还是可以的。但是由于他们大多是散户经营，好的蔬菜卖的价格也不理想。他们的销售渠道主要是零散出售，没有统一的整合销售，在蔬菜销路上没有独特的优势。

许珍军 2014 年的农业经营净收入有 4 万元左右，主要是自己和妻子两人在打理大棚。他觉得自己和亲戚朋友相比，收入水平差不多，从到此流转土地开始，18 年来每年的收入都是在增加的。不过前几年基本没有存下什么钱，主要原因是前几年的收入都投入到了大棚的建设。

最初卖菜很困难，现在情况好些了。许珍军给我们讲述了自己刚开始来北京包地时的艰难过程。他印象最深刻的是刚来北京时，摘好了蔬菜，自己骑着一个板车，一车拉了 400 斤的菠菜去新发地卖，当时正好赶上修路，自己一个人推着车子，一推就是半公里的路程。到了卖菜的地方，他浑身上下都是大汗，身上所有的衣服都湿了。当时是大冬天，前面推车的过程浑身热，到了目的地，汗退了就是浑身发冷，但没办法，只好忍着寒冷，赶紧把菜卖了。当时吃了不少劳苦，遭了不少的罪。许珍军一想起来那个时候卖菜的过程心里都发怵，刚开始时实在是太辛苦了。那个时候属于打拼期，许珍军遇到了很多困

难，他现在想想也不知道自己是怎么过来的。现在好多了，也不用跑那么远去卖菜了，基本在家附近就可以卖了。

独力经营，缺乏当地提供的支持

许珍军的农业技术主要是靠自己这么多年的摸索过程获得，自我感觉自己的种植水平还可以。他没有参加过农业培训，平时在空闲时也和一起外来的农民交流种植技术，但几乎没有和本村的村民交流过相关经验，主要原因是本地基本没有种地的农民，都在城里或村里打工，或者是个体户。平时村里也有一些农技服务，但许珍军很少参加。

农资主要是自己购买，许珍军没有参加过团购，也没有遇到过上门推销或提供服务的。关于农资的选择，许珍军主要是依靠自己的种植经验。

在农产品销售方面，许珍军主要是采取自销的方式，所以蔬菜的价格很不稳定。村里的基础设施方面基本上没有问题，和本村村民享受同样的水、电价格。许珍军最近几年没有借过钱，对信用社的小额信贷不了解，觉得很难贷到。

许珍军来北京包地遇到过最大的风险是 2012 年的"7·21"洪水，当时设施基本都坏了，后来主要是依靠自己的能力才慢慢恢复。现在许珍军也知道农业保险，但还没有参保的打算，主要原因是大家都没参加，但他内心是愿意参加农业保险的，也想使自己有个保障。

许珍军对政府的农业政策不了解，也没有得到过项目支持。村里面也有几个合作社，主要是养殖合作社，都是本村人成立和参加的。许珍军对合作社的运作模式还是挺感兴趣的。

许珍军希望得到政府在农业项目和医保方面的支持。他们大批是来自河南、山东、安徽等地的外来人员，没有资格参加北京的医保。许珍军的医保还是在老家那边，在看病就医方面非常不便，希望以后政府可以在这方面改善一下。许珍军认为，随着自己年龄的增长，身体状况也会变差，在以后的就医看病方面还是存在很大问题的。他本身没有打算回老家生活的想法，因此希望医保政策能够照顾到他们这个群体。

15. 夫妇在京务农，老人儿童留守老家

受访者：王改中

访谈人：杨梓灵

访谈地点：房山区青龙湖镇果各庄村

访谈时间：2014 年 12 月 11 日

受访者王改中，男，49 岁，初中文化程度，已婚，老家在河南省商水县。目前养育两个小孩，老大 19 岁，已经外出打工，老二 16 岁，在老家读高中，由家里老人照顾。

打工六年之后选择务农，对生活较满意

王先生是 2002 年来到北京的，一直务农。2002 年之前去东北打工六七年，考虑到打工不容易，不稳定也不自由，所以重新开始务农。另一个原因是考虑到年纪越来越大了，还是务农比较适合他们。

2002 年王先生和妻子来到北京，先后去顺义和丰台租地务农。后来由于丰台那边的土地要收回，2009 年夫妇俩又来到果各庄租地务农。由于丰台和房山比较近，两人看到这边有地出租，就直接过来了。王先生认为到北京种地的收入要好于老家那边，老家那边主要种麦子，卖不到什么钱，没有经济来源。

家里的老人至今都在老家那边生活，也是做农活，小儿子在老家读高中，长辈在那边可以帮忙照顾。王先生说种菜和种麦子有很大的区别，所以长辈对自己在生产经营这块能提供的经验不多。一提起自己的两个孩子，王先生总是会露出笑容，老大已经可以自己养活自己了，老二在学校的成绩不错。王先生说："我家老二考大学肯定没问题的，我在这边努力给他挣学费。"可见，孩子的一切就是父母的生活动力。

除了农业收入之外，王先生自己在不太忙的时候会去做些零工，比如去挖沟、去农资店打杂工等，大约 8 个小时有 150~160 元收入。另外，王先生的大女儿也工作了，在广州打工，每个月有 2000 元左右的收入。

关于生活成本，他们家在一部分租地上建了一小间房子，比租房要便宜。但关于这是否违规，暂时村里也没人说。与老家相比，生活成本肯定是要高些的，但是收入部分也比老家多，所以这样的生活成本他还是可以接受的。

王先生认为务农比打工还是要自由很多，自己也有这样的技能，另外自己还有一些时间打零工。所以，对于王先生来说维持这样的生活方式，他已经很满足了。

王先生说以后还是会回老家的，没有在北京这边长期定居的打算。家里还有老人和小孩，趁还有精力和体力时在外面多挣点钱，之后还是会回老家。

种地投入上涨，但收入还可以

刚来北京时，夫妇俩租了5亩地种菜，每亩地年租金是400～500元，当时是和大队签合同，3年之后就没有合同了，之后便是一年一交，不再签合同。后来土地价格上涨，每亩地年租金要700～800元，考虑到搬一次家不容易，尽管地租上涨，自己也愿意在丰台那边干着。

直到2009年丰台那边要收回土地，夫妇俩才搬到果各庄这边。这边的土地基本上都是私人租集体的，所以只是和私人签合同，当时是每亩地1000元，现在涨到了2000元一亩。他们在果各庄一共租了4亩地，合同期限为10年。由于夫妇俩精力有限，也没打算再增加流转土地。

王先生最初的生产经营投入也是每亩地1万元左右，包括地租、大棚、菜籽、有机肥等费用。从丰台搬到房山之后又花费了1万元左右。最初的投入对王先生他们家来说没有太大的困难，因为夫妇俩之前在东北打工的时候就挣了钱，家里有了一些积蓄。

2014年王先生的农业经营总收入是5万～6万元，除去成本净收入是3万～4万元，家里的劳动力也就是他们夫妇两人，每天基本都是从早忙到晚，能闲下来的时间较少。和出去打工的亲戚朋友相比，王先生说这没有太多的可比性，有的挣得多，有的挣得少，职业不同就会有差别。自流转土地以来，王先生目前的务农收入还是在增加的，但也遇到过不少困难。

王先生告诉我们，提高经营收入就是要在不亏本的情况下，增加销售量，因此他们在把菜卖给经纪人的时候虽比市场价还要低好几毛钱，但是他们还是愿意卖。

生产安全蔬菜，技术上靠老经验

王先生夫妇俩在这边主要种植的是大棚蔬菜，以叶菜为主。王先生说种叶菜比较省事，不容易亏本。同时，他们也会种点其他的蔬菜，但只是为了自家吃，所以每年种植的品种基本是固定的，也不会摸索自己不会种植的新品种。

王先生家的叶菜与周围老乡（都是外来农民，本地农民不种菜）相比，每亩地的产量是差不多的。跟自己以前相比的话，主要是由于经验上的积累，比起刚来北京的时候产量肯定要多些。

王先生种植叶菜用的是有机肥。他告诉我们，提高产量的话多上点有机肥料就行了，也不需要用药什么的，用药多了反而不好，所以他们很少用农药，有时候就用点杀菌的药就行，冬天基本不用农药。

当谈到产品质量的时候，王先生很认真地告诉我们，好的产品首先应该是对身体无害的产品，再者就是看上去也要好看。叶菜种的不好看，别人就不会来买了。

在聊天中我们发现，王先生对无公害、绿色、有机食品还是停留在经验的理解上。他种菜只是沿用了长期以来的传统，自己家吃的菜是怎么种，卖的菜就怎么种，上点肥料洒点水，最重要的是掌握好什么时候上肥料、什么时候洒水就行了，不能太多也不能太少。

由于销售渠道有限，他与外界的交流也不多，很难掌握市场的需求，因此他对产品质量和产量都没有过多的考虑。而真正的生态农业则需要有一套比较好的农业推广技术和社会化服务体系，而不是像他这样各家各户分散地按"原始"的方法种植。

缺乏农业社会化服务

在农业技术方面，王先生没有参加过任何农业技术培训，有两次去听了村里举行的有关农业方面的讲座。王先生说自己已经种菜十几年了，积累了一些经验，但是以后还是想多学点农业方面的知识，特别是如何不用药防治害虫。

虽与本村的村民在农业方面没有什么交流，但是他们与外来的老乡平时还是会有一些交流，特别是在种菜的技术方面。王先生自己也遇到过一些技术问题，如叶子发黄、一大片的腐烂、叶子上长斑点等，后来和别人交流之后才知道是叶菜生病了，得杀菌。据王先生说，当地并没有什么机构提供技术服务，偶尔农科所会开讲座介绍一下，但是作用不大。

王先生告诉我们，他们一般购买农资都是到村里的农资店或是农科所，农科所的更便宜些，但是离他们住的地方有些远，所以每次去就会买的多一些。在和王先生的聊天中我们发现，他们并没有想过要团购农资，更不懂得团购的规模效应，他们觉得团购会很麻烦，自家买自家的反而很好。

王先生的农产品销售渠道是等着经纪人过来收购，常来的有三四家；有时候也会自己拿到附近的市场上卖。从这两种销售渠道来看，他们的农产品并没有卖出一个很好的价钱，分散经营、规模小，没有发挥好他们本应具有的优势。他们大部分种植都是使用有机肥，但是没有自己的品牌，农户之间也没有合作，在农产品的销售上有质量优势，却没有经济优势。

在村里，王先生他们用水是不花钱的；用电的话，村里是正常供应的，夏天用电会比冬天多，因为夏天灌溉用水比较多，所以夏天要交的电费也比较多。他们基本上没有什么农产品初加工，只是简单地把菜分类。卖菜有经纪人会定期来收，所以也不需要仓储。

关于信贷这部分，近些年王先生没有借过钱，以前借的话也只是跟亲戚朋友借。王先生自己表示对信用社的小额贷款并不了解，也从没去那借过钱。他说像他们这样的外来务农人员去借的话，信用社也不会借给他们。

王先生表示自己并不知道农业保险服务，如果有，他也不愿意参加，因为需要交钱他就不太愿意。他说本身作为农民挣钱就不容易，每年都要花钱交保险，家里交不起。

当被问到是否了解农业支持政策时，王先生表示自己并不了解政府的支持项目，也没得到过任何项目支持和帮扶，自己也没体会到外来农民与本村农民得到的支持有何区别。

王先生对当地合作社的情况不了解，自己也没参加过什么合作社。

生产、生活上存在的困难

在北京务农这十几年的时间里，王先生也遇到过一些困难。比如2003年正好赶上"非典"时期，那个时候每天菜都卖不出去，因为没人来买菜，所以一大堆一大堆的菜积压，损失了一大笔资金。另外是2012年"7·21"洪水，损失也不小，重新修建大棚的钱就是很大一笔开支。

据王先生回忆，2003年是他和妻子过得最艰难的一年。2002年夫妇俩来到北京，开始投入大笔资金到租地种菜上，好不容易卖了将近一年菜，成本都还没完全收回，却又遇到"非典"时期。那个时候大家都不出来买菜，王先生每天和妻子把菜辛辛苦苦地运到集市上卖，但是几乎没有人买，就那样连续好长一段时间，每天菜都卖不出去，导致大量叶菜积压坏死。王先生说那段时间自己简直要崩溃了。来了北京那么长时间，投入成本都还没收回来就又连续亏本，生活简直过不下去了。当时就想着不干了，直接回老家去，但是后来冷静想想，还是决定坚持下去，亏了那么多，还是得把钱挣回来，所以夫妇俩就咬着牙坚持了下来。2004年之后就开始有好转了，之后花了两年的时间才把成本补回来，到现在自己也有些存款了，尽管"7·21"的时候又损失了一笔，但已没有当初刚来北京时过得那么艰难了。

在此过程中，王先生告诉我们他特别感动的事情，就是在"7·21"的时候，遇到洪灾，但是有很多志愿者去帮助他们，给他们每天发放物资，坚持了好长一段时间。他说那个时候才让他真正领略到了人情的冷暖，让他有了生活的动力，让他懂得反思生活。

在北京生活了那么多年，王先生觉得生活也有诸多不便。一个是孩子的教育问题。当初没有把孩子带在身边的一个重要原因就是在北京读书难，孩子读了初中之后还得回老家读高中，所以一直都不能自己带孩子，没能让孩子和父母一起生活和成长。另外一个不便是医疗问题。王先生告诉我们，一般小病都不进医院的，自己在家吃点药就算了，有时候小感冒都不吃药。因为他们觉得看病贵，一进医院就得好几百。王先生还向我诉苦，他说他所看到的情景，就是有钱的人还有医疗报销，而生活贫困的人却没有任何补助，他希望政府能够重视农民的医疗问题。

16. 合作社食堂里的老厨师

受访者：王荣和
访谈人：杜影
访谈地点：顺义区赵全营镇前桑园村，北京兴农天力农机专业合作社
访谈时间：2014 年 12 月 12 日
受访者王荣和，男，52 岁，小学文化程度，来自山东省德州市。现为兴农天力合作社食堂师傅，一个人住。

王师傅 2010 年来北京，帮助在怀柔开超市的儿子经营超市。媳妇在老家帮忙带孙子。他来北京之前一直做买卖，从 20 世纪 80 年代就自己出门闯荡，也养过牛，不过后来赔了，于是拿出一些钱给儿子开超市，自己也来帮忙。等到儿子超市的经营状况基本稳定了，就经熟人介绍来到合作社的食堂做饭。工作比较轻松，离儿子也比较近，可以在儿子有困难的时候帮衬一把。家里以前做生意也有一些钱，这几年没有借过钱。

王师傅在合作社里做饭，不接触具体的有关农业的事务，对政府的一些农业支持项目不是很清楚。王师傅认为合作社还是很有用的，给老百姓带来了很多益处。农民把土地都流转给了合作社，每亩 1200 元，这笔钱自己不用劳动就能获得，等于白得。而且合作社给农民提供了就业的机会，土地被流转的农户可以在合作社打工，这样收入就增加了。合作社做得最好的要属农机这方面。

但是他个人觉得合作社还是不应搞大集体，因为集体可能存在不齐心的问题。现在合作社的情况就像以前的大锅饭，在这种情况下，人力物力的消耗大，但发挥的作用很小，工作人员的积极性也不高，所以他觉得还需要回转承包。

王师傅在合作社的基本工资是 3000 元左右，除此之外，没有其他的收入来源。家里也没有在本地打工或做零工的人，两个儿子都在北京开超市。他在合作社里居住，不用交房租和水电费。合作社的员工待遇都一样，没有本地户口和外地户口的差别，工作和生活都挺顺心的，没有什么困难，就是工资是死工资没有其他补贴，希望老板涨点儿工资。

王师傅还没有考虑过回老家，虽然在家的收入可能会比在这的收入多，但主要是在这里便于帮助儿女处理一些事情。

17. 生儿育女，年轻外来农民的新家庭

受访者：李新湘
访谈人：康娜
访谈地点：房山区青龙湖镇果各庄村
访谈时间：2014 年 12 月 12 日

受访者李新湘，女，23 岁，初中文化，来自湖南省湘潭市，已婚，在果各庄村从事蘑菇种植，和丈夫、女儿一起生活在这里。

李新湘 2011 年以前在铁路部门上班，结婚后跟随丈夫一起来到果各庄村从事蘑菇养殖。丈夫也是经老家亲戚介绍来到这边种植蘑菇的，当时来这边主要听说蘑菇种植很赚钱，虽然前期投入很大，但是如果收成好，收益很高。

受访时她已怀有 9 个月的身孕，依然待在蘑菇棚里。丈夫最近两天刚刚回老家，没有在她身边。当被问到生二胎是否因为她和丈夫有一方是独生子女时，她说都不是，因为在南方农村可以要二胎，这个是男孩或女孩都好，随缘。她每天的主要生活就是来蘑菇棚照看蘑菇，工作量不大，就是收成不是很好。大女儿今年 3 岁半，没有上幼儿园，因为现在在怀二胎，丈夫也要照看蘑菇棚，没有人接送（老人不在这边），只能等到明年开春再让女儿上幼儿园。

2011 年丈夫共承包了两个大棚，她记不得承包人的姓名了，只是说和外面这几户租的都是一个人的地。第一年租金是 3000 元/年，逐年递增，2014 年租金已经涨到 3500 元/年了。只要租金在 3000～4000 元都是可以接受的。两个大棚每个棚的面积是 58 平方米，种的只有平菇一种，没有其他的蘑菇种类。

和村里其他的种植户比起来，大家的产量都差不多，如果管理得好，收成

就好一些。第一年总投入 10 多万元，主要的设备投入有棉籽壳、玉米穗、塑料布和棉帘子等。她家没有和其他蘑菇种植户团购生产资料，因为这些设备针对性很强，团购也不会有优惠，所以都是每家各买各的。玉米穗都是按包买，一包质量较好的玉米穗要 2300 元左右，四五个月就要更换一次。这些设备一般都是从新发地购买，塑料布每 2 年更换一次，棉帘子每 3 年更换一次。蘑菇种从江苏省引进，然后蒸 12 个小时后投入种植，蘑菇的生长期在 1 个月左右。

李新湘和丈夫都没有太多积蓄，起初也是和双方父母借钱来搞蘑菇种植。每年 7~8 月是蘑菇丰收期，就在这一两个月收入会高一些，其他时期都一般。

每天都有人来专门收新采下来的蘑菇，这是唯一的销售渠道，夫妻俩没有出去销售过。现在收蘑菇的价格是 2 元/斤，市面上可以卖到 3 元/斤。李新湘没听说过村里有合作社或者信用社贷款之类的，对这些也不关注。除了种蘑菇，家里每个月开销在 3000~4000 元，每年的净收入再扣除生活开销就基本没有什么积蓄了，在北京的生活成本要比在老家高很多。

刚见到李女士的时候觉得她应该 30 岁左右，一问才知道仅 23 岁，并且已经快是两个孩子的妈妈了。她穿着最普通的孕妇装，在蘑菇棚里忙碌着。棚里只有一把椅子，座还是只有铁丝网固定着，没有板子。她还给我找来了一把椅子让我坐下。她已经怀了 9 个月的身孕，还要在蘑菇棚里采蘑菇，把整箱的蘑菇搬来搬去，从事一些体力劳动。外人看着她很辛苦，但是她自己没有什么想法，日子就这样一天一天过，只要丈夫和孩子都平平安安的，不愁吃穿，就可以了。

当被问到这 3 年来有没有遇到什么困难，她提到了 2012 年 7 月 21 日房山的那场暴雨灾害。当时两个蘑菇棚都受到了一些影响，带着蘑菇种的棉籽壳都被大雨冲走了，损失了大概 3 万元。事后也是全部由自己出钱修的，没有听说过政府有什么补贴政策。她的嗓音一直很沙哑，听不太清楚，可能由于怀孕，思维也不太清晰。丈夫不在身边照顾她，她也没有什么怨言。她是完全依附于丈夫生活的，除了和丈夫一起，没有其他的生活。

她也提到了现在租金一年比一年高，自己安装的电表最初自己算是 300 元/月，现在却不足 300 元/月，总是和房东要的电钱对不上。院里其他几个蘑菇种植户都有这种情况，他们认为房东存在偷电行为，起初向他们多收了电费。

现在的蘑菇价钱一直上不去，有时候价钱上去了，自己的蘑菇产量少；当产量高了，价钱又掉下来了。错过了好时机，自己家的蘑菇就会亏损很多。

现在有了第二胎，李新湘家的生活压力肯定比以前大。以前的年收入刚刚够一家三口生活，现在多了一个小孩，各方面都要节约开支，大女儿也要上学了，夫妻二人文化水平都不高，现在除了种植蘑菇并没有其他的打算，也不准备回老家。

当被问到希望从政府那得到什么帮助，她说道，感觉种蘑菇成本太高了，蘑菇价格也有点低。另外遇到北方的暴雨大风等恶劣天气，蘑菇棚会受到影响，以前都是自己出钱修，希望政府能在这种情况下给受到灾害影响的种植户一些补贴，减轻自己的压力。

总的来说，她对现在的生活比较满意。这也是我在调研这几天感悟得最深的一点，知足常乐，与世无争。了解得不多，就想得不多，烦恼就少，当然就会幸福很多。只是生活在北京，即使再节省，生活成本也很高，一家四口的生活开销已经很多了，再加上大女儿上幼儿园和第二胎的奶粉等开支，势必生活会紧张。她也讲到自己和丈夫可以不讲究吃穿，但是孩子的营养和教育，都不能落下。在北京这几年打拼虽然很辛苦，但她也怀着对生活越过越好的憧憬。

18. 两代人四个劳动力的家庭经营

受访者：王一花

访谈人：代富国

访谈地点：房山区青龙湖镇果各庄村

访谈时间：2014 年 12 月 12 日

受访者王一花，45 岁，小学文化程度，来自江西省宜川县，来这边一起生活的有自己的丈夫、女儿、女婿、弟弟，一家人种植大棚。

举家来京，希望多租几个大棚

王一花 2013 年 10 月 1 日来到这里，之前在老家也是种地，主要种植水稻。弟弟在这边包地包了很多年，是从他那获得消息，然后来这边租地种大棚的。选择来这边的主要原因是这边收益与老家相比多点。儿子在广东打工，其他的家人都来这边了。有个外甥女目前 4 岁，在这边的幼儿园上学。一家人一起过来的原因是，他们种植的是蘑菇，需要的劳动力比较多，还需要一定的技术，也为了生活方便。

2013 年，他们来北京承包了 3 个大棚，是从个人手里租用的，也签订了合同，合同期限 5 年。当时租用的大棚的租金是 3500 元/个，目前每个大棚的租金在 5000 元左右。这些大棚是湖南一个老板承包下来的，然后租给他们。目前租金不稳定，当时租用的时候，也是和老板讨价还价很久才确定下来的。

现在受访者也在考虑再多租几个大棚，主要原因是他们来的家人多，现在的大棚不够他们打理的，有劳动力剩余的情况，再增加大棚也不会增加他们的机械投入，可以很好地利用现有的农业机械。他们来这开始就是种植的蘑菇，由于这些大棚的建设比较好，只有种植蘑菇或其他高收益的作物才能增收，明年还是继续种植蘑菇。

大棚的收益还可以，到访谈时，一年的时间里把前期投入的成本基本收回了。种植蘑菇是一个劳动密集型的工作，家里 4 个劳力几乎天天在打理蘑菇，和亲戚朋友相比收入略高些。

目前家庭的生产、生活都安顿下来了。王一花家收入来源主要还是种植蘑菇，平时有时间时老公和女婿会去附近打些零工，或者女婿自己批发蔬菜到集市上去卖，一晚能挣个 100 多元。儿子在广州打工，这一年来就春节的时候和儿子见过一次，他自己在广州居住。访谈时他们一家都是住在所租的大棚内，和种植蔬菜的农户相比条件好点，但也很简陋。

缺乏农业社会化服务

种植蘑菇的投入比较大，当时 3 个大棚投入大概 15 万元，主要用于购买培育蘑菇的材料、租地以及购买机械等。由于投入大，刚来北京时也没有那么多钱，王一花在资金上遇到了很大的难题，解决问题的方式还是靠向亲戚朋友借。

在农业技术方面，他们觉得还是不行。以前没有种植过蘑菇，也没有参加过农业培训。蘑菇种植需要很高的种植技术，不然风险特别大。在遇到技术难题时主要还是请弟弟来帮忙，弟弟在这边种了很多年蘑菇，算是一个技术能手。

王一花对于当地机构提供的服务不太清楚。在购买农资方面还是自己零散购买，没有参加过团购，主要原因是没有人愿意牵头，所以就一直自己单个购买。

王一花家的蘑菇产量和质量都不错。在提高产量上面，采用利用棉壳培育蘑菇的方法，以前传统的培育方式产值太低，现在采用棉壳培育方式，产量可以提高到两倍到三倍，另外他们还采用改换品种等方式来提高收益。他们产品的质量都还不错，其中一个原因是，他们种植的是一个新棚，在细菌控制和其他方面比较好。

王阿姨他们所承包的这些大棚和村里其他农户的不太一样，是外地投资商租用本地的土地后再转租给他们的，在用电、用水方面，与投资商的冲突比较多，对于投资商的收费不太满意。他们还是需要通过多次与老板的沟通来解决问题。

在信贷方面，他们在到来的初期还是主要靠借亲朋的钱来解决资金周转问题。他们对信用社的小额贷款和合作社的资金互助不清楚，也不愿意去信用社贷款，觉得门槛太高、手续太多、难度大。

王阿姨说由于种植蘑菇也是一个高风险的投入，对于我们所说的农业保险还是非常感兴趣，但还没有参加过，如果在能承受的范围内，愿意参加农业保险。由于他们是刚来这边，对于这方面的政府支持项目和服务还不清楚。

最困扰的事情是销售和价格

他们种植的蘑菇主要是自己销售。王阿姨说，很多小贩对他们压价太厉害，还有价格非常不稳定。他们也了解过其他的销售渠道，但很难打进其他的超市和社区。对于合作社和其他的服务销售模式不清楚，但非常感兴趣，也希望有这样的平台，使像他们这样的农户在种植和销售上有保障。对于做自己的品牌，他们说只能奢望。

王阿姨给我们讲述了让他们最困扰的事情，就是蔬菜的价格太不稳定，这个问题也是所有农户共同反映的一个问题。蔬菜的价格一直波动非常大，他们自己也很难把握。2013 年他们种植的蘑菇产量还不错，可突然遇到某些原因，蘑菇价格突然下降。以前一盒蘑菇可以卖到 20～25 元，而这时候突然降到一盒蘑菇六七元。小贩来了还压他们的价格，不卖吧又不行；卖吧，等于赔本。他们完全不知道市场的行情到底会怎么样，蔬菜的价格一直是困扰他们的一个难题，没有一个统一稳定的价格水平。那一次让他们损失很大，后来没办法，就只好赔本卖了。等他们的蘑菇出售得差不多了，价格又突然升上去了，当时一家人的日子过得真是一种煎熬，忽高忽低的价格折磨着他们。

另外，由于北京多风沙，蘑菇种植对温度的要求又特别高，一到冬天，只要一起风，他们就要整夜守着整个大棚，害怕哪个地方漏风，不然整个大棚的损失就非常严重。如此辛劳却不能获得相应的回报，他们情绪也是非常的低落。

这次调研中，由于这边都是种植蔬菜类的经济作物，受访者反映最多的就是价格问题，不了解市场行情。务农人员希望政府以后能在政策和其他方面多为他们考虑一下，给农户营造一个稳定的市场环境。他们对于目前这种新型的合作社模式，也非常感兴趣，希望政府能够很好地去推广合作社，他们也很愿意加入这样的组织，在这样的平台下得到更好的发展。

图书在版编目（CIP）数据

农民荒：北京市农村劳动力老龄化问题研究/张英

洪等著. -- 北京：社会科学文献出版社，2016.9

（新型城市化和城乡一体化丛书）

ISBN 978 - 7 - 5097 - 8917 - 9

Ⅰ.①农… Ⅱ.①张… Ⅲ.①农村劳动力 - 人口老龄

化 - 研究 - 北京市 Ⅳ.①F323.6

中国版本图书馆 CIP 数据核字（2016）第 056912 号

新型城市化和城乡一体化丛书

农民荒：北京市农村劳动力老龄化问题研究

著　　者／张英洪　刘妮娜　等

出 版 人／谢寿光

项目统筹／周　琼

责任编辑／周　琼　杜　敏　徐成志

出　　版／社会科学文献出版社·社会政法分社 (010)59367156
　　　　　地址：北京市北三环中路甲 29 号院华龙大厦　邮编：100029
　　　　　网址：www.ssap.com.cn

发　　行／市场营销中心（010）59367081　59367018

印　　装／三河市东方印刷有限公司

规　　格／开　本：787mm×1092mm　1/16
　　　　　印　张：16.75　字　数：298 千字

版　　次／2016 年 9 月第 1 版　2016 年 9 月第 1 次印刷

书　　号／ISBN 978 - 7 - 5097 - 8917 - 9

定　　价／75.00 元

本书如有印装质量问题，请与读者服务中心（010 - 59367028）联系